北京大學圖書館特藏文獻叢刊

北京大學圖書館藏

老北大燕大畢業年刊

四

北大卷

陳建龍・主編
張麗静・執行主編

北京大學出版社
PEKING UNIVERSITY PRESS

第四册　目録

國立北京大學民國二十一年畢業同學紀念册（一九三二）

本册全名「國立北京大學民國二十一年畢業同學紀念册」，由北平中華印書局承印。扉頁鈐有「江澤涵圖書印」，仍爲江澤涵子女贈送北大圖書館的江澤涵舊藏。

據本册目録，本册畢業紀念册主要内容包括：校旗、文化之鐘、校長及主要職員、各學系主任、各學系教員、畢業同學、學術團體、校舍、學生生活、學生軍、附録等。較上年畢業紀念册增加了「學生生活」，這也是《燕大年刊》中常有的欄目。此外，附録中增加了「各種統計表」「本校現行行政系統表」「本校略史」等内容。其中「各種統計表」常見於《燕大年刊》。

從本册的校長及主要管理者照片可以看出蔣夢麟出任校長後在機構和院系設置方面的一些變化。校長蔣夢麟與原校長蔡元培之後，是秘書長兼地質系教授王烈，由原總務長改爲秘書長。教務長兼法律系教授何基鴻之後，是新增的文、理、法三院院長：文學院院長兼教育系主任哲學系教授胡適、理學院院長兼化學系教授劉樹杞、法學院院長兼經濟系教授周炳琳。此後除了註册部、庶務部、出版部主任外，增加了圖書館主任兼史學系教授毛準、軍事訓練部主任白雄遠、體育部主任王榮春。

本年各部分編排上，依上年舊例，每部分前由北大教職員題寫欄目名稱。

「各學系主任」由國文系教授黄節題寫，各系主任人選變化較大，數學系主任改爲馮祖荀，物理系主任改爲王守競，化學系主任改爲曾昭掄，經濟系主任改爲趙迺摶。原英、法、德、日四系合并爲外國文學系，温源寧任系主任兼英文組主任，梁宗岱任法文組主任，楊震文任德文組主任，周作人任日文組主任。上年未刊的系主任，本年增補，爲史學系主任陳受頤、法律系主任戴修瓚、政治系主任邱昌渭、地質系主任李四光。此外，劉半農任國學研究所主任。

「各學系教員」由胡適題寫，共收録教員104人。新教員方面，我們可以發現物理系講師周培源，心理系教授汪敬熙，國文系副教授魏建功，國文系講師馮淑蘭（沅君）、商承祚，哲學系講師周叔迦、賀麟，史學系副教授錢穆、趙萬里，教育系教授楊亮功，政治系教授陶希聖、許德珩、張忠紱等，引進了不少各學科人才。

「畢業同學」由史學系教授馬衡題寫。各系之前尚有各院題名，「理學院」由院長劉樹杞題寫，並有題詞「改造環境，不爲社會所轉移」；「數學系」「心理學系」「哲學系」「法律系」「政治系」「經濟系」由國文系教授錢玄同題寫；「物理系」「生物系」「外國文學系」及英法文組、「法學院」由國文系教授黄節題寫；「地質學系」由系主任李四光題寫；「文學院」由院長胡適題寫；「國文學系」由系主任馬裕藻題寫；外國文學系「德文組」由主任楊震文題寫；「史學系」由系主任陳受頤題寫；「教育系」由系主任胡適題寫。此部分與上年的不同是，没有每系的合影。本年各系刊登照片的畢業生，數學系12人，物理系16人，化學系9人，地質學系9人，生物學系3人，心理學系2人，國文學系20人，外國文學系英文組18人、法文組2人、德文組1人，哲學系6人，史學系20人，教育系18人，法律系11人，政治系34人，經濟系54人。加上附録中未交照片者16人，總計251人。

各系中，寫有臨別贈言的系主任有：化學系主任曾昭掄、地質系主任李四光、史學系主任陳受頤、政治系主任邱昌渭。曾昭掄在臨別贈言中談及「九一八」事變之後國内形勢時，認爲「空喊口號，侈言愛國」

並不能救國。「國難當頭而放棄其尋常之職責，實爲不愛國之尤。」因此希望畢業生離校後「本其所學，盡力于所就之職務」，認爲此「即所以報國也」。陳受頤的臨別贈言希望史學系學生畢業後繼續努力，「開始作規模較大，方法較精的史學的研究」，並保持「現在國内不可多得的學術上的寬容」。邱昌渭在臨別贈言中則指出，「大學教育的用處，就是訓練一般青年，養成科學思想的習慣，以應用於實際問題的解決」。而「中國現在最大的缺乏，是富有科學思想習慣的國民」，因此希望畢業生泛舟社會這個汪洋大海時，作「富有科學思想習慣的舵工」。

「學術團體」由馬衡題寫，收録16個學術團體合影，音樂學會爲去年所無。

「校舍」由劉半農題寫，刊登北大建築全景及局部和室内照片47張，多數與上年相同，新增的主要爲松公府圖書館、國學研究所瓦礑陳列處、美術造型室、擊技室，此外，物理和化學實驗室照片有增加。同樣一張照片，1931年的説明爲「二院圖書館」，本年則爲「心理實驗室」，究竟是標識錯誤，還是在1931年紀念册之後改爲了心理實驗室，有待進一步考證。

「學生生活」由劉半農題寫，此部分内容爲此前年刊所未有，却是《燕大年刊》常設的欄目。此部分主要刊登學生網球、籃球、隊球（即排球）訓練或比賽，游泳、溜冰、郊游、各系考察參觀或旅游活動、寫生攝影作品等照片，與《燕大年刊》相比，編排較爲單調，内容也不够豐富。

「學生軍」由軍事訓練部主任白雄遠題寫，此前年刊雖有關於學生軍的内容，但是獨立作爲一個部分，本册爲首倡。而《燕大年刊》雖也刊登有軍訓照片，但無獨立的欄目。此部分刊登學生軍有關照片13張，包括男女生實彈打靶、平射砲射擊、迫擊砲射擊等，並有白雄遠更新補充的「本校學生軍之過去及現在」一文。

「附録」也由劉半農題寫，主要包括「本届畢業未登像片同學姓名録」「本校全體同學與本届畢業同學人數比較表」「本届畢業同學籍貫比較表」「各省本届畢業人數與歷年畢業總數表」「本届畢業同學年齡比較表」「本校各科人數比較表」「本校歷年畢業人數統計表」「本校教員籍貫統計表」「本校主要職員及教員姓名録」「國立北京大學行政組織系統草案」「本科略史」「本校名稱沿革表」等，共34頁，資料豐富。從附録可知，未登照片畢業生16人。各種表格頗具參考價值，可以瞭解北京大學本年和歷年畢業生的一些情況，教員籍貫情況等。「本科略史」在往年「本校略史」的基礎上增加1925年及以後各年的機構和人事變化更替情況。「本校主要職員及教員姓名録」共收録242人，不包括圖書館、出版部、註册部的一般職員。

最後是本刊籌備委員會全體委員合影。

本册資料豐富，内容較廣，可以説徹底擺脱了上年「編後」所説的「人頭彙録」之稱。

至於本年畢業生中後來成就卓著者，這裏略舉幾位：國文系的丁聲樹、許維遹、楊伯峻，經濟系的千家駒。讀者也可以自行翻檢畢業照片，考驗下自己的知識和眼力。

國立北京大學民國二十一年畢業同學紀念冊（一九三二）

中華印書局承印

北平楊梅竹斜街中間路南

電話南局一千六百七三號

目 錄

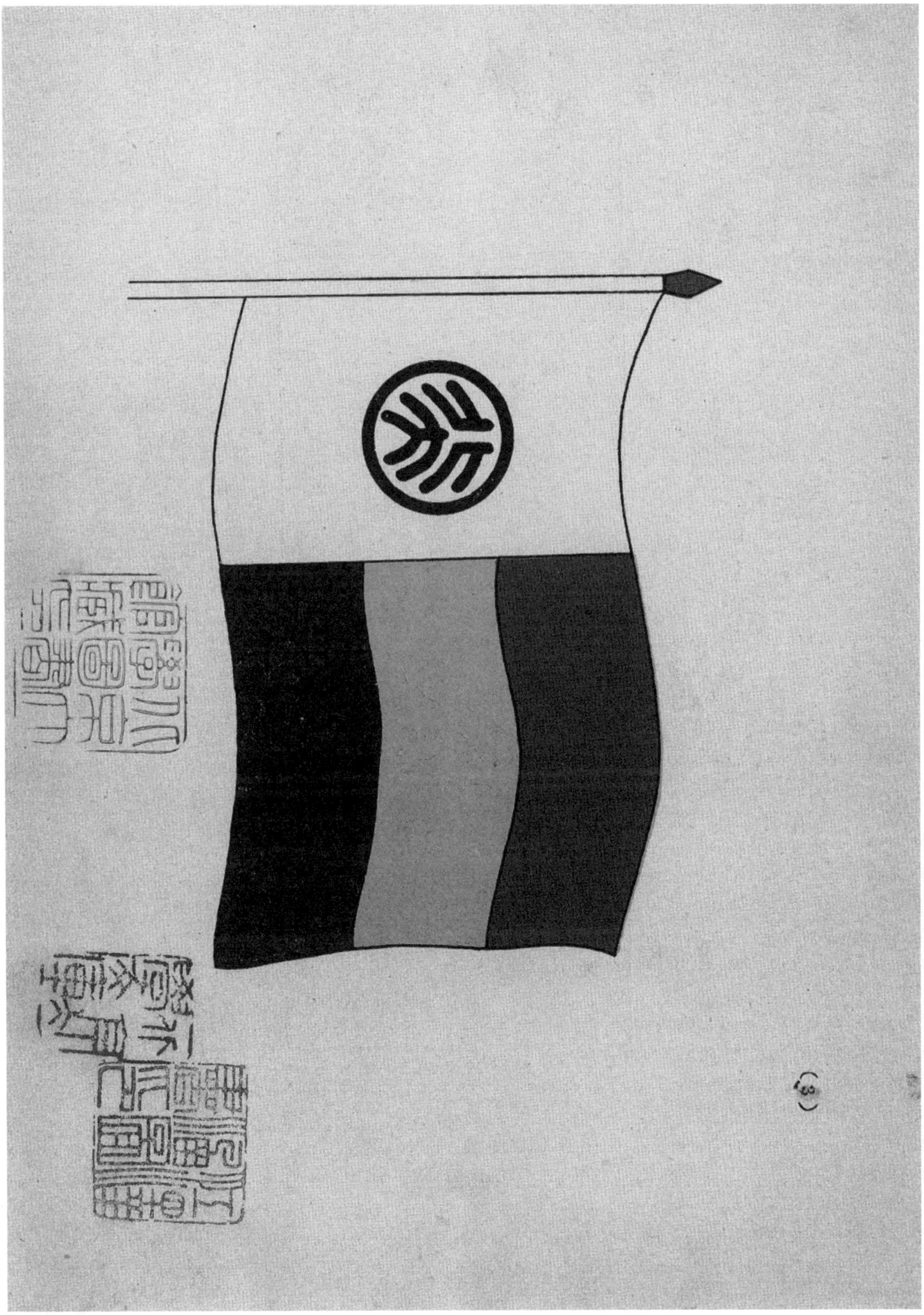
（3）

文化之鐘

校長
蔣夢麟先生

(4)

畢業紀念章

前校長
蔡元培先生

教務長兼法律系教授
何基鴻先生

秘書長兼地質系教授
王烈先生

文學院院長
兼教育系主任哲學系教授
胡適先生

理學院院長
兼化學系教授
劉樹杞先生

法學院院長
兼經濟系教授
周炳琳先生

註冊部主任兼心理系主任
樊際昌先生

圖書館主任兼史學系教授
毛準先生

出版部主任兼地質系講師
楊鐸先生

庶務部主任
沈肅文先生

軍事訓練部主任
白雄遠先生

體育部主任
王榮春先生

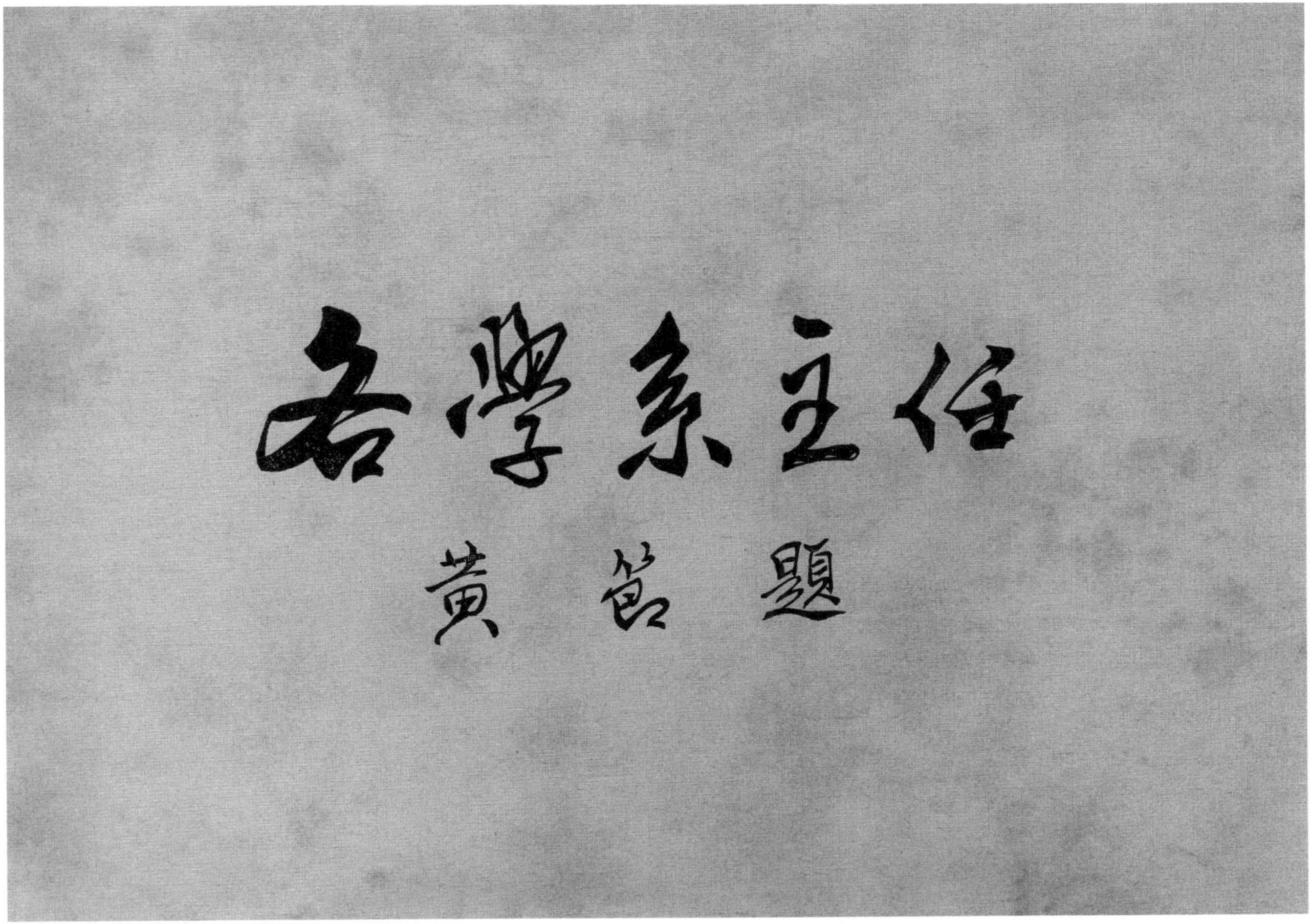
各學系主任
黄節題

數學系主任
馮祖荀先生

物理系主任
王守競先生

化學系主任
曾昭倫先生

地質系主任
李四光先生

國文系主任
兼國學研究所導師國語組主任
馬裕藻先生

外國文學系主任兼英文組主任
溫元寧先生

外國文學系法文組主任
梁宗岱先生

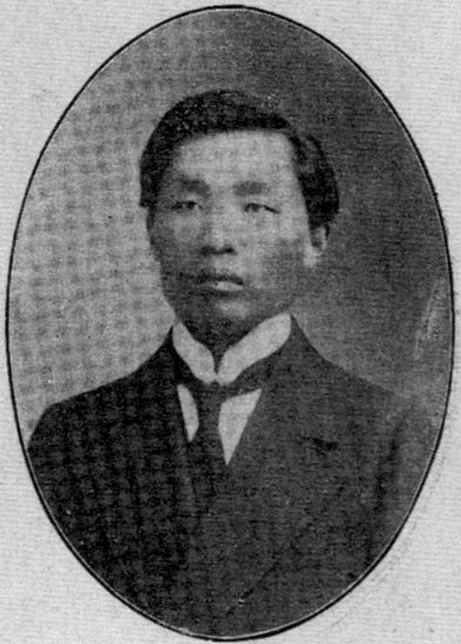

外國文學系德文組主任
楊震文先生

外國文學系日文組主任
周作人先生

哲學系主任
張頤先生

史學系主任
陳受頤先生

法律系主任
戴修瓚先生

經濟系主任
趙迺摶先生

政治系主任
邱昌渭先生

國學研究所主任兼國文系教授
劉 復 先 生

外國語組主任兼教育系教授
蕭 恩 承 先 生

各學系教員

胡適題

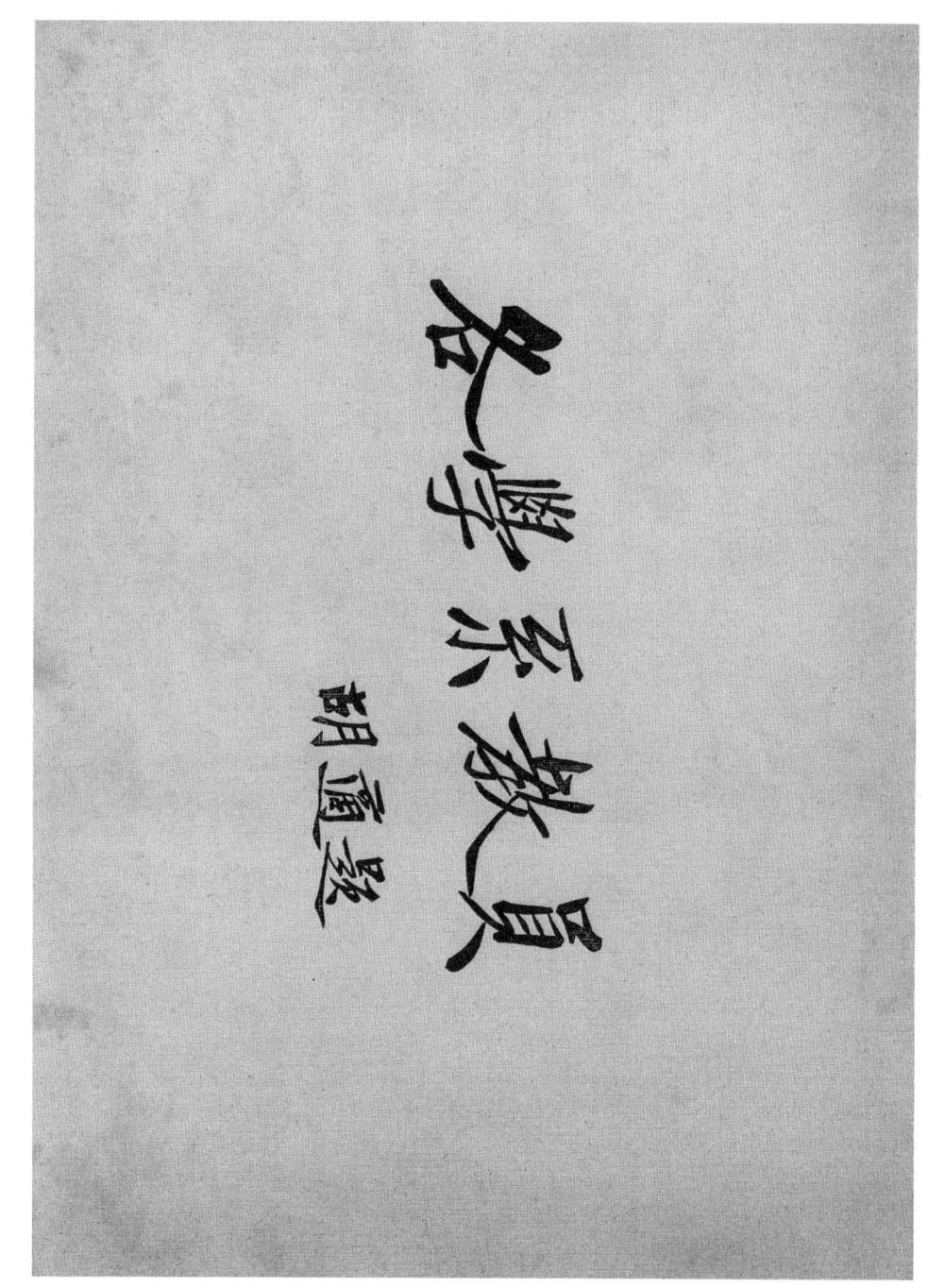

數學系副教授
趙淞先生

數學系教授
江澤涵先生

數學系教授
胡濬濟先生

數學系講師
趙冠先生

數學系講師
武崇林先生

數學系講師
傅種孫先生

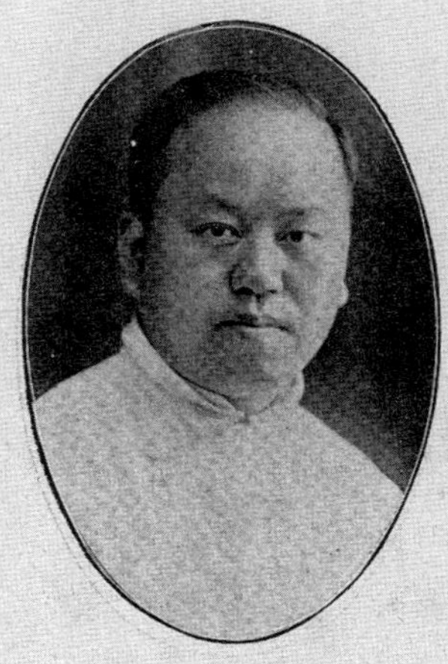

物理系教授
吳銳先生

物理系副教授
林曉先生

物理系副教授
龍際雲先生

物理系副敎授
張佩瑚先生

物理系講師
王冠英先生

物理系講師
周培源先生

化學系教授
胡壯猷先生

化學系教授
吳鲁強先生

化學系講師
周振禹先生

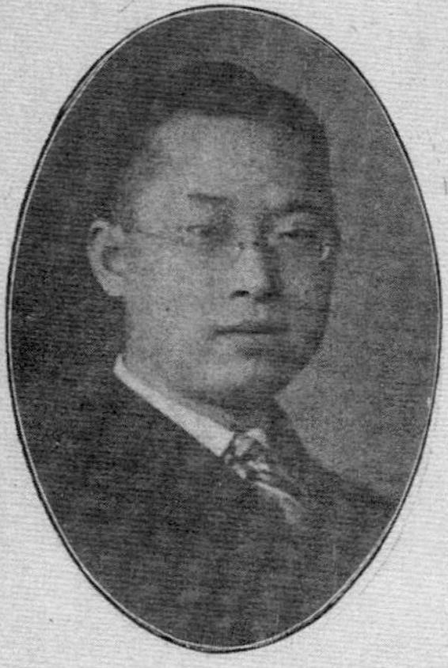
化學系講師
吳屏先生

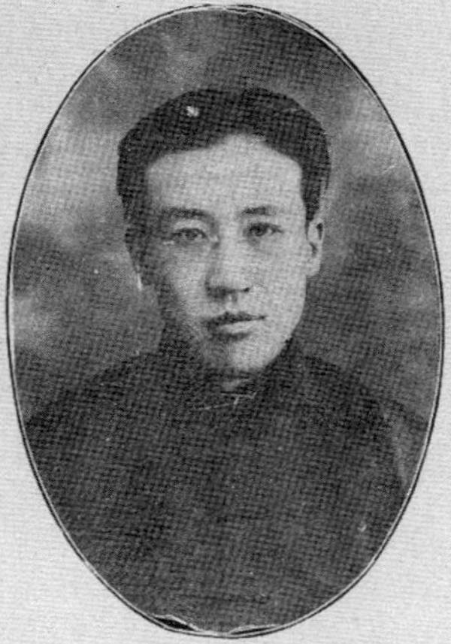
化學系講師
張貽侗先生

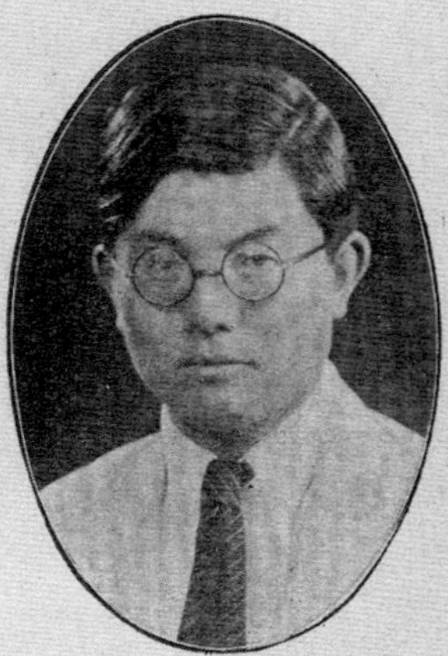
地質系教授
孫雲鑄先生

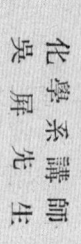

地質系教授
葛利普先生
A.M.Grabau.

地質系講師
王竹泉先生

地質系講師
何雨民先生

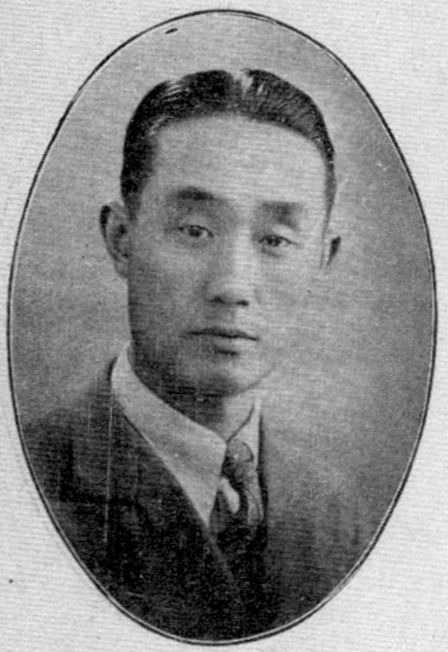

生物系教授
雍克昌先生

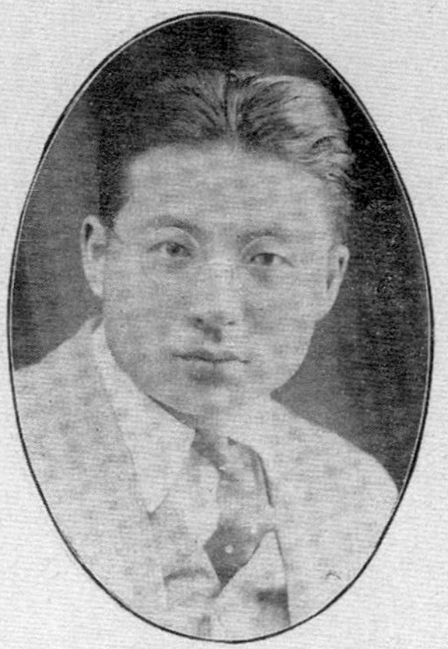

生物系教授
陳伯康先生

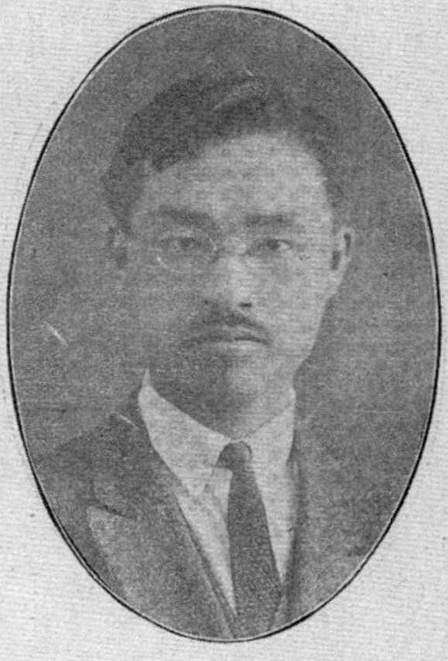

生物系講師
胡先驌先生

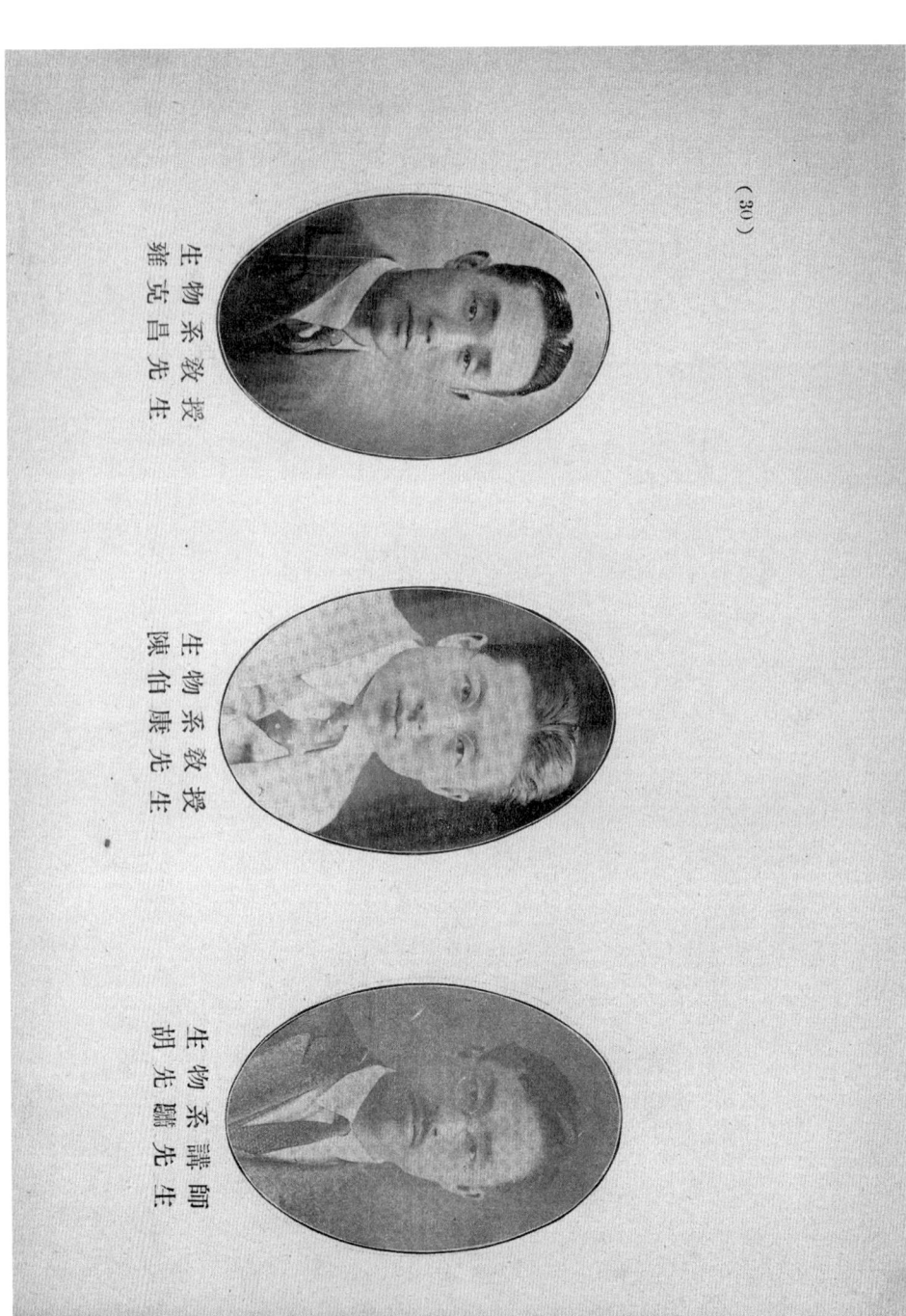

生物系講師
張春霖先生

心理系教授
汪敬熙先生

心理系講師
周先庚先生

心理系講師
孫國華先生

心理系講師
葉麐先生

國文系教授
林損先生

國文系教授
兼國學研究所導師
黃節先生√

國文系教授
兼國學研究所導師
許之衡先生

國文系教授
鄭奠先生

國文系教授
俞平伯先生

國文系名譽教授
兼國學研究所導師
沈兼士先生

國文系名譽教授
兼國學研究所導師
沈尹默先生

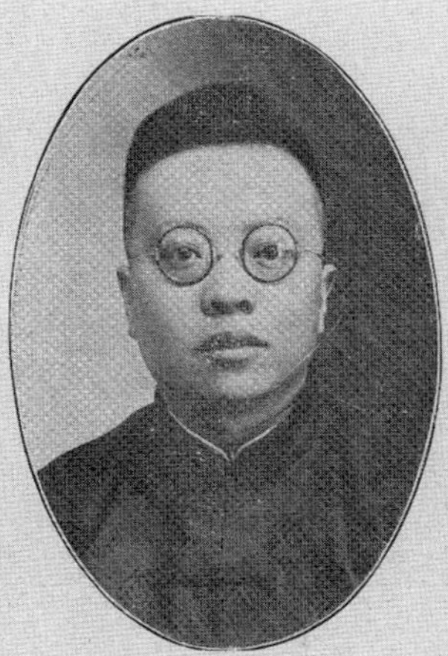

國文系名譽教授

錢玄同先生

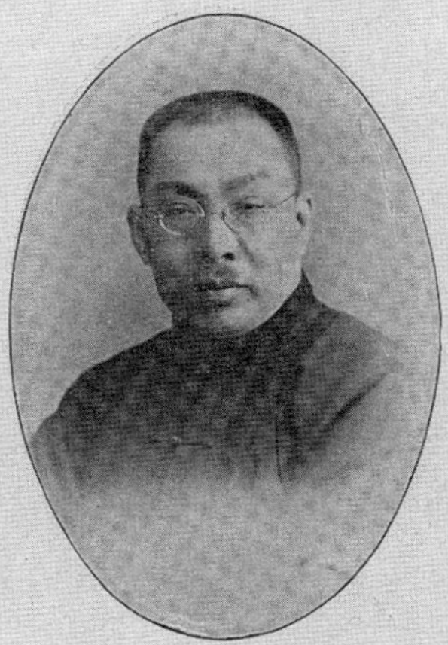

國文系名譽教授
兼國學研究所導師

陳垣先生

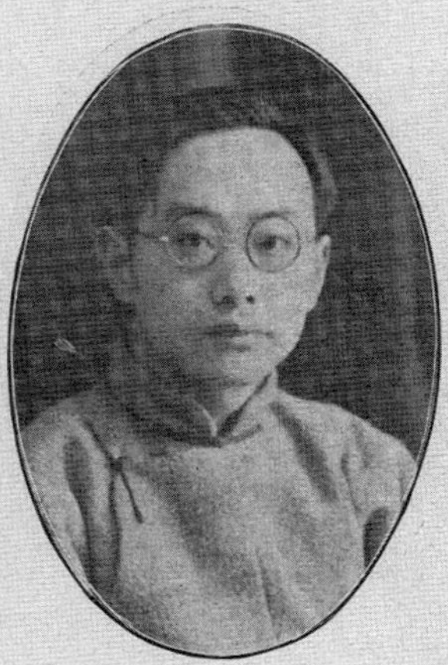

國文系副教授

魏建功先生

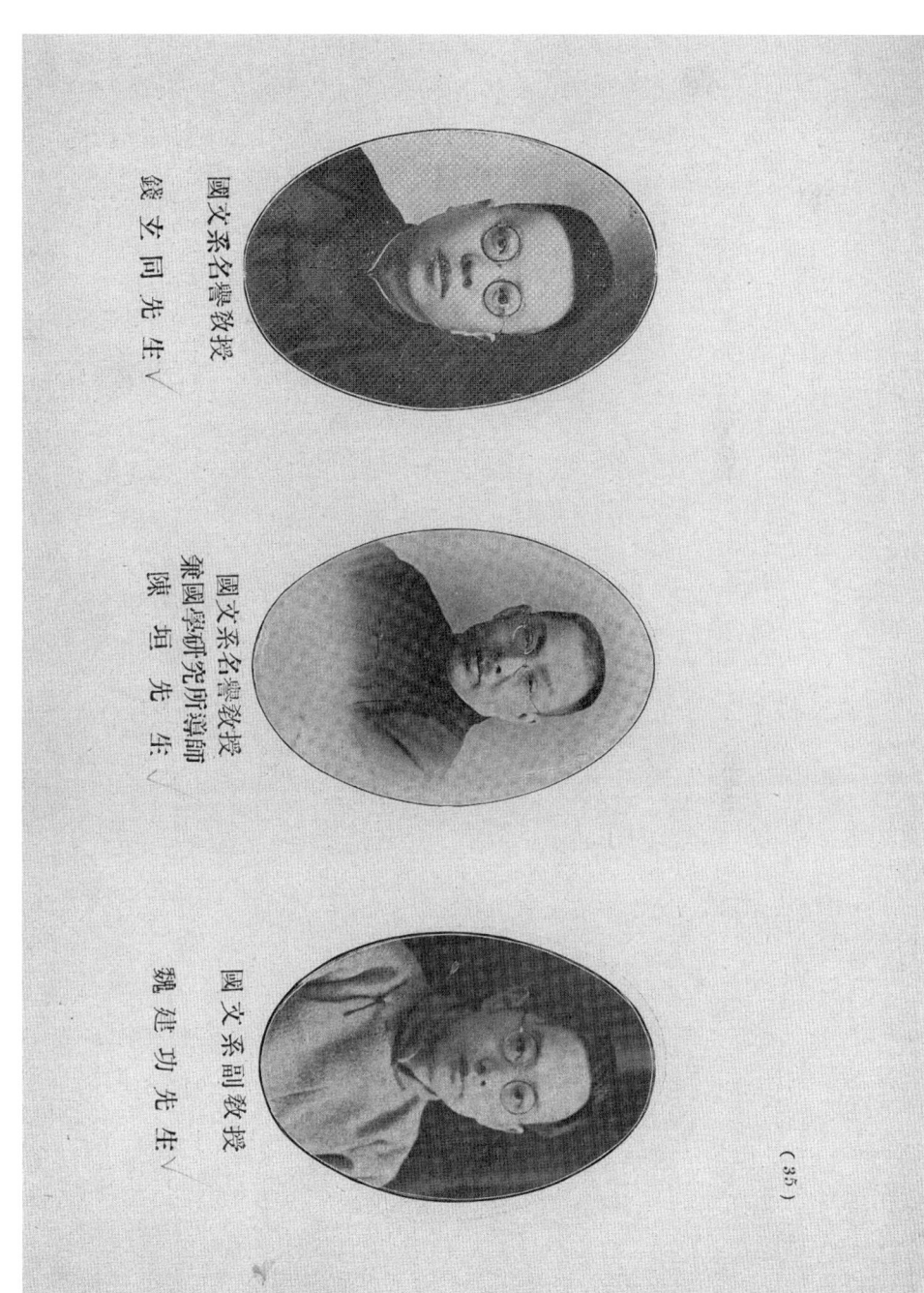

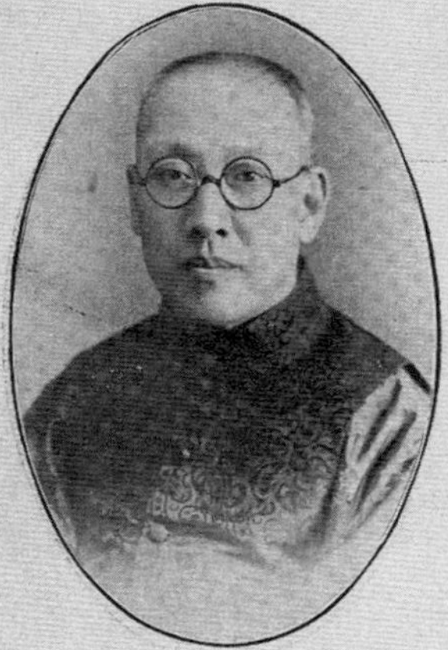

國文系講師
汪怡先生

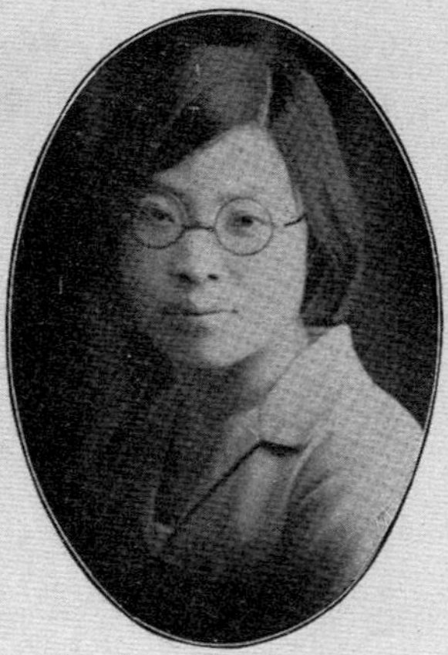

國文系講師
馮淑蘭先生

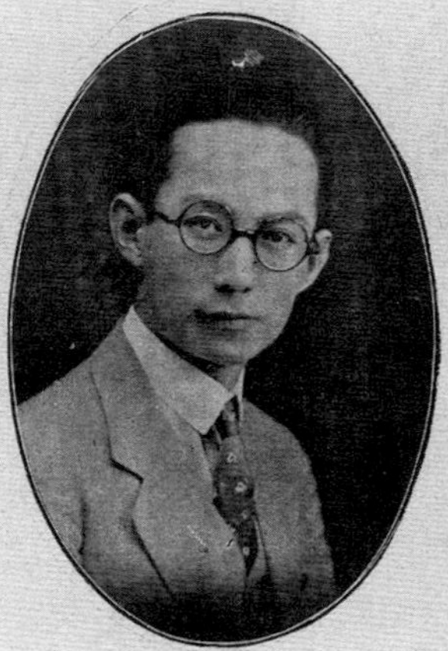

國文系講師
商承祚先生

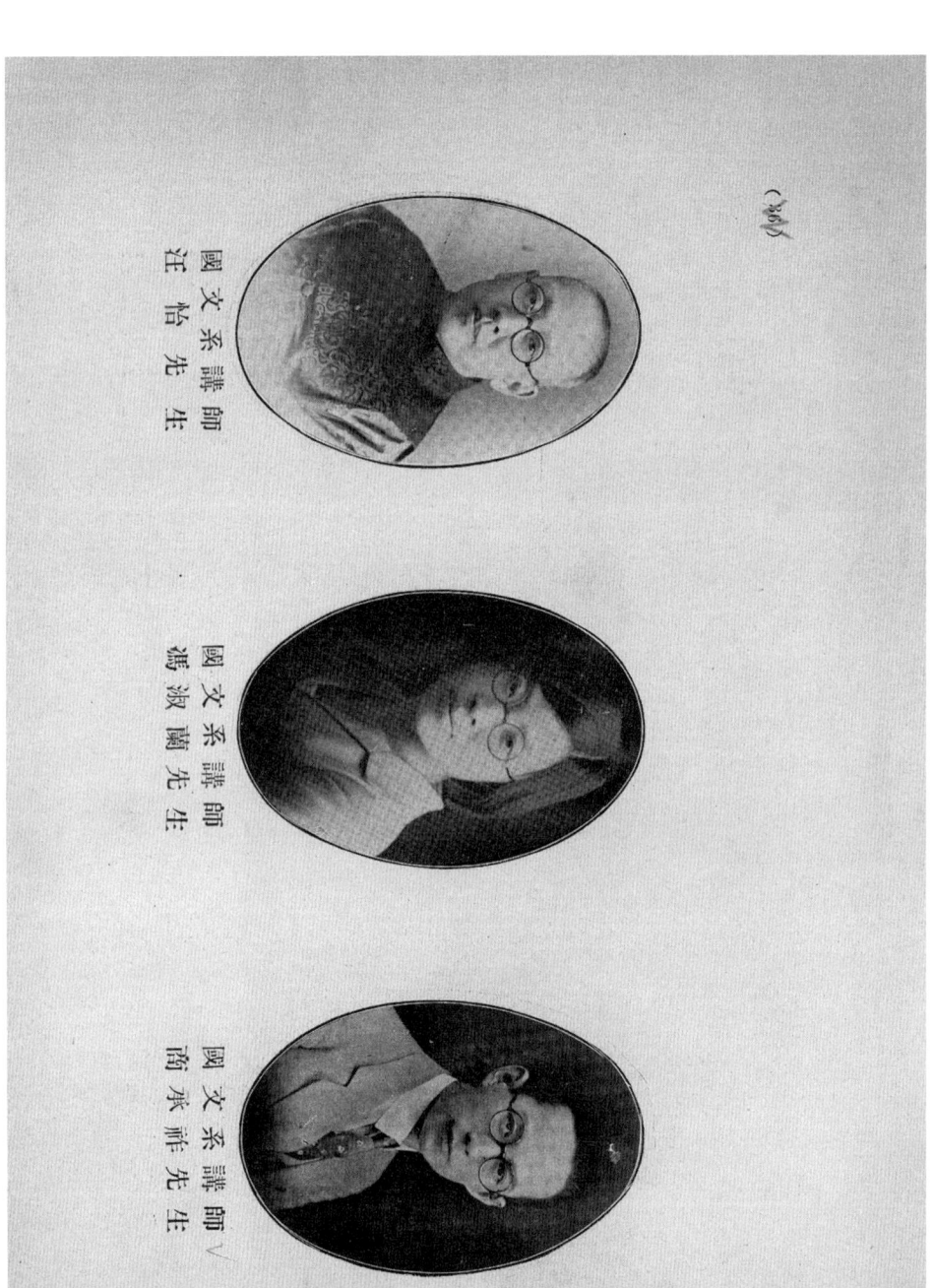

國文系講師
張煦先生

國文系講師
余嘉錫先生

國文系講師
金九經先生

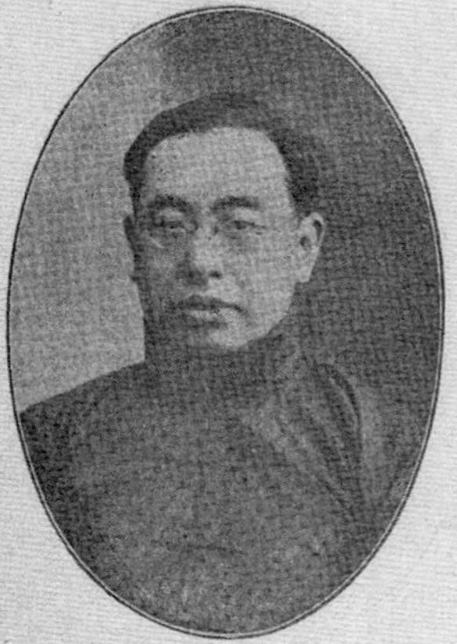

國文系講師
吳承仕先生

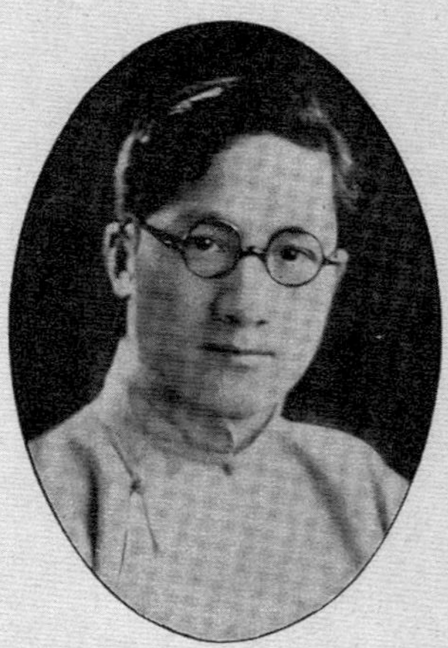

外國文學系英文組教授
徐志摩先生

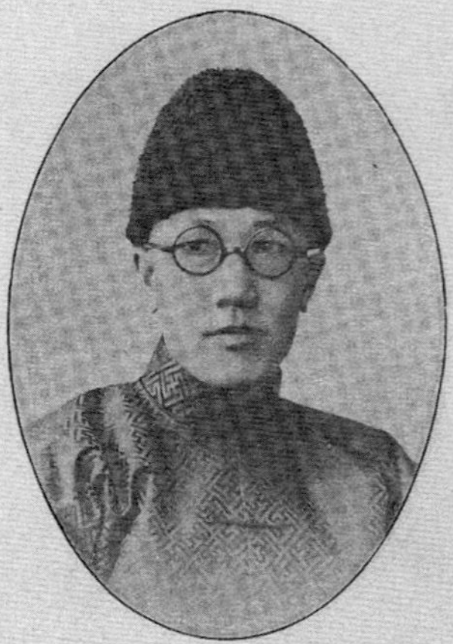

英文組講師
王文顯先生

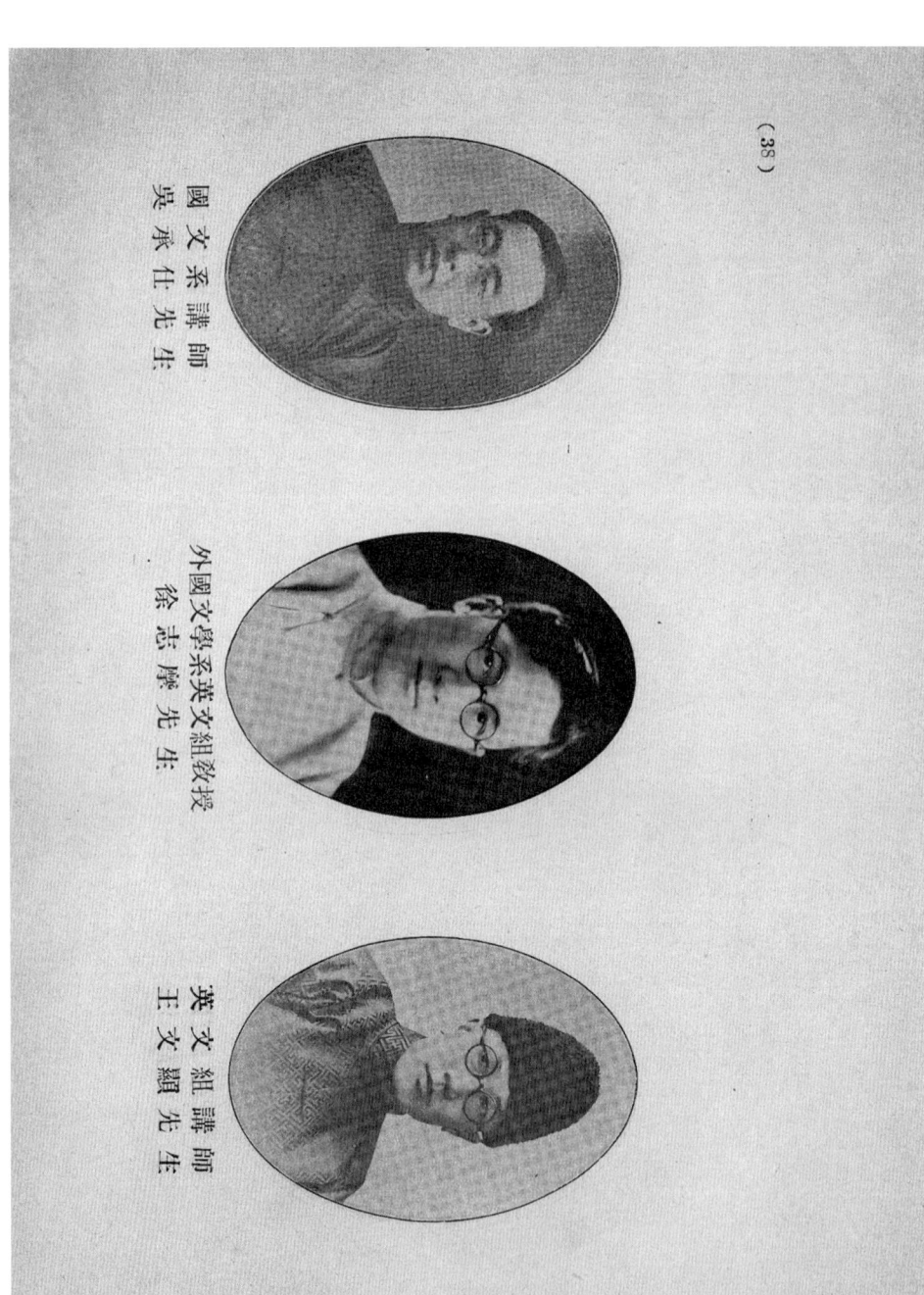

英文組講師
羅昌先生

英文組講師
楊宗翰先生

法文組教授
邵可侶先生

法文組教授
賀之才先生

法文組講師
朱家健先生

法文組講師
盛成先生

德文組教授
洪濤先生

哲學系教授
馬叙倫先生

哲學系教授
黃方剛先生

哲學系名譽教授
兼國學研究所導師
徐炳昶先生

哲學系講師
嵇文甫先生

哲學系講師
周叔迦先生

哲學系講師
鄧秉鈞先生

哲學系講師
張心沛先生

哲學系講師
程衡先生

(44)

哲學系講師
張崧年先生

哲學系講師
賀麟先生

史學系教授
國學研究所導師
馬衡先生

史學系教授
孟森先生

史學系副教授
錢穆先生

史學系副教授
趙萬里先生

史學系講師
蔣廷黻先生

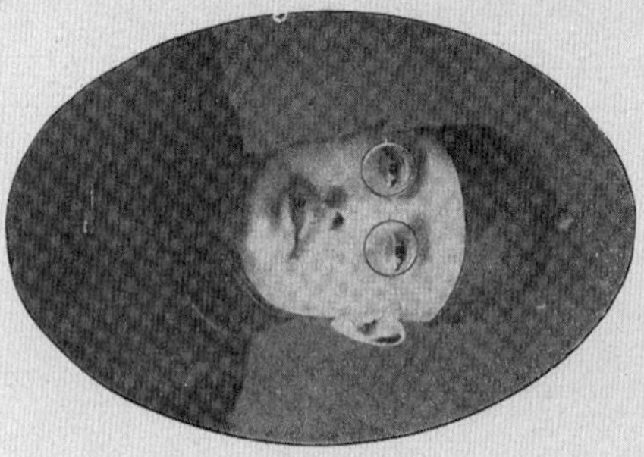

史學系講師
陸懋德先生

史學系講師
李宗武先生

史學系講師
張星烺先生

史學系講師
吳燕紹先生

教育系教授
戴夏先生

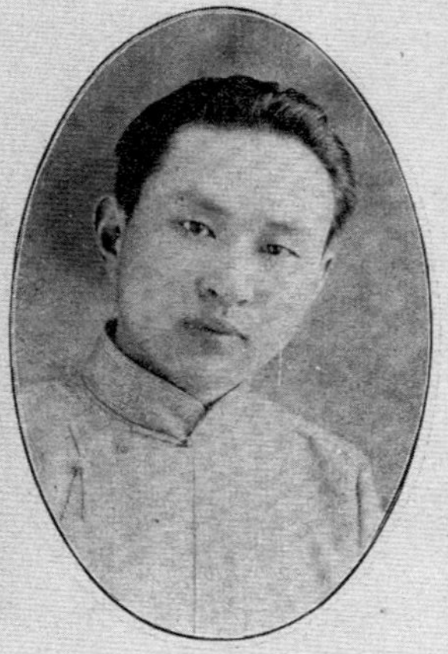

教育系教授
吳俊升先生

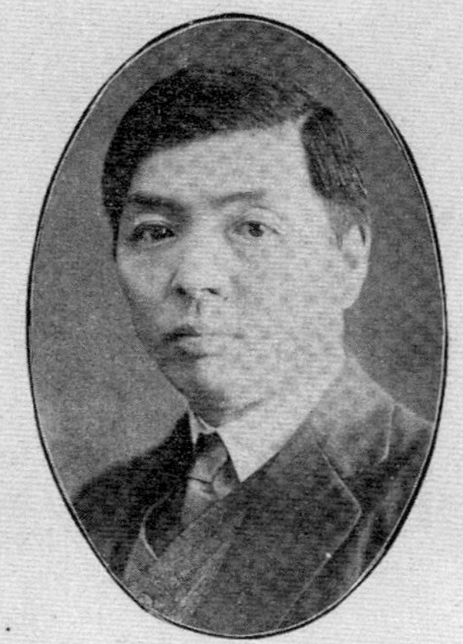

教育系教授
楊亮功先生

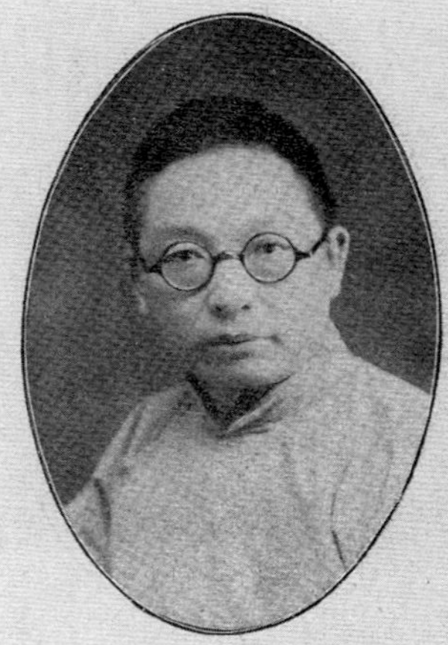

教育系教授
楊廉先生

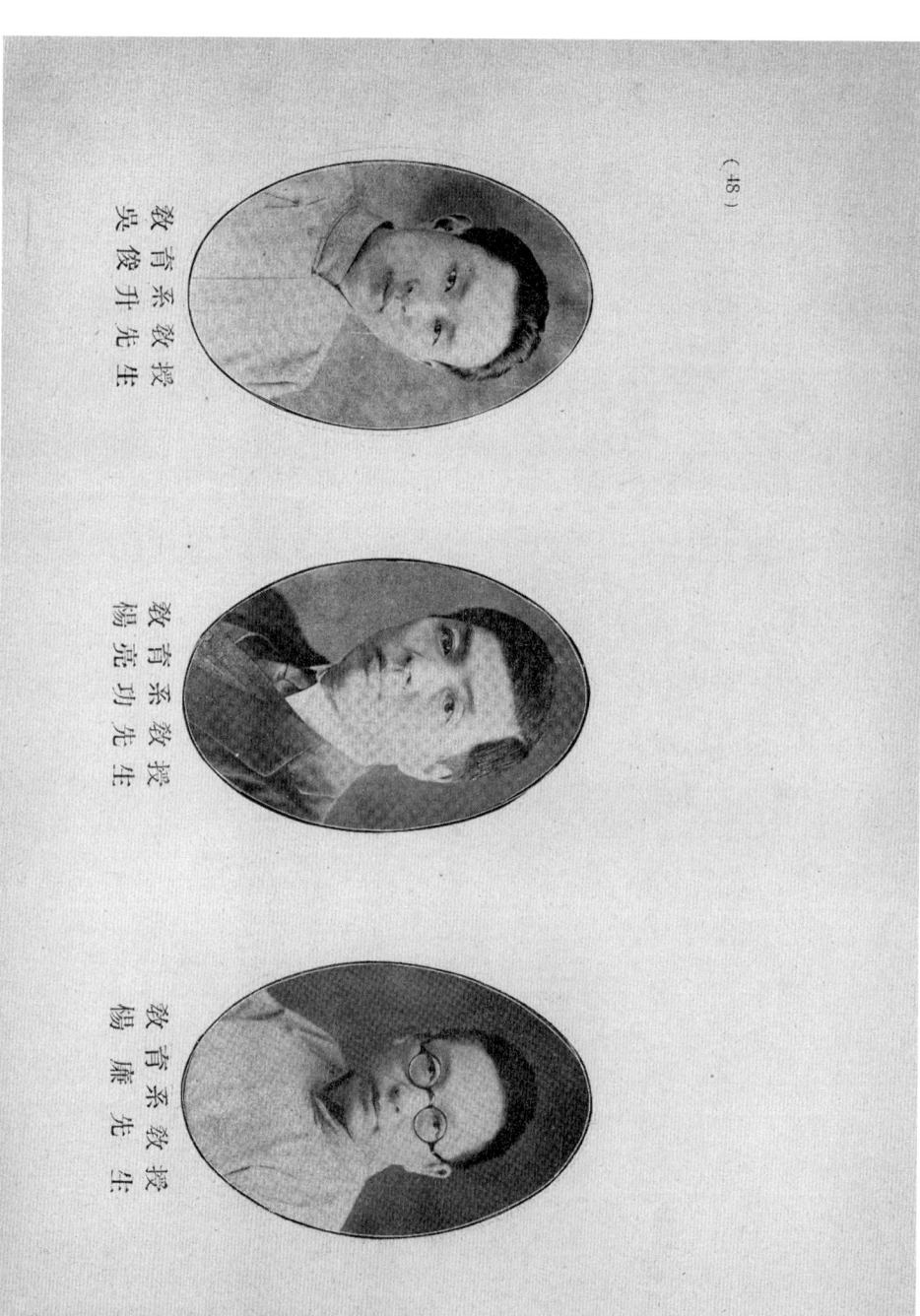

教育系講師
劉廷芳先生

教育系講師
劉吳卓生先生

教育系講師
吳家鎮先生

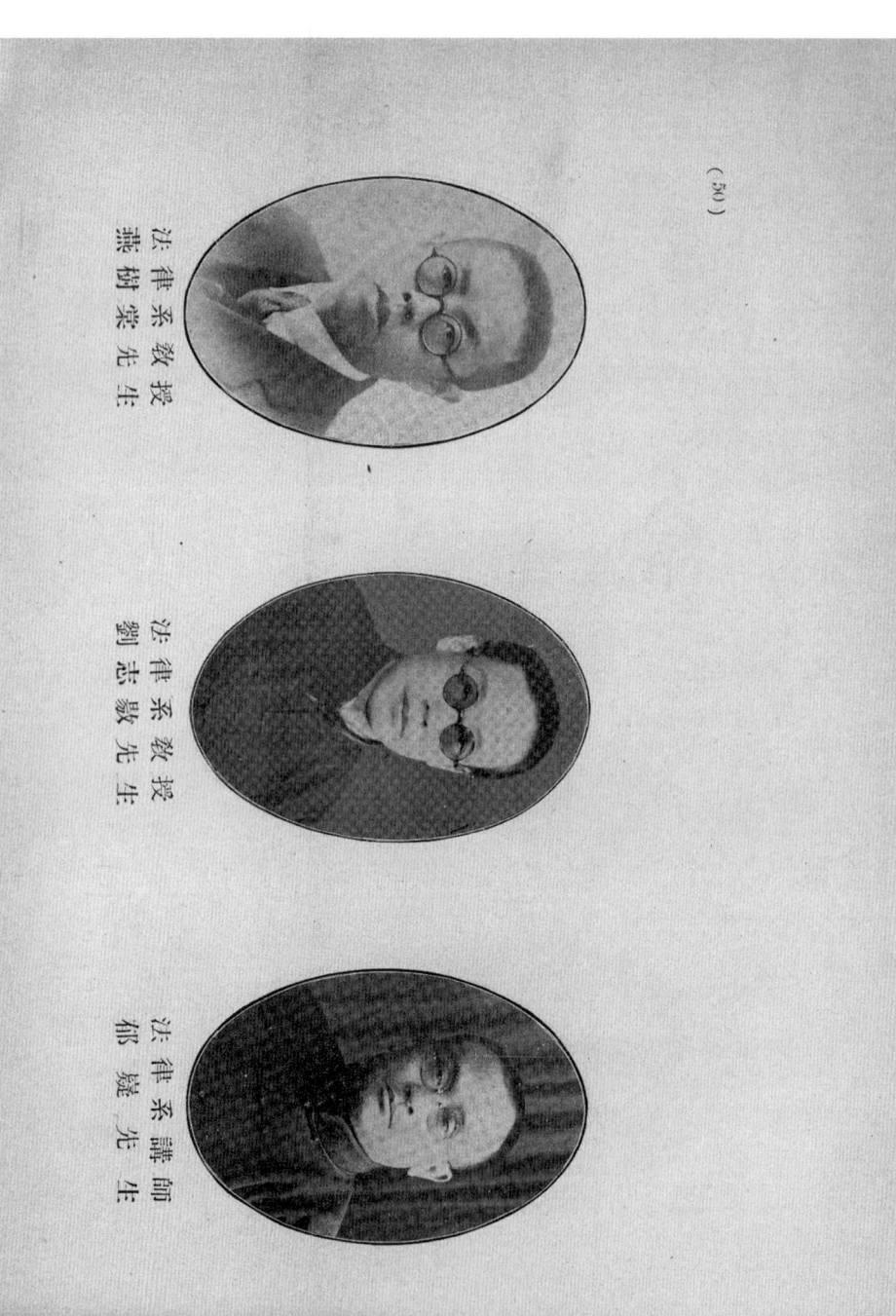

法律系教授
燕樹棠先生

法律系教授
劉志敭先生

法律系講師
郁嶷先生

政治系教授
陶希聖先生

政治系教授
許德珩先生

政治系教授
張忠紱先生

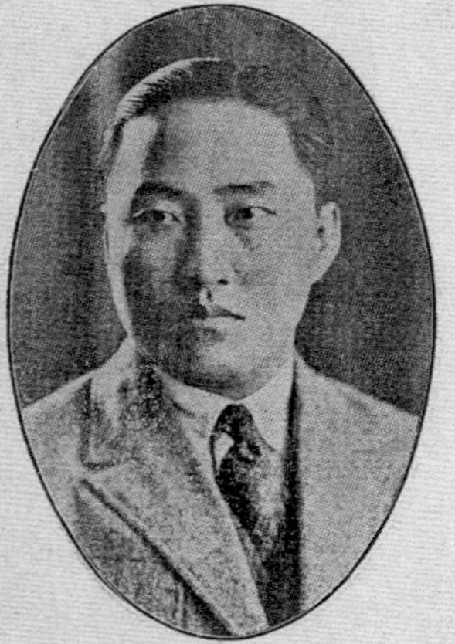

政治系講師
宋介先生

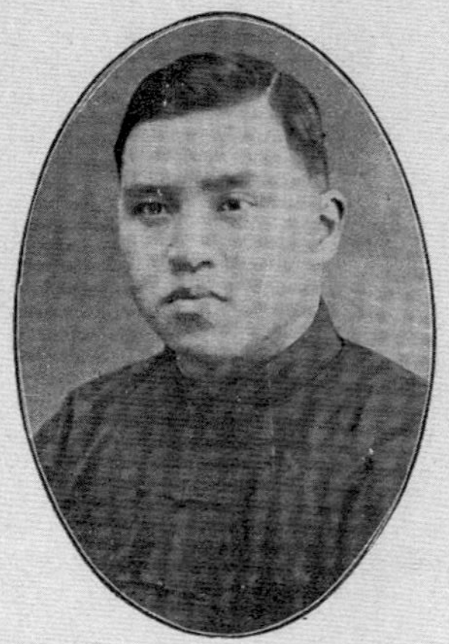

政治系講師
徐輔德先生

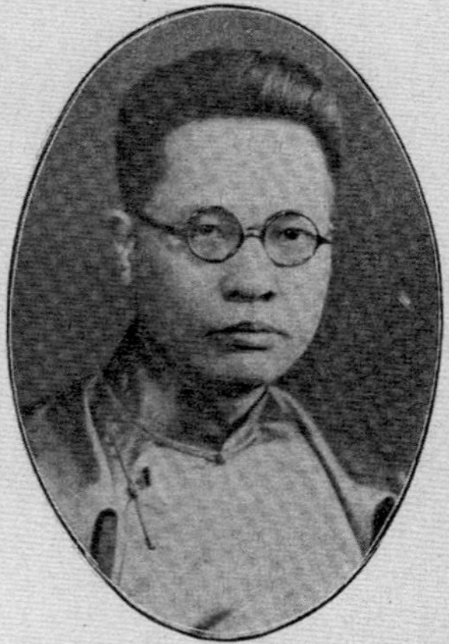

政治系講師
張映南先生

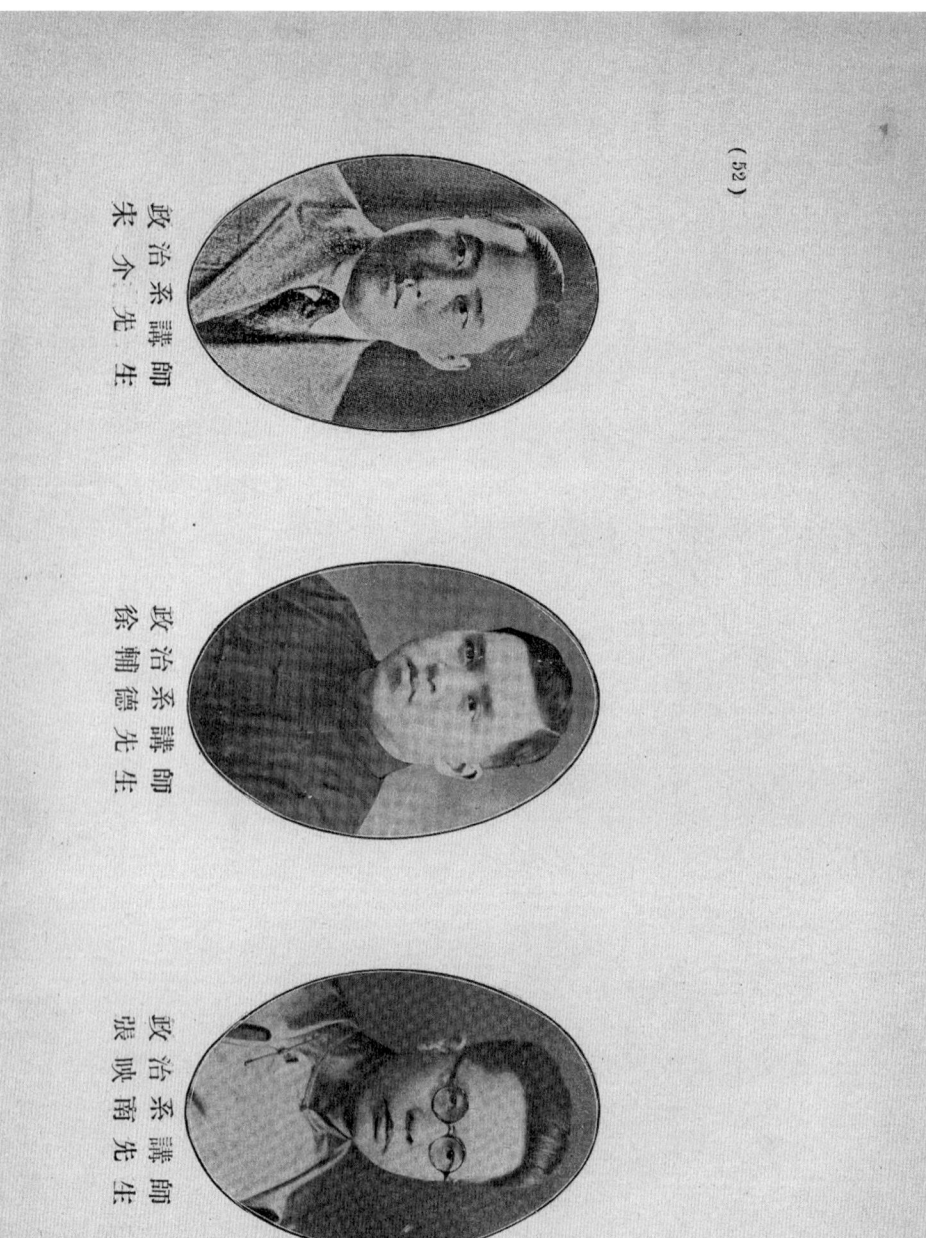

經濟系教授
周作仁先生

經濟系教授
何永信先生

經濟系講師
余肇池先生

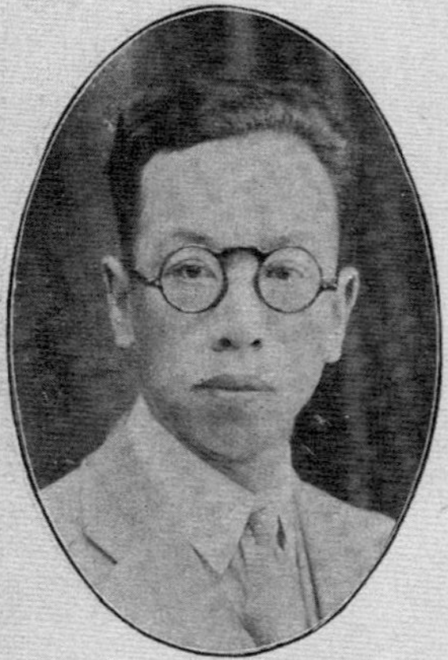

經濟系講師
盧郁文先生

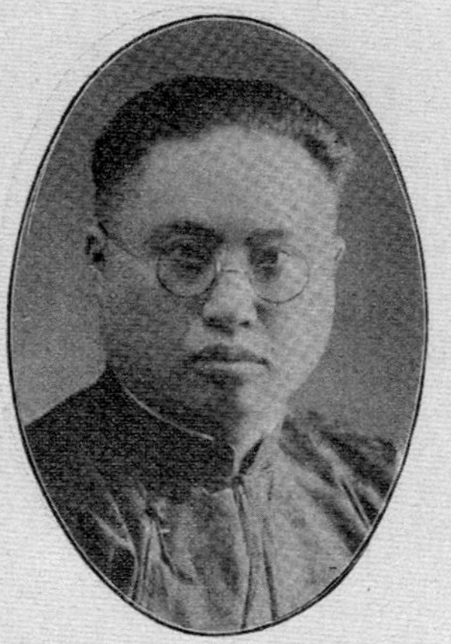

經濟系講師
胡立猷先生

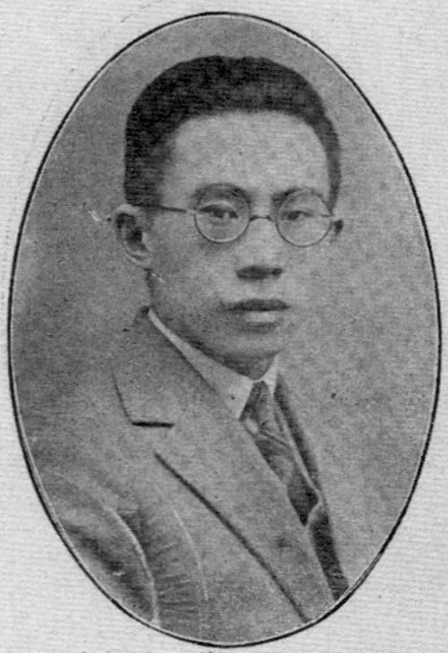

經濟系講師
董時進先生

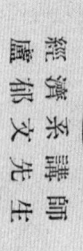

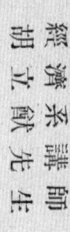

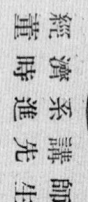

哲學系教授
陳大齊先生

經濟系教授
秦瓚先生

法文組講師
陳伯早先生

史學系講師
白眉初先生

法律系講師
李浦先生

法律系講師
程樹德先生

特約講師
布拉希克先生

特約講師
郎之萬先生

(58)

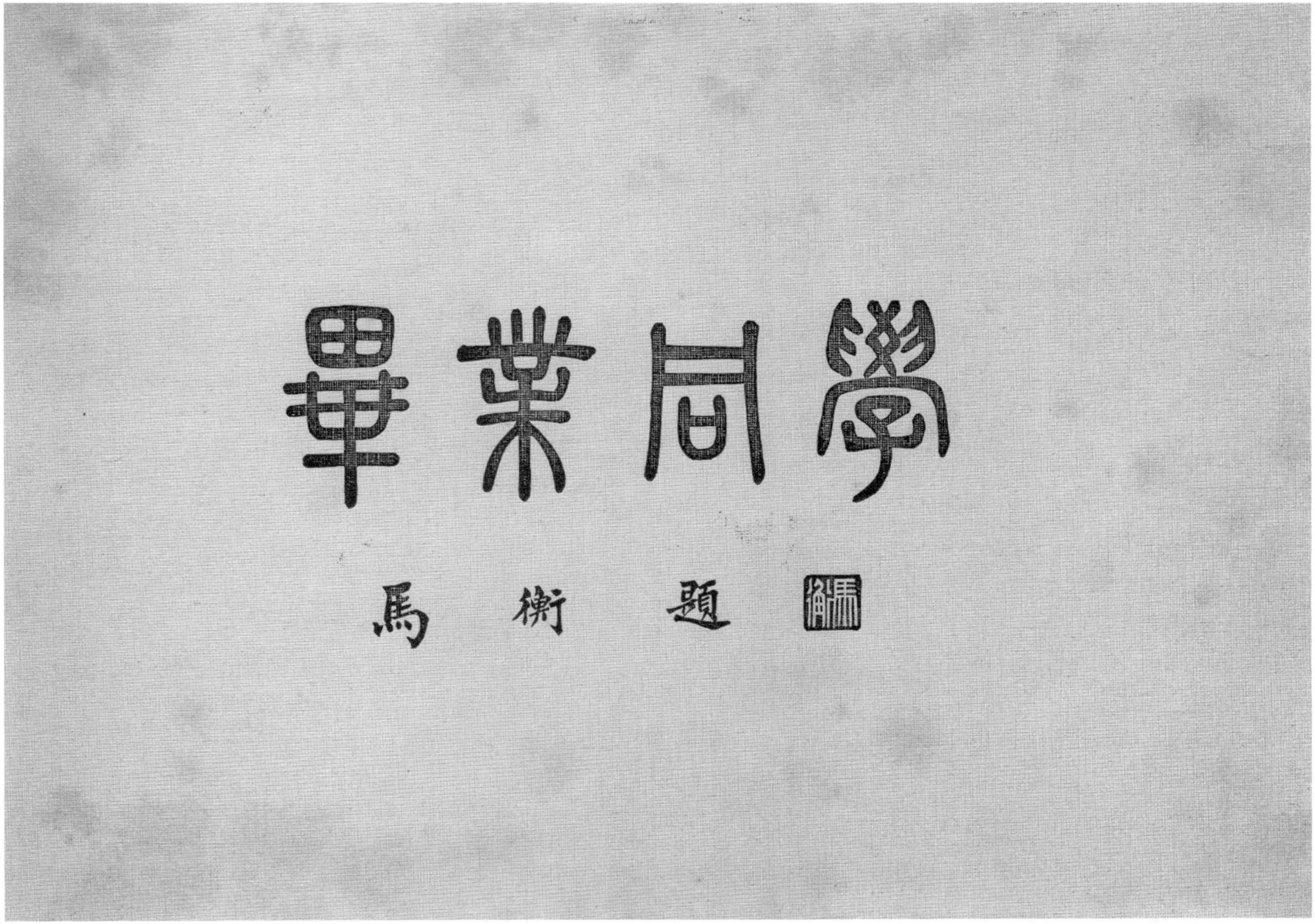
畢業同學
馬衡題

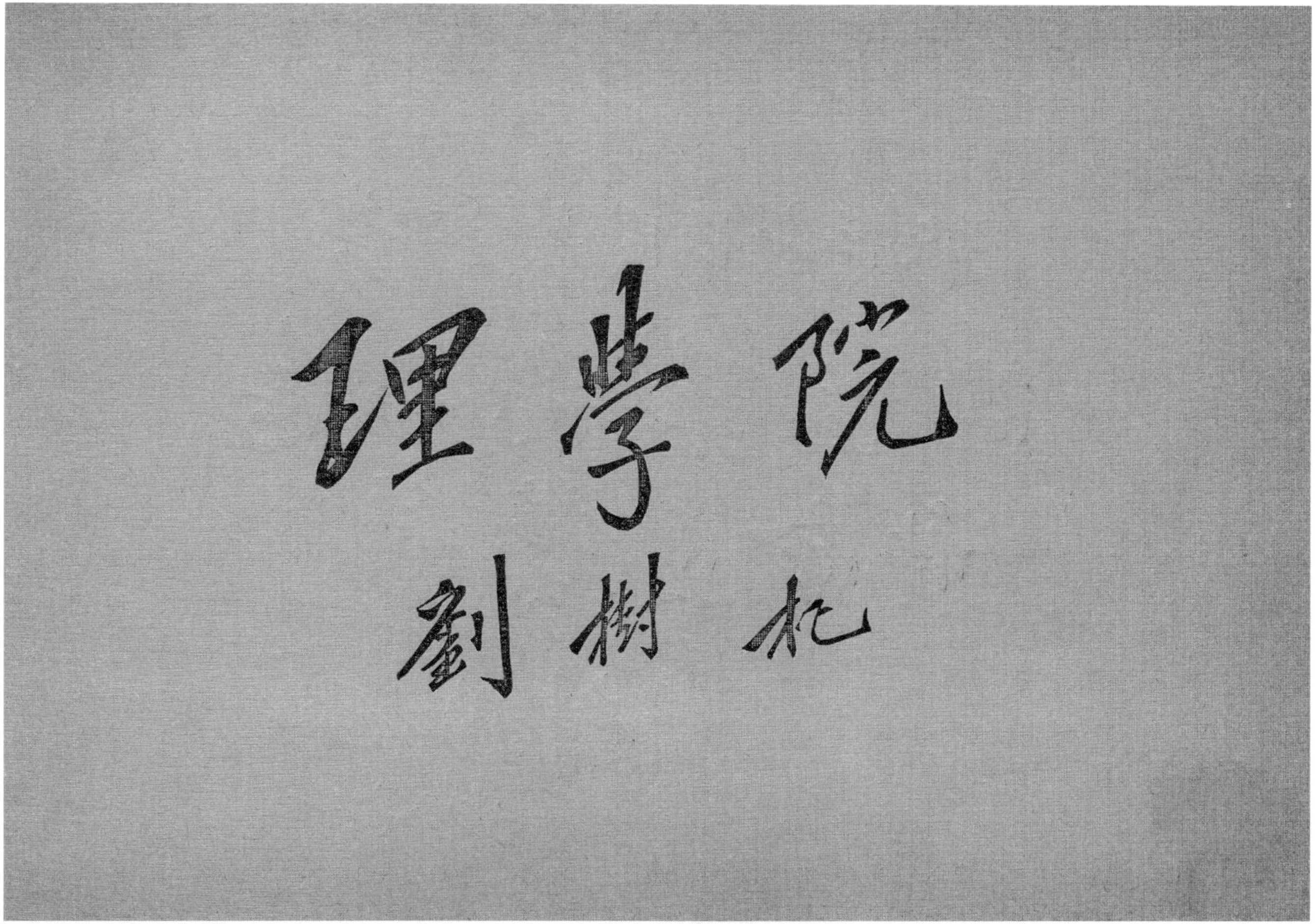
理學院
劉樹杞

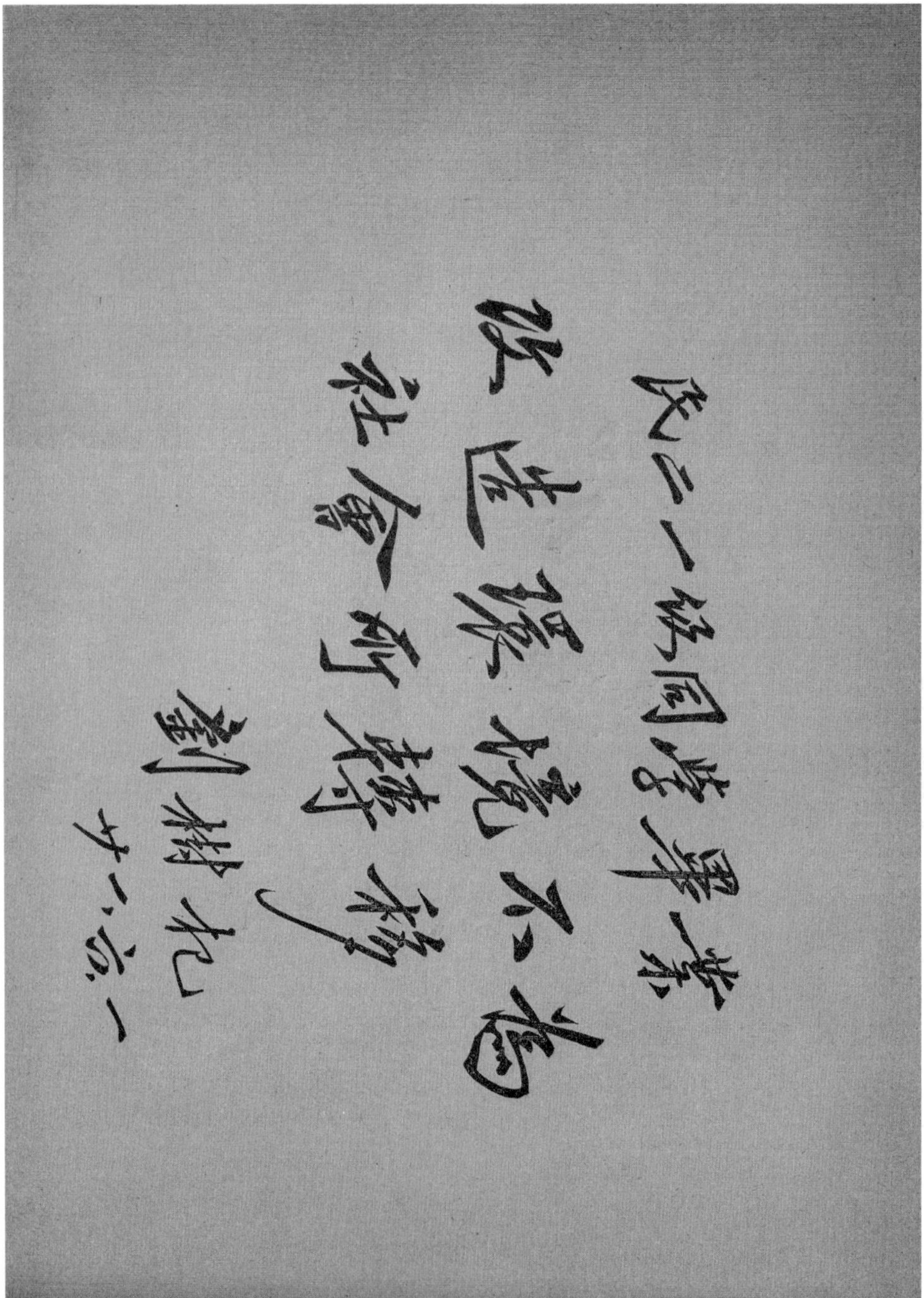
民二一級同學畢業
改造環境不為
社會所轉移
劉樹杞
廿、六、一

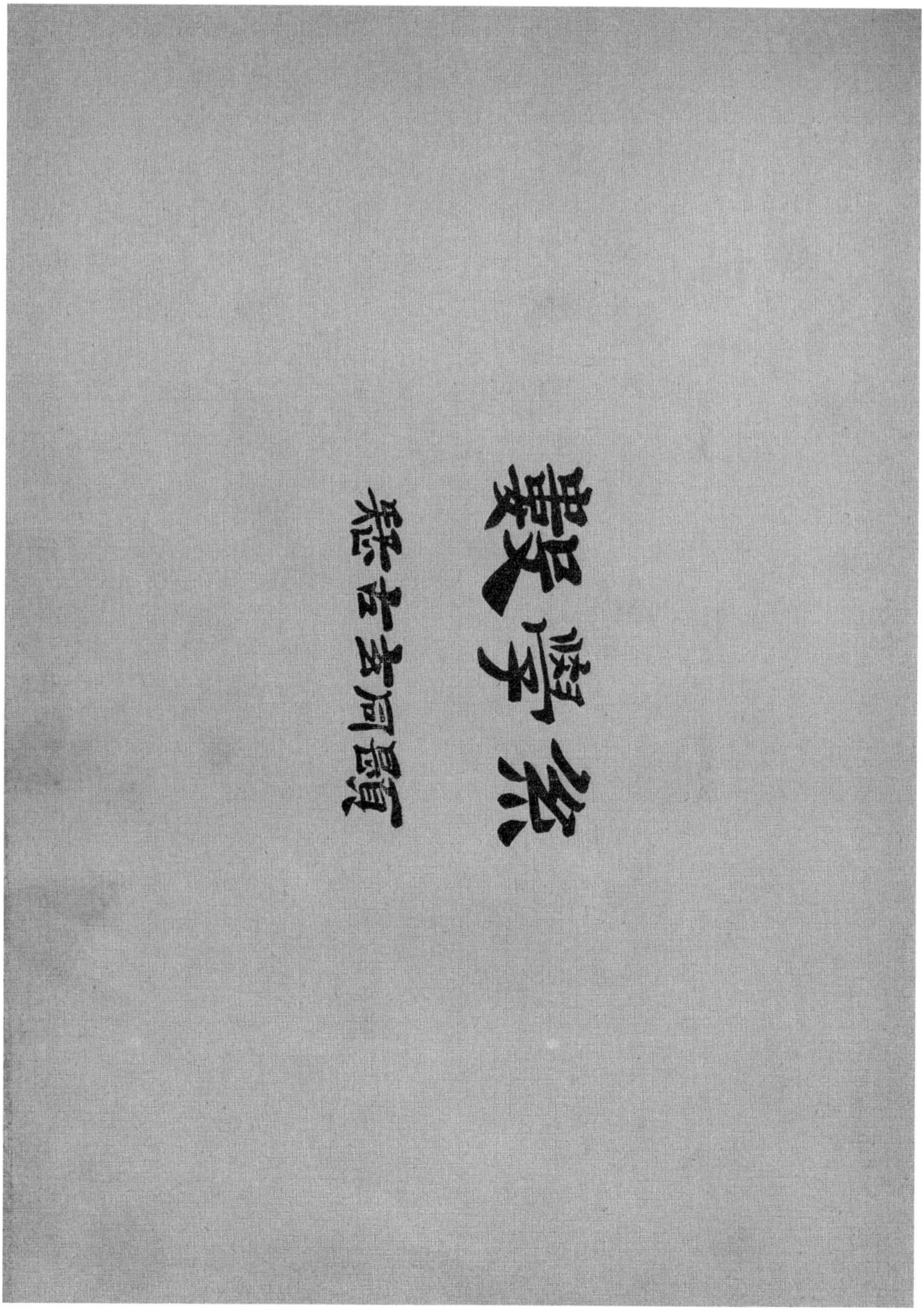
數學系
疑古玄同題

丁壽田

別號

籍貫　浙江義烏

通信處　北平石駙馬大街二十八號

向大公

別號　肇愚

籍貫　湖南衡山

通信處　衡山南門外龍祠

冷蜀德

別號　清

籍貫　四川酉陽

通信處　北平後門內三眼井四十一號

胡　仁　魁

別　號　梅亭

籍　貫　山西定襄

通信處　定襄蔣村

范　傳　波

別　號　四斕

籍　貫　遼甯海城

通信處　海城大望台

孫　丕　顯

別　號　文謨

籍　貫　河南汲縣

通信處　汲縣曹營街四號

党季川

別號　少溪

籍貫　河北安國

通信處　安國南關西長路路南党宅

楊炎和

別號

籍貫　江西萍鄉

通信處　萍鄉文甲陂楊永發號轉

趙子璉

別號　亞瑚

籍貫　河北安國

通信處　安國鄭各莊

趙麟熹

別號 旭卿

籍貫 河北任邱

通信處 任邱城內廣義興轉郝家舖

劉從謙

別號 撝吉

籍貫 河北清苑

通信處 安國張家營轉顧家營

羅維翰

別號 勳甫

籍貫 江西吉安

通信處 吉安裕泰行

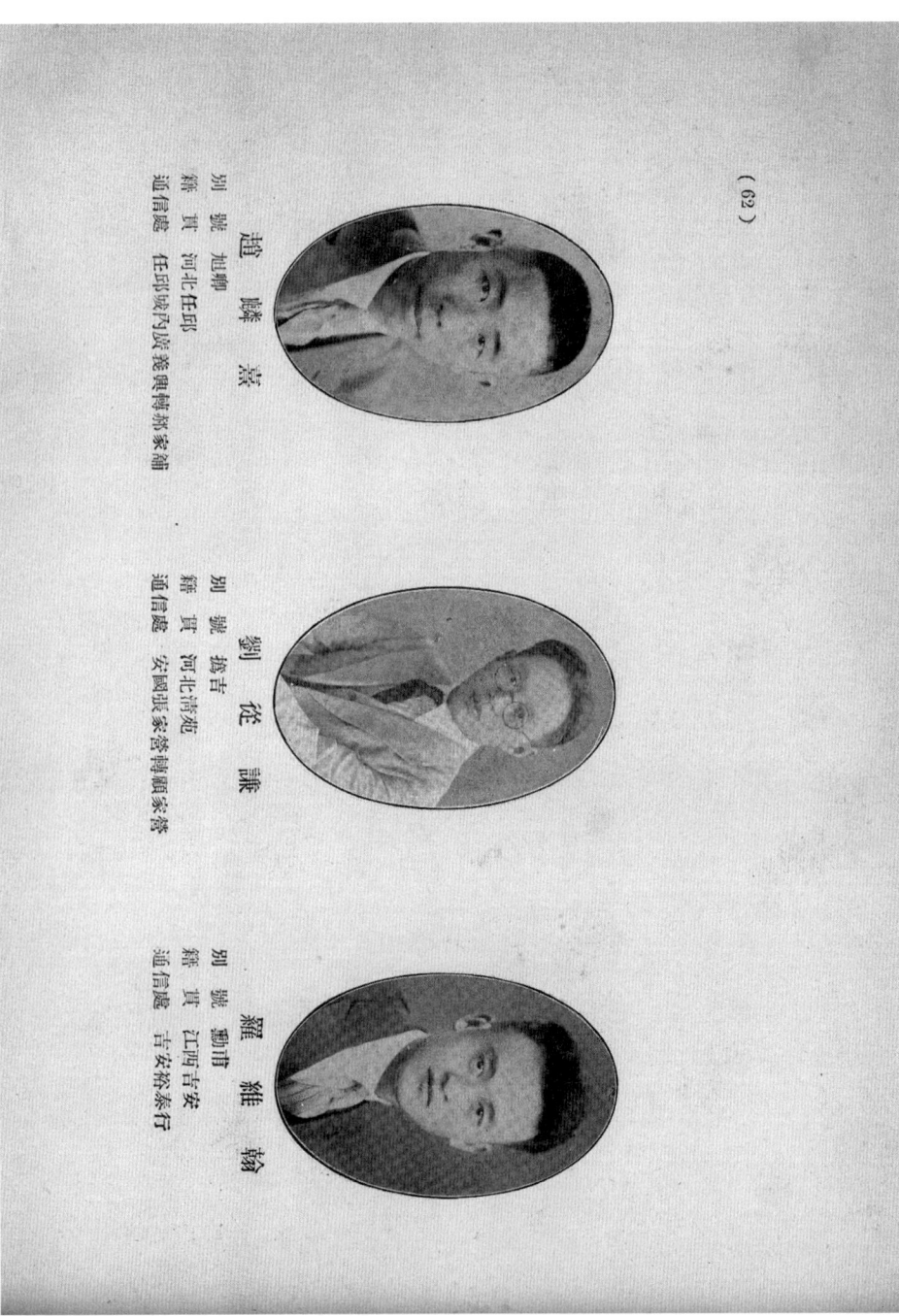

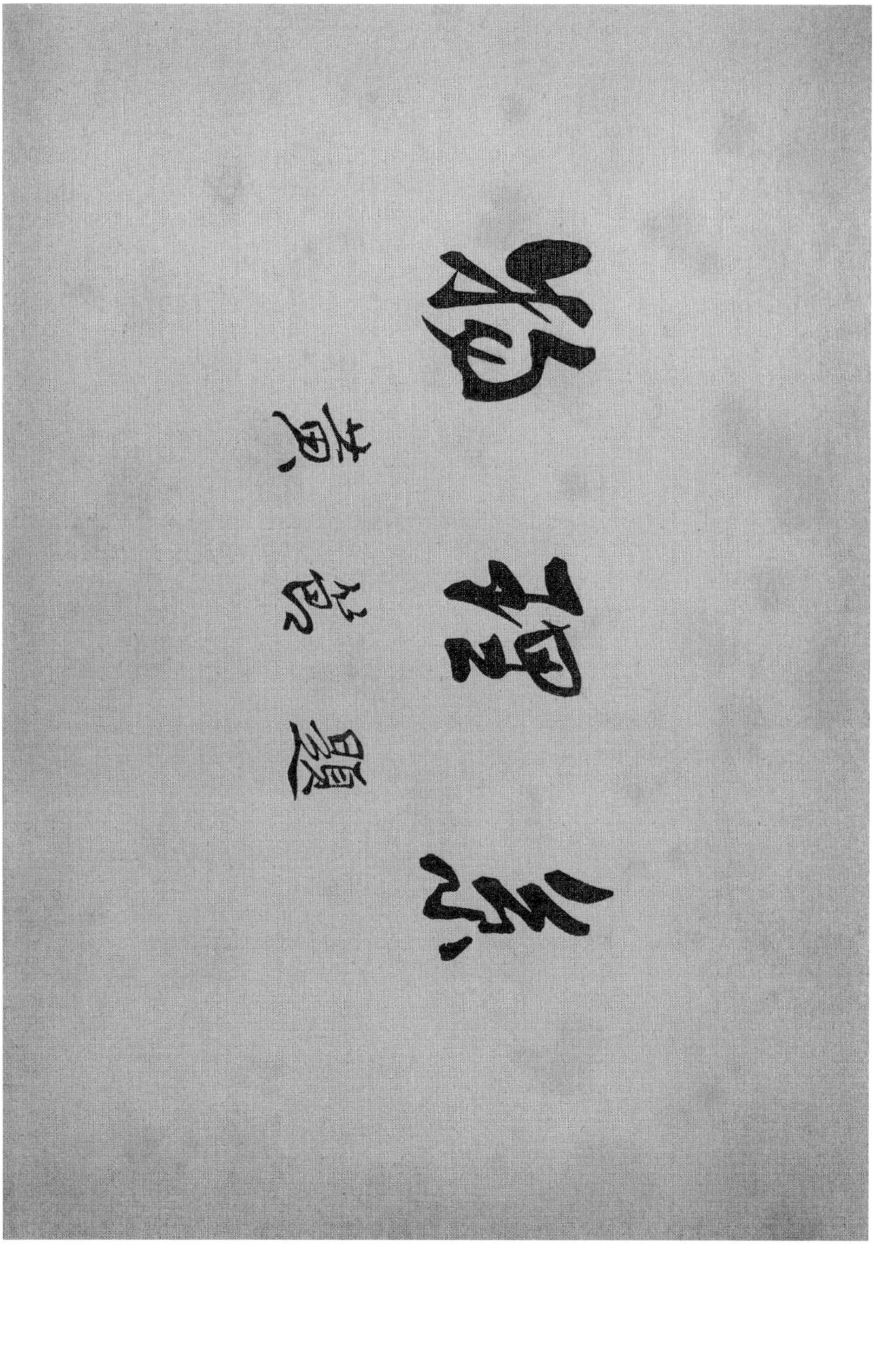
物理系
黃節題

方　克　誠

別　號　少川
籍　貫　湖南平江
通信處　長沙南門外妙高峯下南村一號

王　　篤

別　號　中建
籍　貫　山西猗氏
通信處　猗氏城內協成積轉

任　自　立

別　號
籍　貫　湖南湘陰
通信處　長沙壽星街二十號

李伯倫

別號 欣九
籍貫 吉林濱江
通信處 濱江道外桃花巷榮陞表局

林拱辰

別號 鶴林
籍貫 廣東揭陽
通信處 揭陽西門外桐坑郵局轉泰厝頭

武毓環

別號 一如
籍貫 河北永年
通信處 永年城內東街

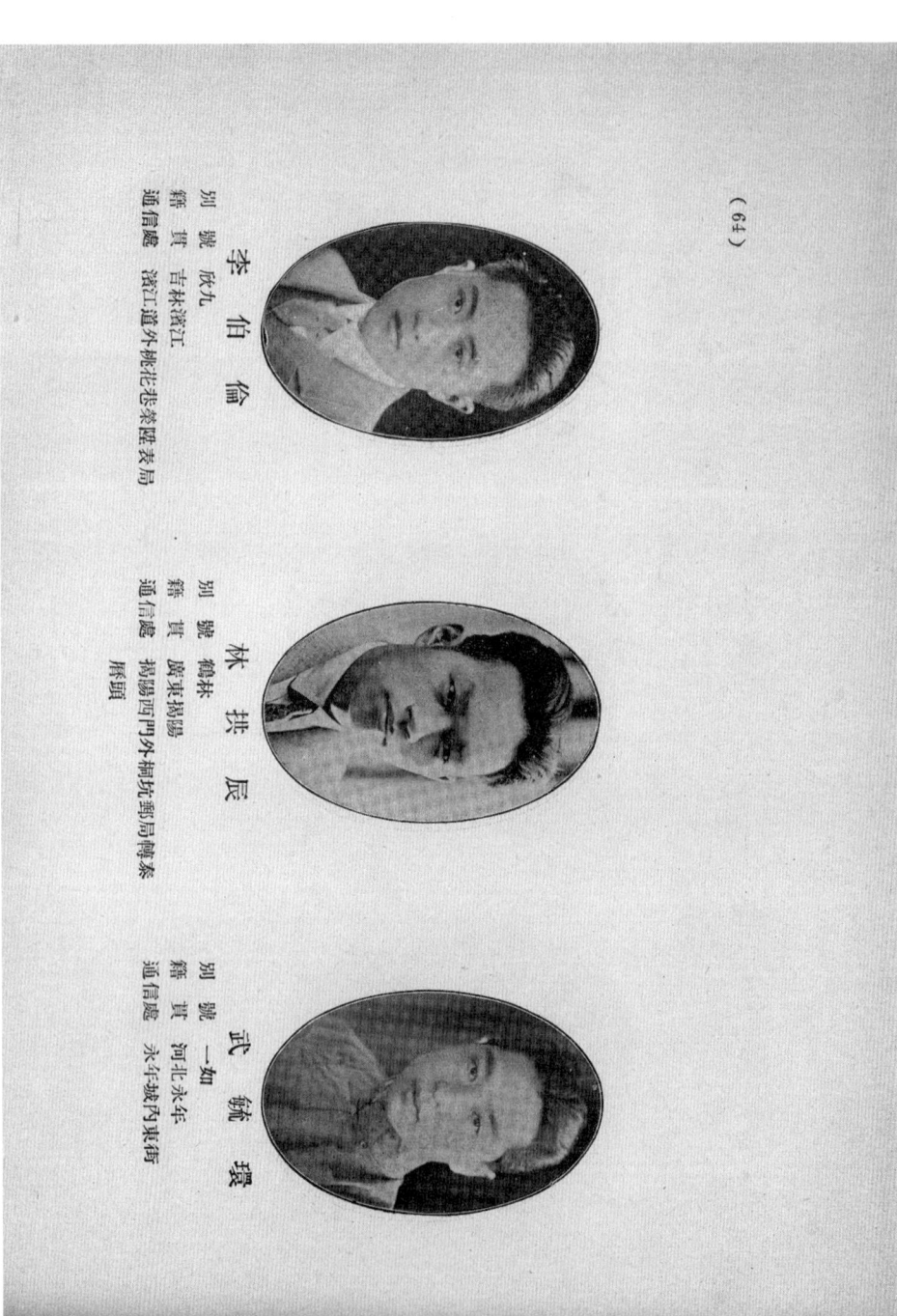

范　道　鸝

別　號　伯農
籍　貫　四川永川
通信處　永川瀘州街范宅

俞　光　德

別　號
籍　貫　浙江諸暨
通信處　諸暨三江口

唐　寶　圖

別　號　谿濱
籍　貫　雲南江川
通信處　江川漁村

黃光弼

別號

籍貫 四川江津

通信處 江津衙門口唯一茶社

張欽

別號 恪忱

籍貫 河南臨穎

通信處 臨穎城內永興裕轉

張徵祥

別號 百菴

籍貫 山西永濟

通信處 臨晉七級鎮永樂豐收轉大屯村

賈　善　珍

別　號　孟奇

籍　貫　河南濟源

通信處　濟源北官莊

趙　隆　浩

別　號　叔剛

籍　貫　江西奉新

通信處　奉新河湖井三號

劉 璋

別 號 在川

籍 貫 福建永春

通信處 廈門永春湖陽

鄭 維 城

別 號

籍 貫 遼甯遼陽

通信處 遼陽東北老大台信箱轉

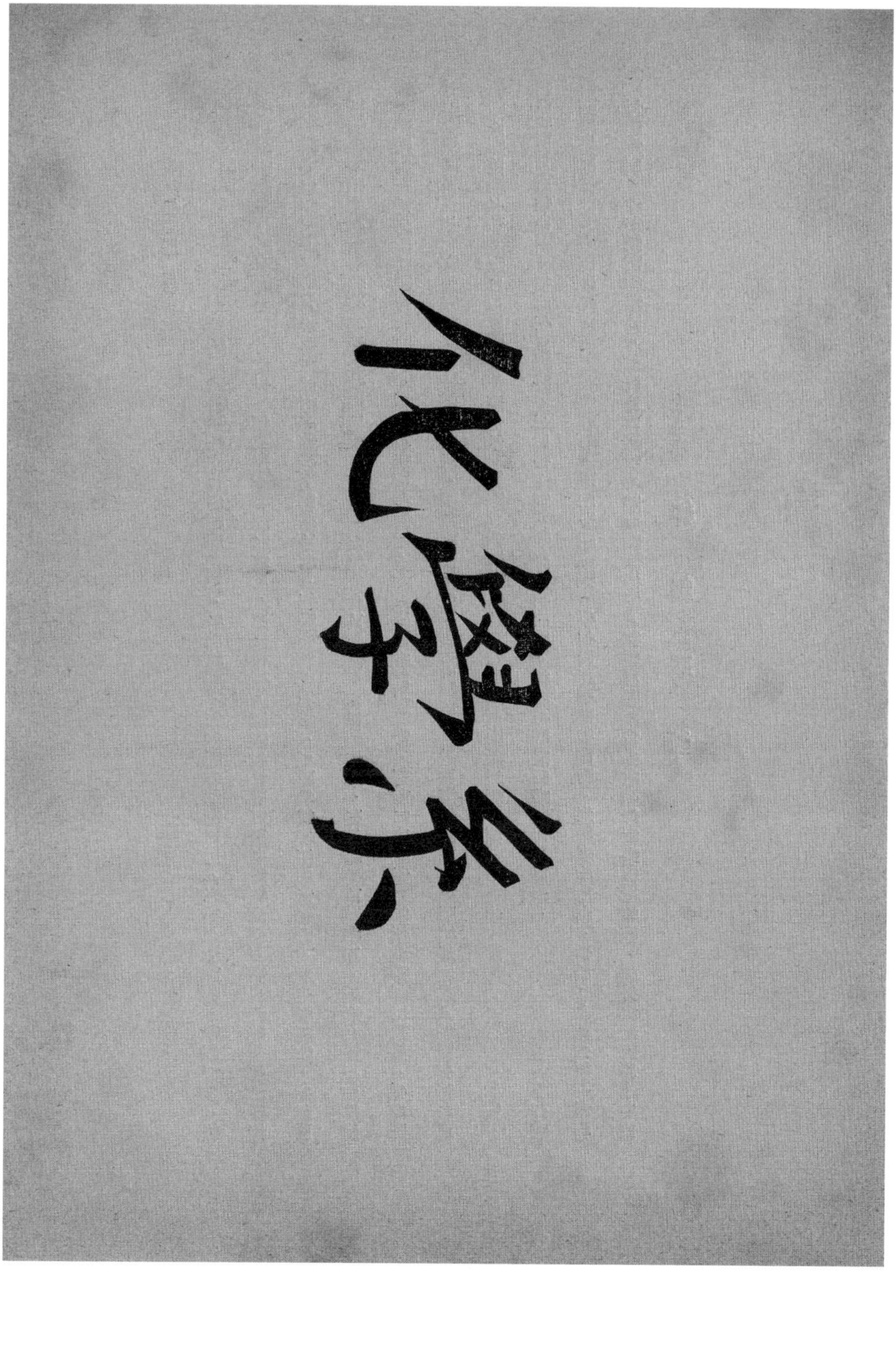
化學系

臨別贈言

民廿一級同學將卒業，囑爲在其畢業紀念冊中誌數語以贈別，值茲國難日亟，外侮日增之時，不禁有所感于中，爰略書之以相勉：憶自九一八以來，全國各級學校，學業有形或無形之中，幾全陷于停頓，惟吾北大，所受影響獨小，雖在國家風雨飄搖之中，而弦誦之聲不絕，故至今日諸畢業同學之學業，仍得告一段落，誠一幸事也。環觀國內他處，上自當局，下至公民，稍有人心者，自事變發生以來，莫不遑遑然恐大難之將至，上焉者終日憂國，次之者空呼救國之口號，然大都不僅不作積極救國之工作，抑且並其固有之職務亦疏忽之，而猶曰吾愛國也，國難當頭，談不到他事也。試問事變發生以來，至今已九閱月矣，國究已救乎？空喊口號，侈言愛國，凈得之結果何在？蓋不待識者而後知之矣。夫吾人之所以受強鄰之欺侮者，其遠因實在不自振作，而所謂不自振作者，即官吏以及國民之不自盡其應盡之責，故國難當頭而放棄其尋常之職責，實爲不愛國之尤。當歐戰之時，德人攻巴黎，爲時頗久，然而法都之學校，從不停頓，除被徵服兵役者外，絕未聞教授或學生有放棄其學校內之責務之舉，此乃眞係大國民應具之態度。方之我國，何異天淵！今值此危急之時，而我北大學生，猶能致力于學業，有足佳者，惟望離校以後，仍能保持此項精神，本其所學，盡力于所就之職務，即所以報國也。

曾昭倫

李樂元

別號

籍貫 湖南攸縣

通信處 攸縣西城李光華轉

何德森

別號

籍貫 陝西南鄭

通信處 南鄭丁字街口何宅

徐日昇

別號 東初

籍貫 山東掖縣

通信處 哈爾濱道裏西警察街八十號

孫錫洪

別號

籍貫 浙江新昌

通信處 浙江嵊縣黃澤

馬潤德

別號

籍貫 陝西綏德

通信處 陝西米脂轉吉鎮

富良濮

別號

籍貫 河北宛平

通信處 北平北新橋方家胡同青炭局二十號

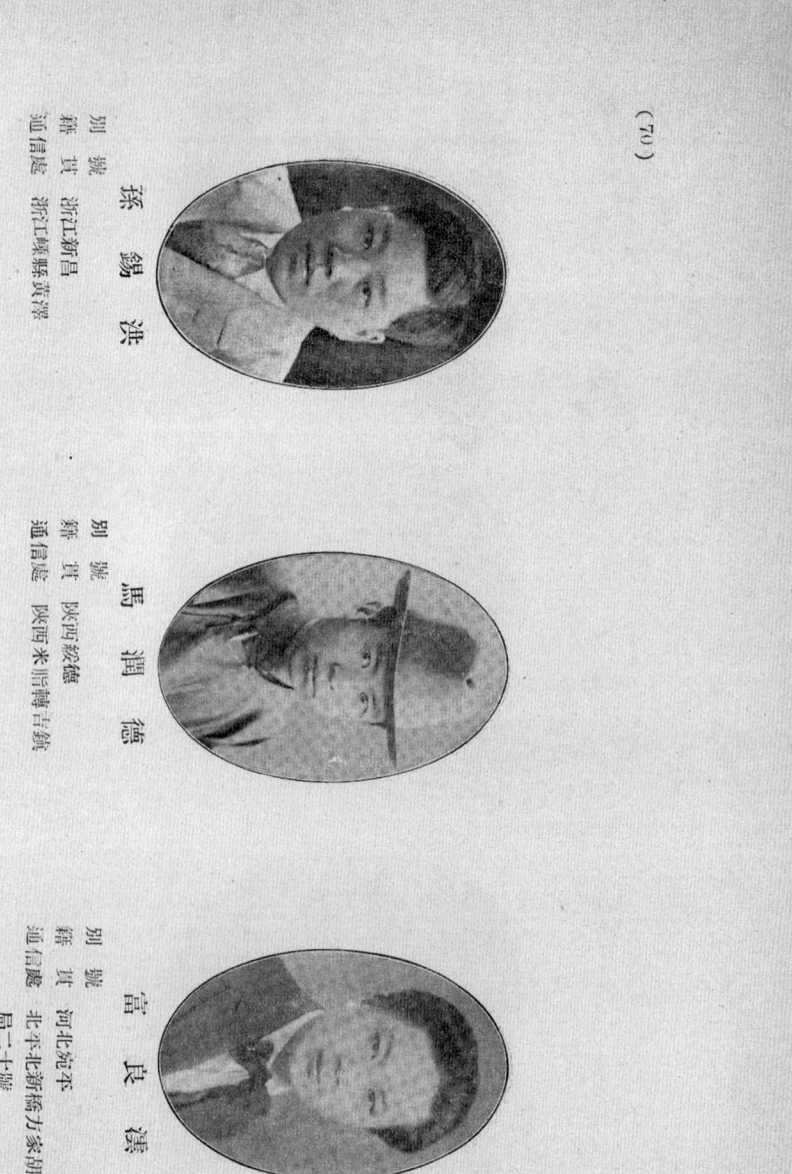

蔣日度

別號 民憲

籍貫 山東廣饒

通信處 廣饒西關衍祿堂

楊錫印

別號 荊璽

籍貫 河南唐河

通信處 唐河祁儀鎮

衛超偉

別號

籍貫 廣東台山

通信處 廣州西關逢源西二巷三十五號

（27）

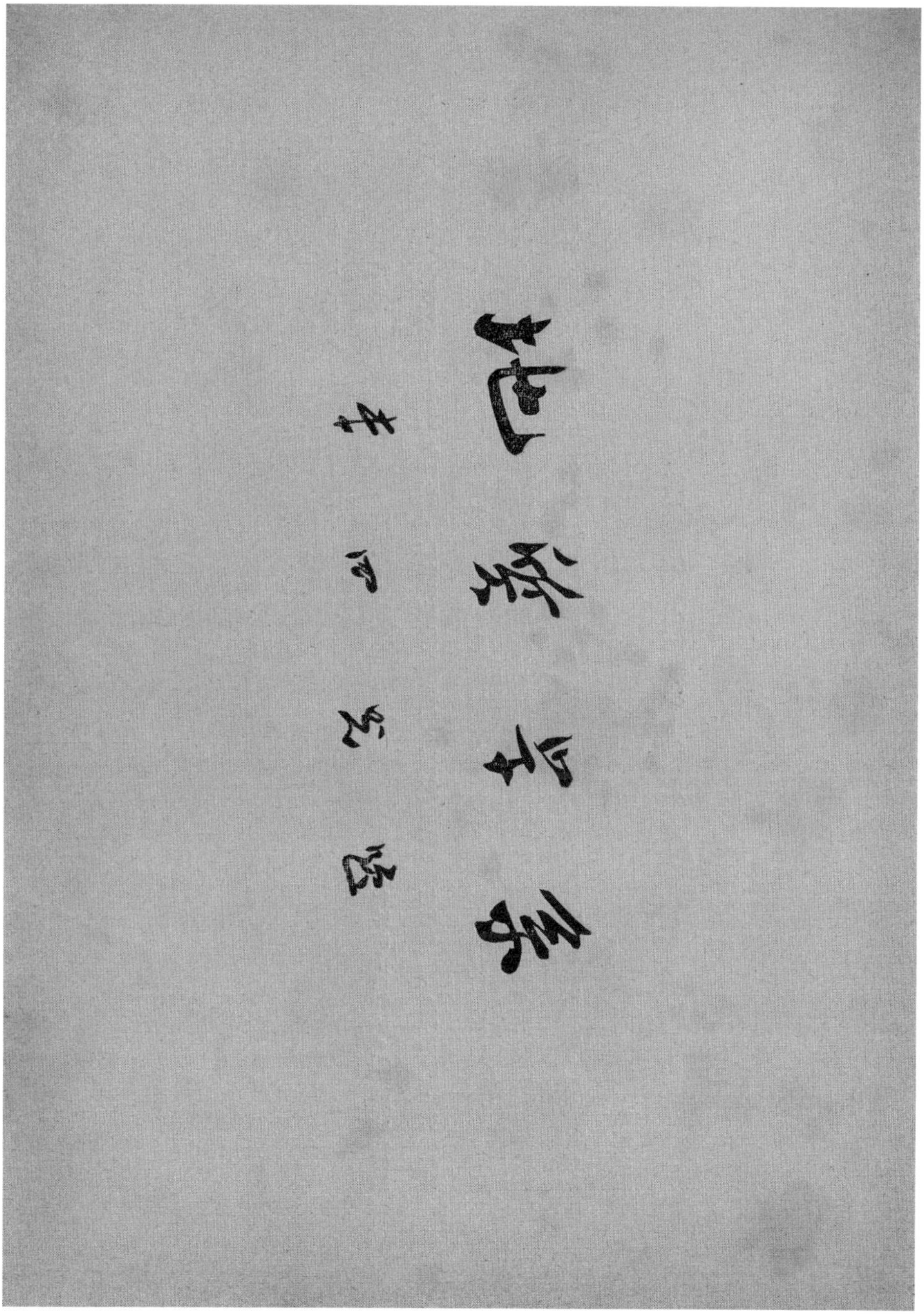
地質學系
李四光題

送二十一年地質系畢業諸同學

諸位同學：

從此你們去了。在校五六年，你們親眼看見，這小小的學校，無時不在驚濤惡浪中巔播，好象一隻小船在大海中間漂流着。你們現在要離開船了。是到一個安全的大陸去嗎？不是的。這一隻小小的船雖然破陋，畢竟還是一隻船，畢竟給你們幾分的憑藉。從此你們要下海了，那茫茫大海。你們的憑藉祇是你們自已。同船的人們原來想替你們每人準備一副指南針，又想替你們打磨一把智慧劍，你們拿着沒有？這兩件器具，是我們同舟幾年的唯一紀念品，是你們今後刻不可少的護身符；如何利用還在你們自已，祝你們一路平安。

李 四 光

何　　瑭

別號　殿生

籍貫　雲南石屏

通信處　石屏西門內

周　　光

別號　樹薰

籍貫　湖南益陽

通信處　益陽沙頭

吳　燕　生

別號

籍貫　江蘇金壇

通信處　北平西直門內逹子營一號

金耀華

別號　棠如

籍貫　湖北武昌

通信處　北平前內鑾儀衛夾道八號

胡希廉

別號　東川

籍貫　江蘇灌雲

通信處　灌雲南城

高平

別號　德明

籍貫　浙江海甯

通信處　杭州運司河下四十二號

陳　愷
別號
籍貫　廣東揭陽
通信處　揭陽南門泰玉紙行轉石頭鄉

熊永先
別號　承烈
籍貫　四川大竹
通信處　大竹黃城寨轉雙河場

趙金科
別號　子銘
籍貫　河北曲陽
通信處　曲陽東諸侯村信櫃轉

生物系

黄節題

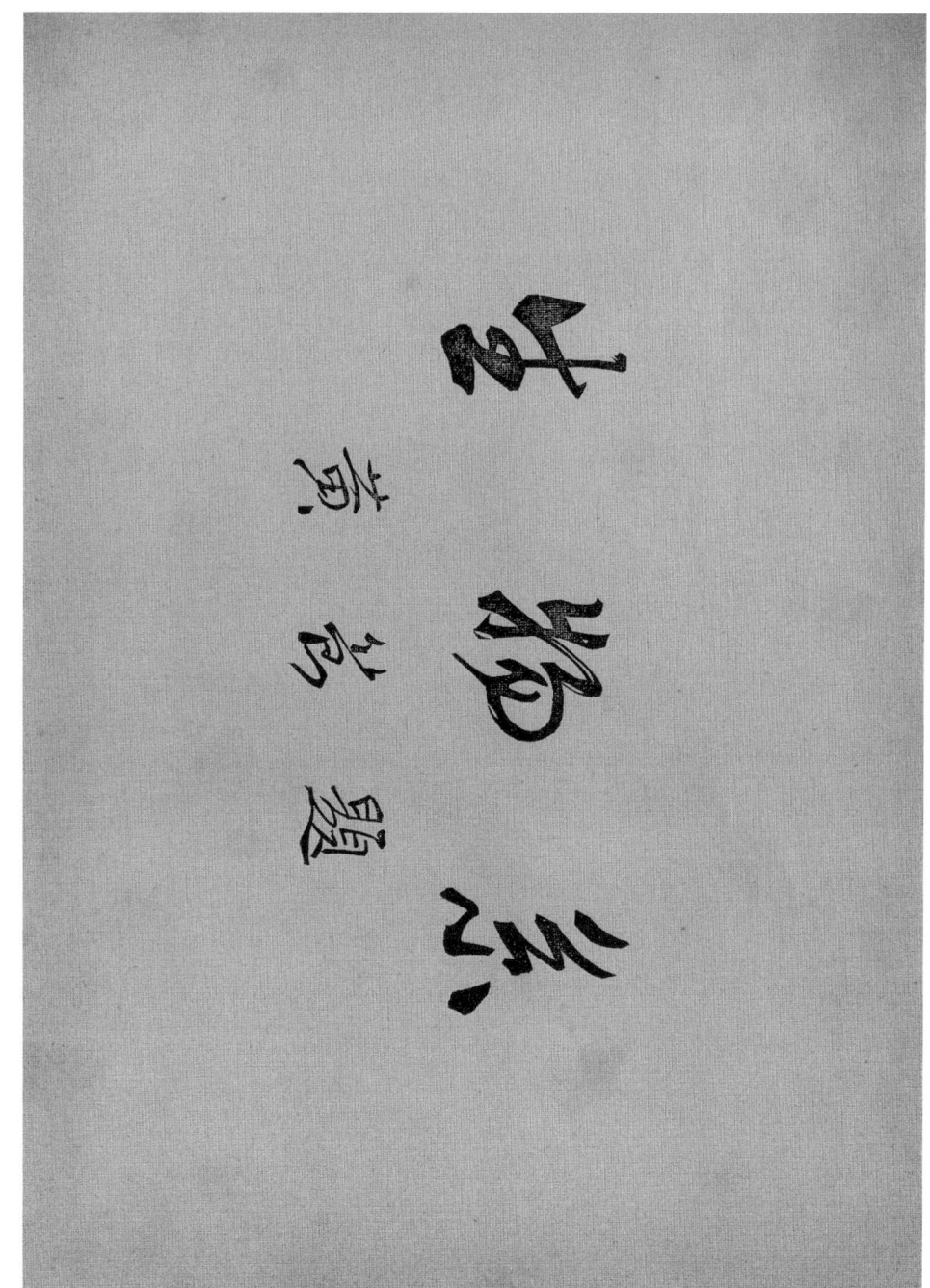

王鳳振

別號

籍貫　河北獲鹿

通信處　石家莊大河鎮轉孟同村

蔡禪

別號　少奇

籍貫　河南潢川

通信處　潢川雙柳樹交

顧光中

別號

籍貫　貴州貴陽

通信處　貴陽桃源路八十五號

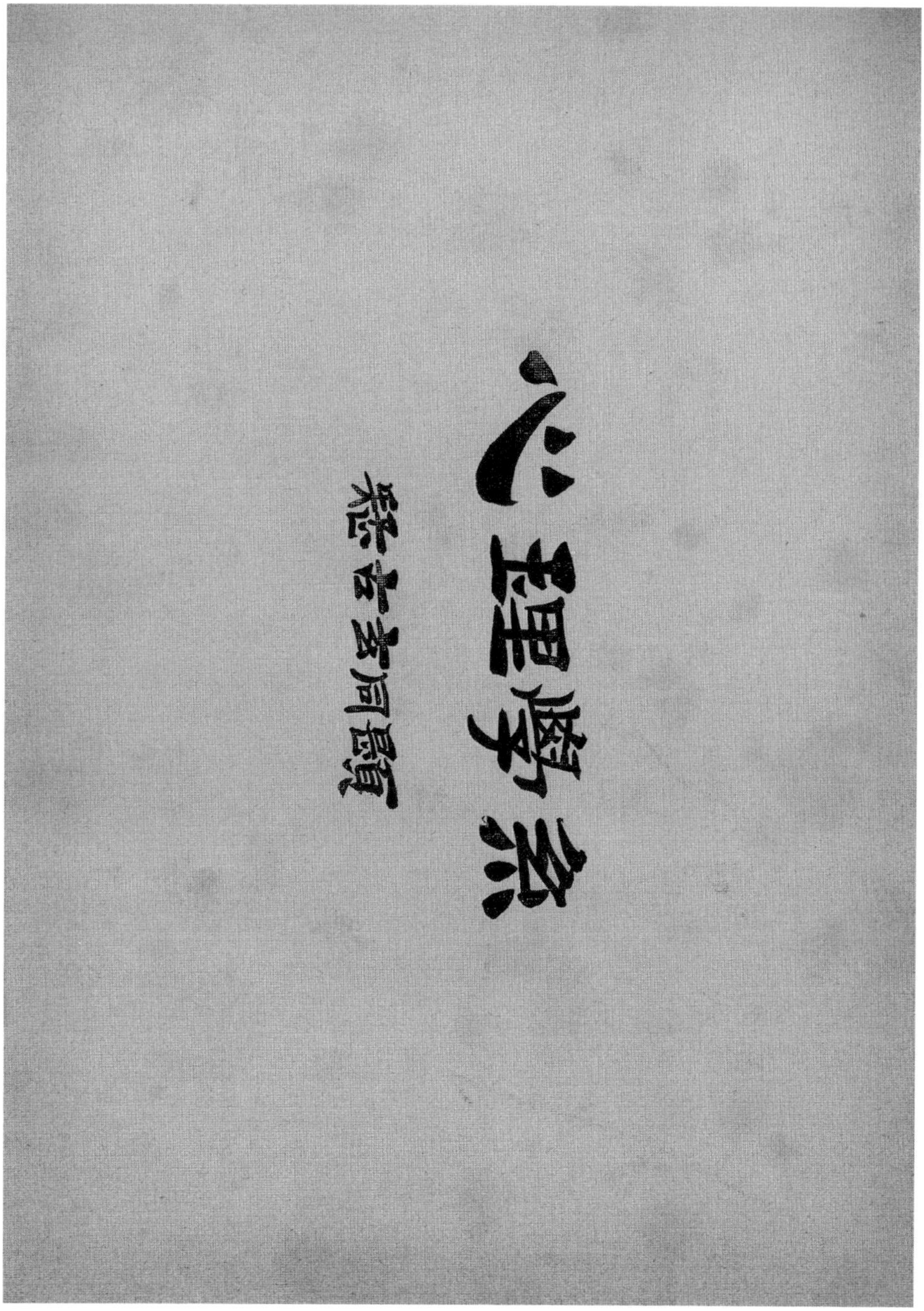
心理學系

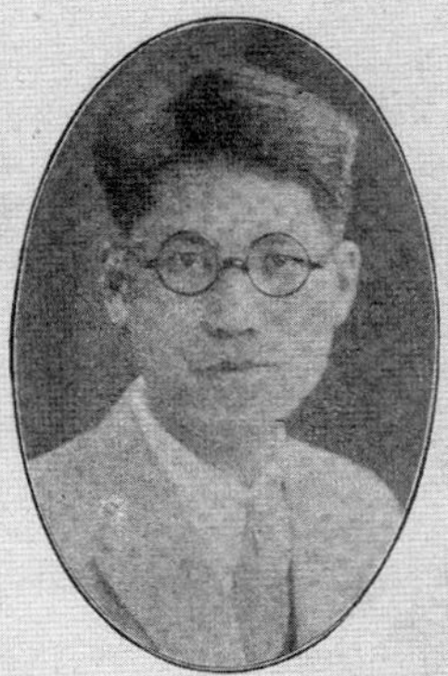

岳　增　瑜

別　號　懷瑾
籍　貫　山西平順
通信處　平順郵局轉

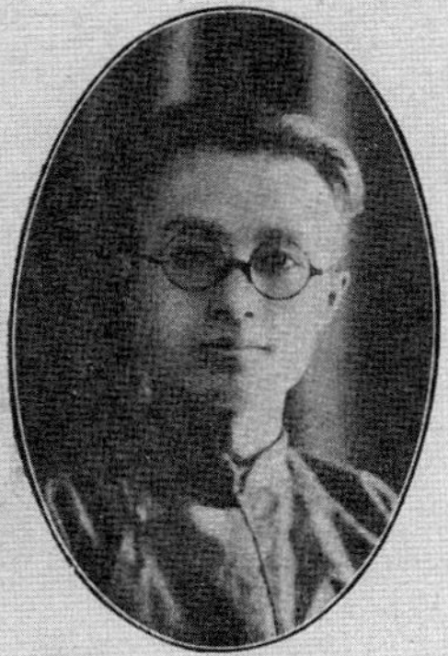

蕭　而　敬

別　號　公慎
籍　貫　江西萍鄉
通信處　萍鄉縣北門外純青和轉

(80)

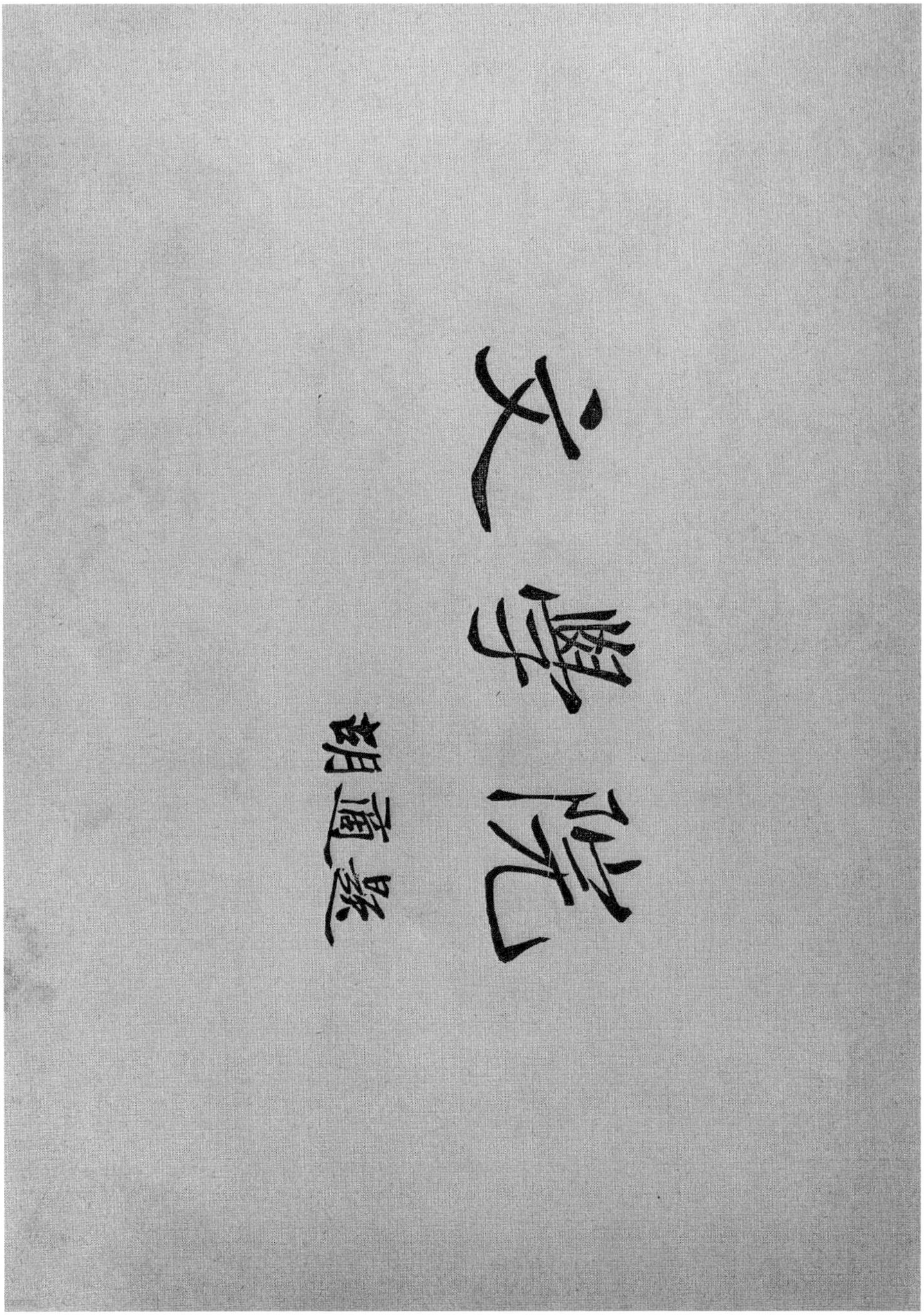
文學院
胡適題

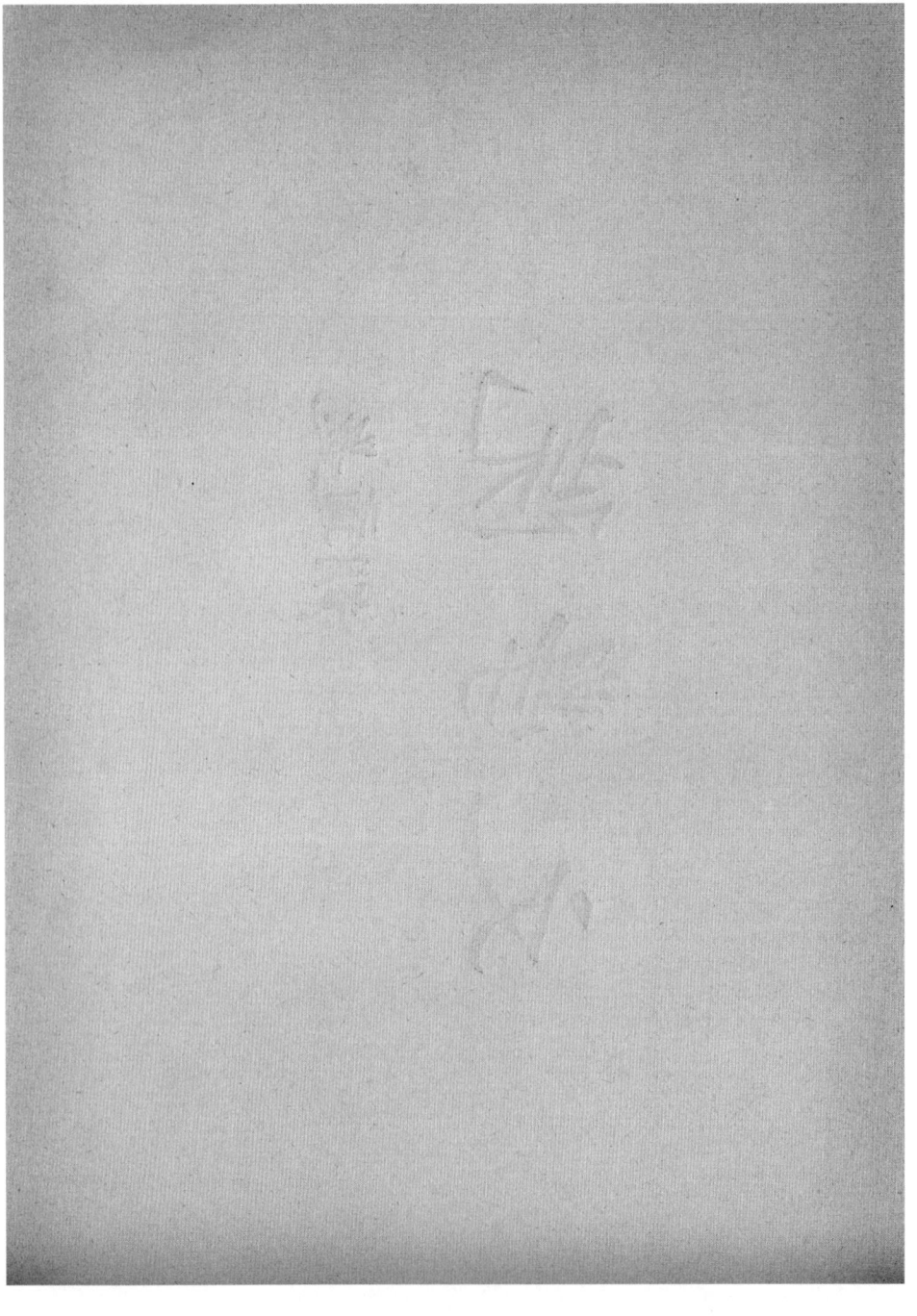

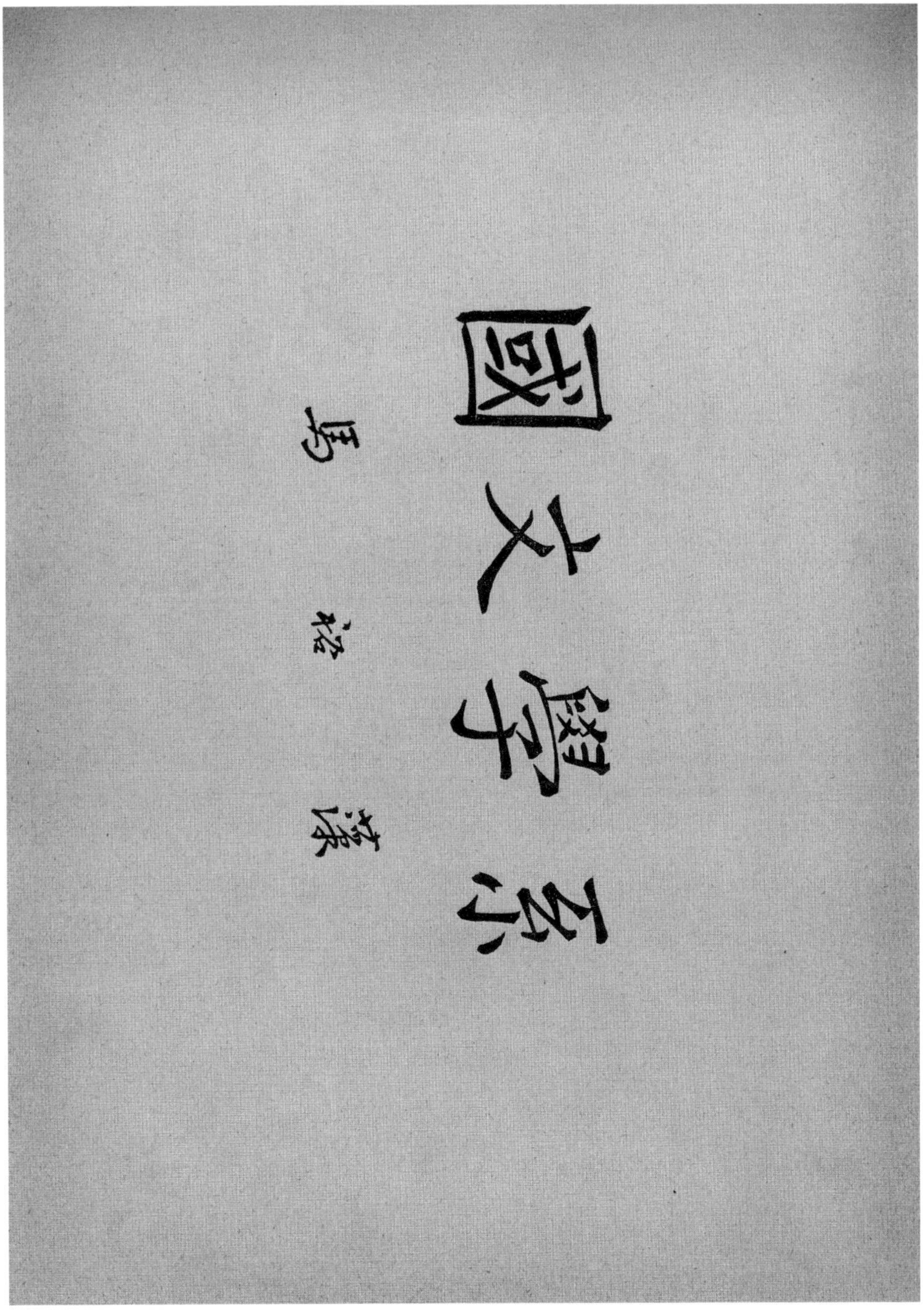
國文學系
馬裕藻

丁聲樹
別號 梧梓
籍貫 河南鄧縣
通信處 鄧縣東河街丁宅

仲育生
別號 玉生
籍貫 山東黃縣
通信處 山東龍口東仲家集轉

周樞
別號 機卿
籍貫 山東棲霞
通信處 棲霞北關

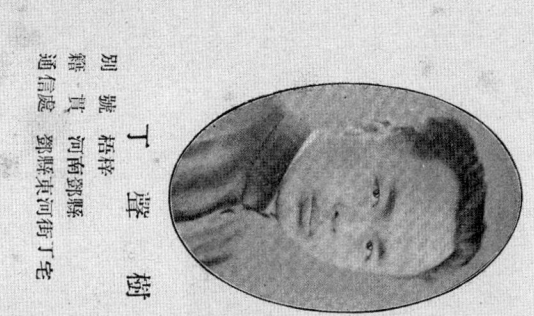

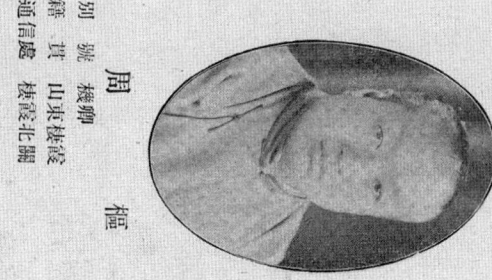

徐夢蘇

別號

籍貫 江西修水

通信處 南昌市環湖路北六十九號

梁崑

別號 堃

籍貫 吉林雙城

通信處 雙城東南隅梁宅

姚新民

別號 問樵

籍貫 湖北當陽

通信處 宜昌雅鵲嶺朱永昇號轉

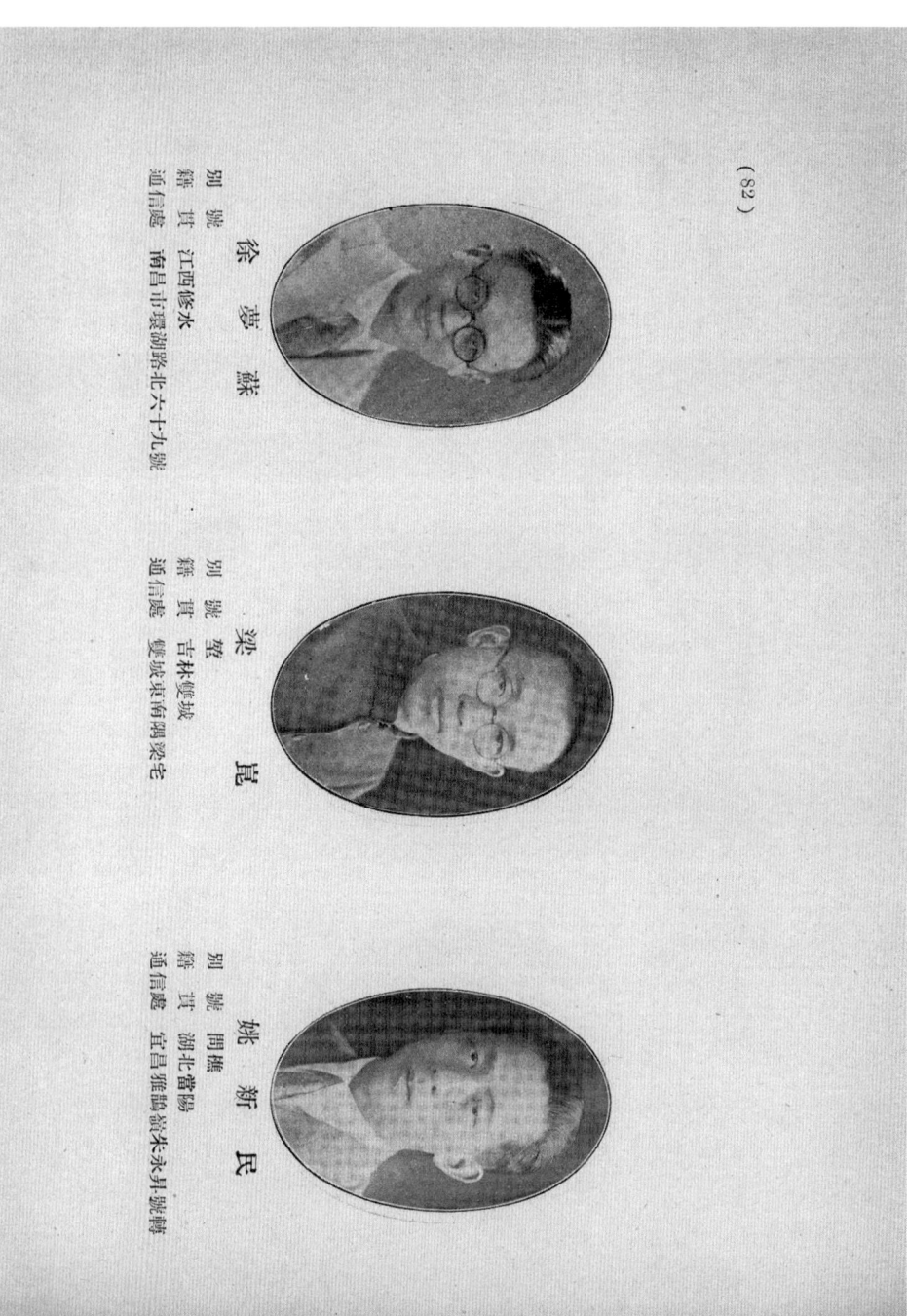

張孝仁

別號 藹如

籍貫 湖南常德

通信處 常德三舖街德玉華

張建一

別號 雪邨

籍貫 河南林縣

通信處 林縣南關東沙溝

張應麟

別號

籍貫 廣東普寧

通信處 汕頭普寧泥溝鄉

許　維　遹

別　號　俊齋
籍　貫　山東榮城
通信處　榮城石島同慶號

陶　賢　棣

別　號　憇棠
籍　貫　安徽蕪湖
通信處　蕪湖觀音橋慶餘倉

湯　際　亨

別　號　際亨
籍　貫　河北昌黎
通信處　昌黎歇馬台

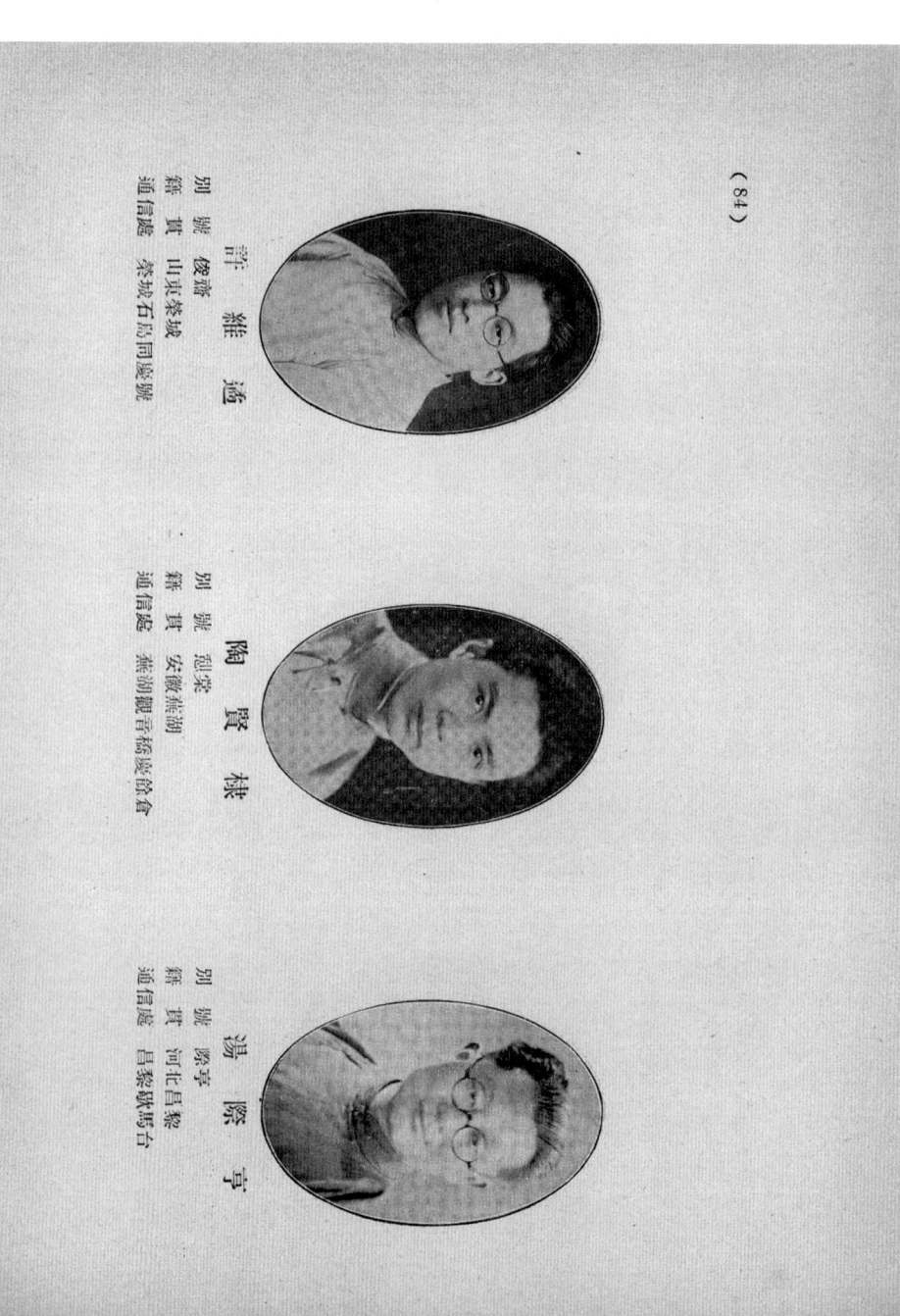

童經立

別號 經立
籍貫 江西萍鄉
通信處 萍鄉小西路廠山轉汶泉

楊伯峻

別號
籍貫 湖南長沙
通信處 長沙清香流五號

翟永坤

別號 資生
籍貫 河南信陽
通信處 平漢路南段柳林車站裕大轉運公司

劉昌模

別號 範五

籍貫 河北靈壽

通信處 行唐西慈鎔鎮和順齋轉

劉延濤

別號 慕黃

籍貫 河南鞏縣

通信處 鞏縣東站街恒泰褸

劉書堂

別號 濟武

籍貫 河北東鹿

通信處 東鹿縣杜合莊

龔 祖 亮

別 號 覺亞

籍 貫 江西吉安

通信處 吉安大街同發號轉

魏 光 榮

別 號 伯明

籍 貫 貴州貴陽

通信處 貴陽中華路廣聚源號

(88)

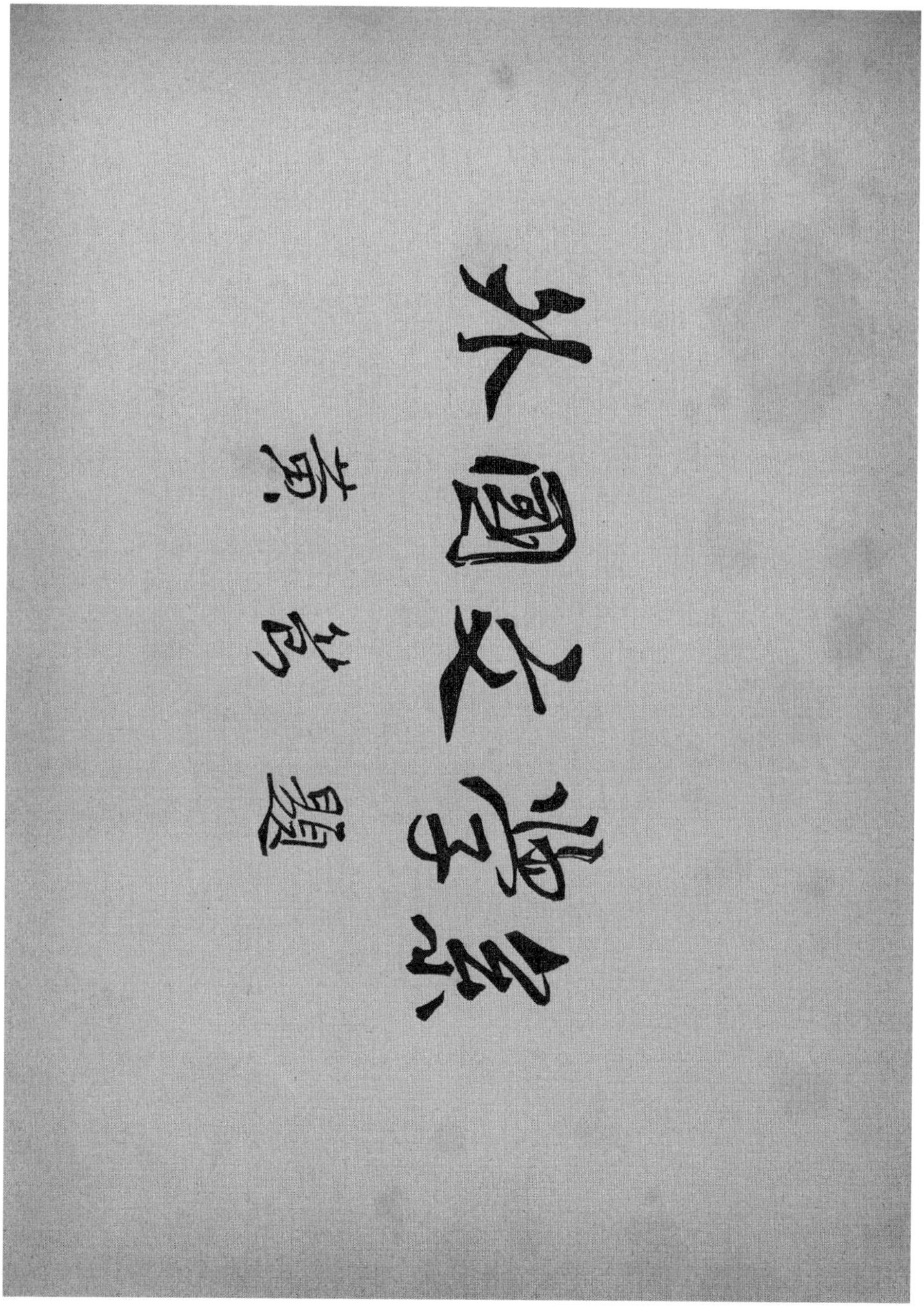
外國文學系
黃節題

英文組
黃節題

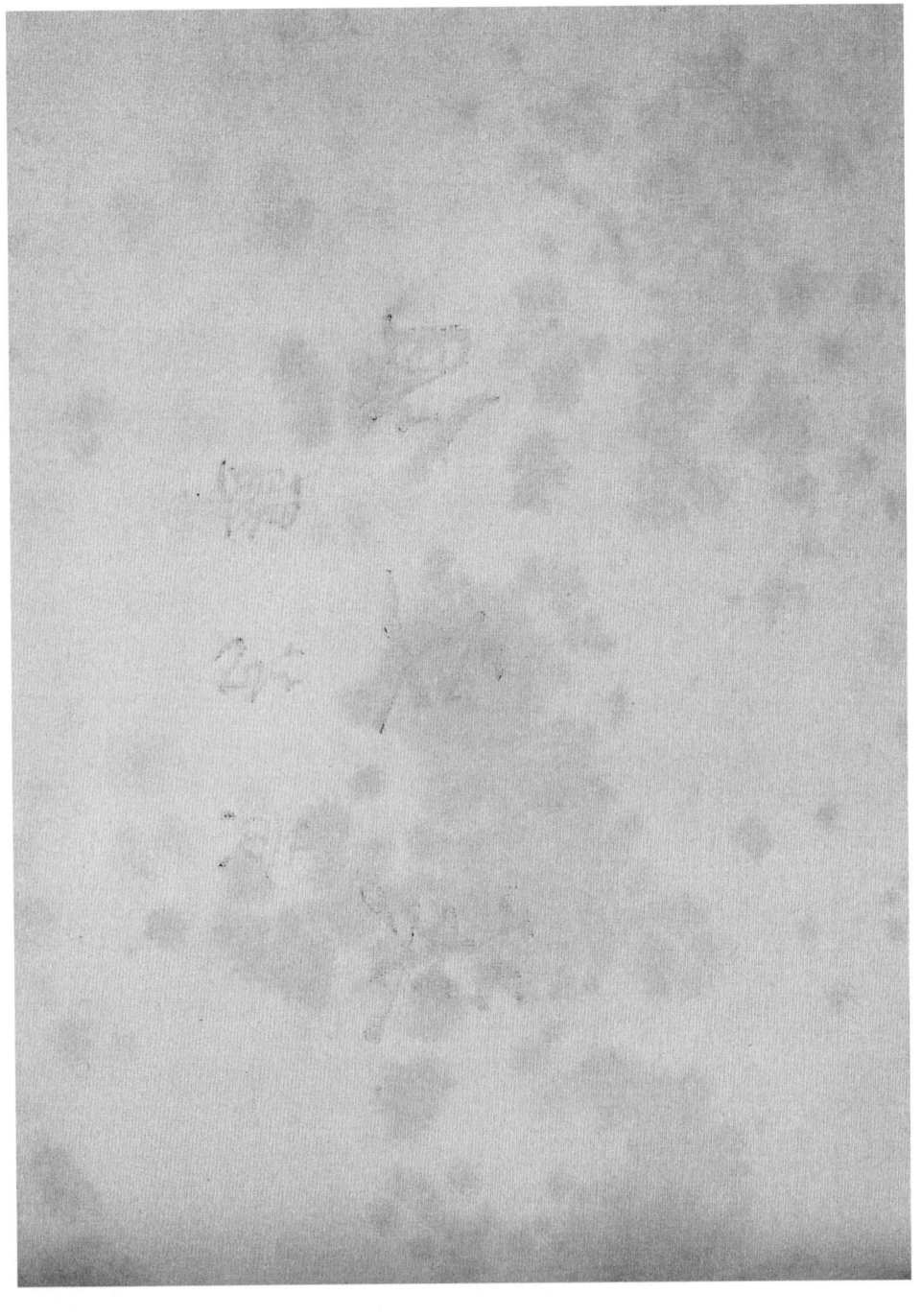

王 躳 硯

別　號　鐵忱
籍　貫　山東單縣
通信處　單城縣北石樓

李 仁 聚

別　號　吾本
籍　貫　河南鞏縣
通信處　鞏縣孝義鎮泰順長號

宋 仲 濂

別　號　源溪
籍　貫　山東萊陽
通信處　萊陽趙格莊集

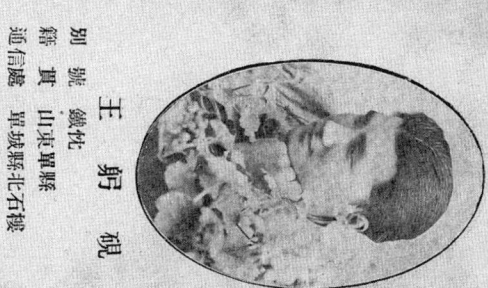

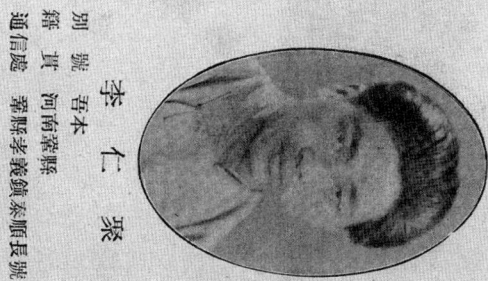

林純如

別號

籍貫 福建漳浦

通信處 唐山扶輪街一號

周文郁

別號 莘賢

籍貫 河北蠡縣

通信處 蠡縣鄭村

周景襄

別號

籍貫 河北博野

通信處 博野小店鎮周于莊

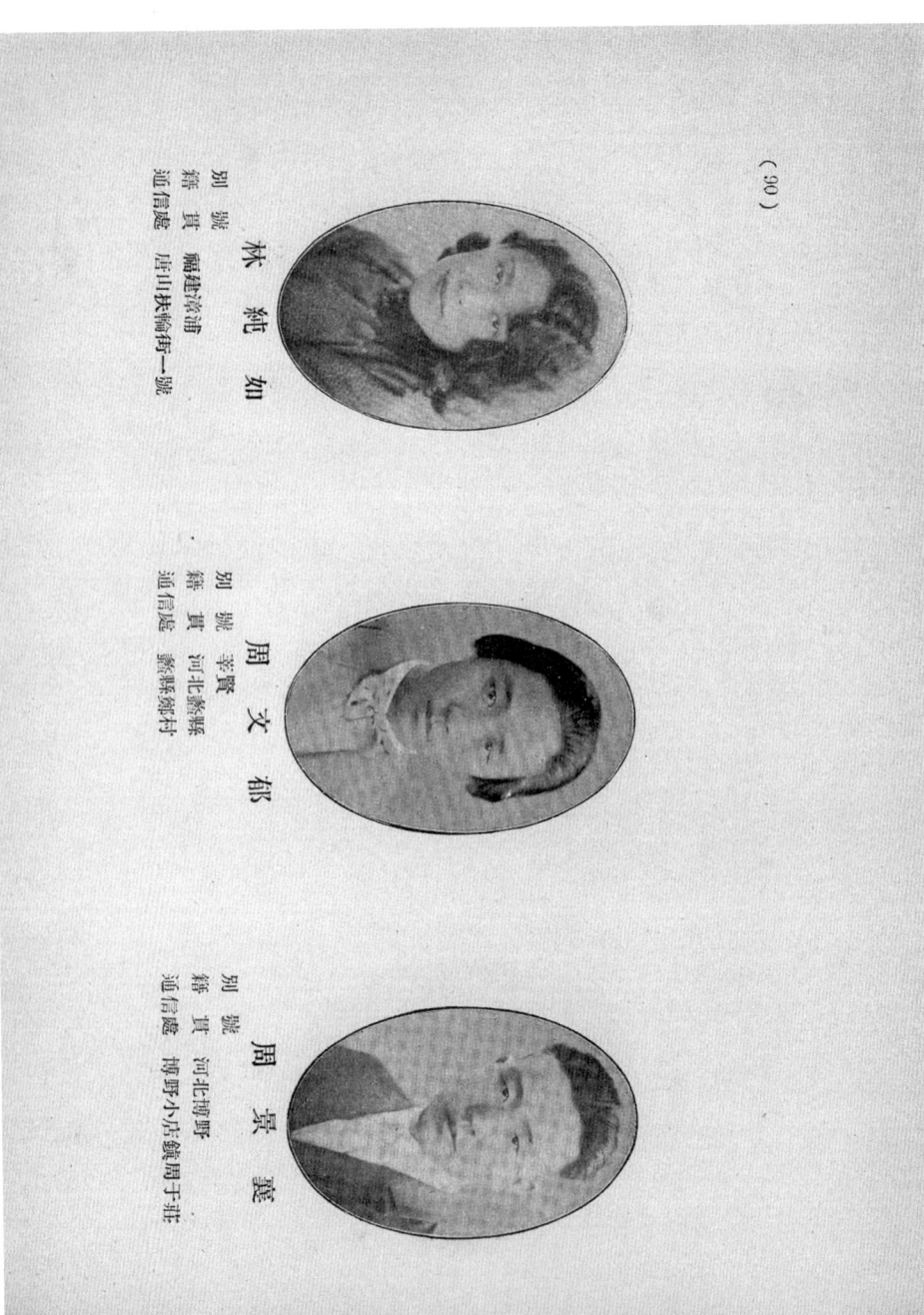

徐 廣 德

別 號 芝生

籍 貫 湖南益陽

通信處 益陽桃江鎮寶和堂書局轉

俞 榮

別 號 復唐

籍 貫 浙江諸暨

通信處 臨浦轉河鎮轉次塢

馬 觀 海

別 號 蜃樓

籍 貫 山東城武

通信處 城武苟村集

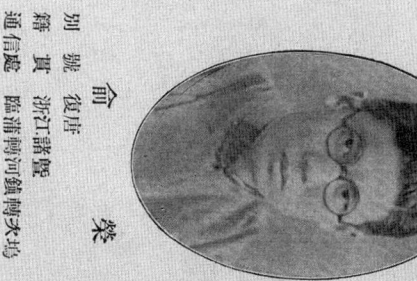

黃 季 玧

別號 漱逸

籍貫 四川巴縣

通信處 巴縣二聖場郵轉

崔 殿 魁

別號 垂言

籍貫 吉林長春

通信處 長春西四道街天元木局

慈 連 淇

別號 右亭

籍貫 山東茌平

通信處 茌平丁槐慈莊

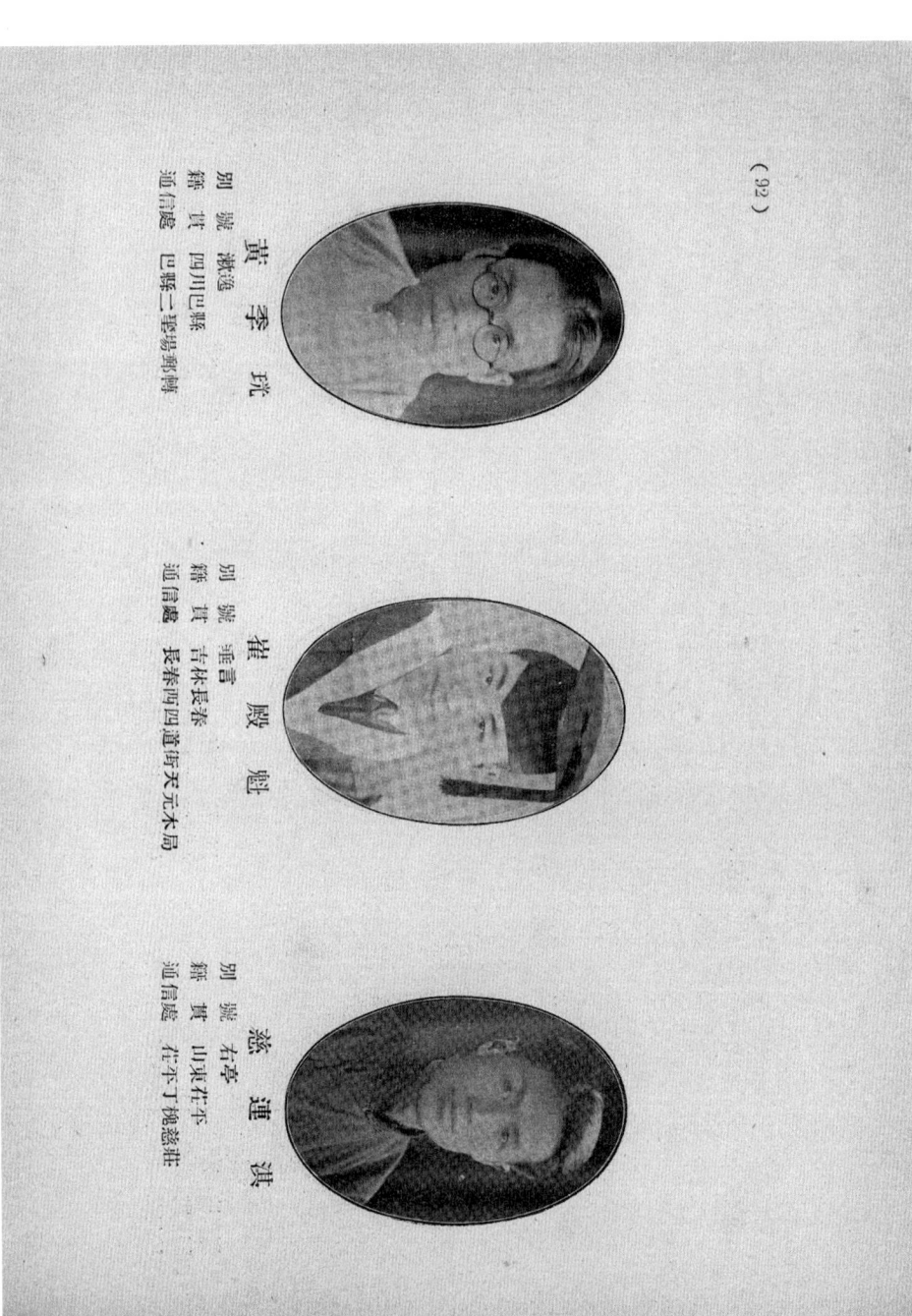

劉怡曾

別號 和亭
籍貫 山東壽光
通信處 壽光薬護庄

劉蔚吾

別號
籍貫 湖南新化
通信處 湖南浙鄉上籃田栵家灣雙
慶泰轉羅家橋如春發

鄭金桂

別號 新圃
籍貫 山東恩縣
通信處 恩縣舊城

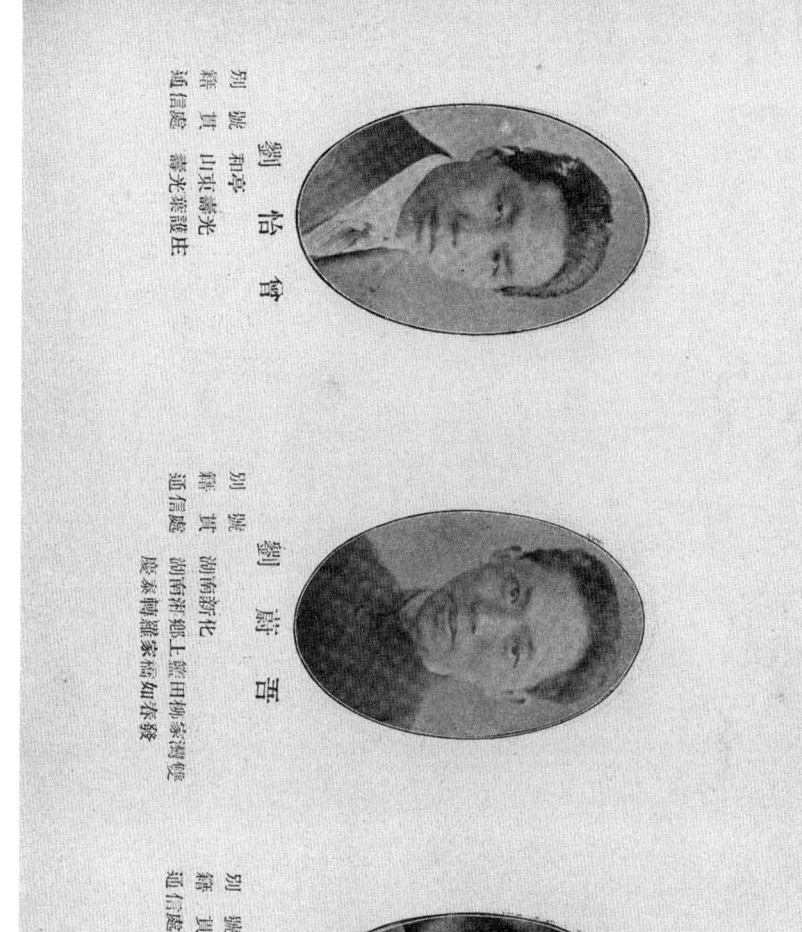

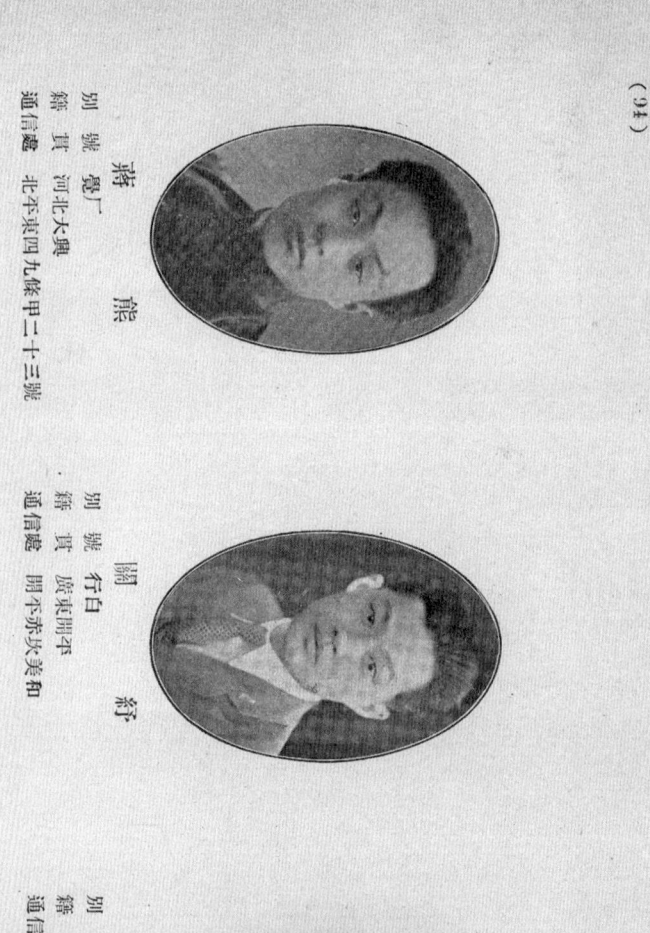

蔣　熊

別　號　覺厂

籍　貫　河北大興

通信處　北平東四九條甲二十三號

關　紓

別　號　行白

籍　貫　廣東開平

通信處　開平赤坎美和

盧蘊蘭

別　號

籍　貫　四川巴縣

通信處　重慶五福宮鶴園

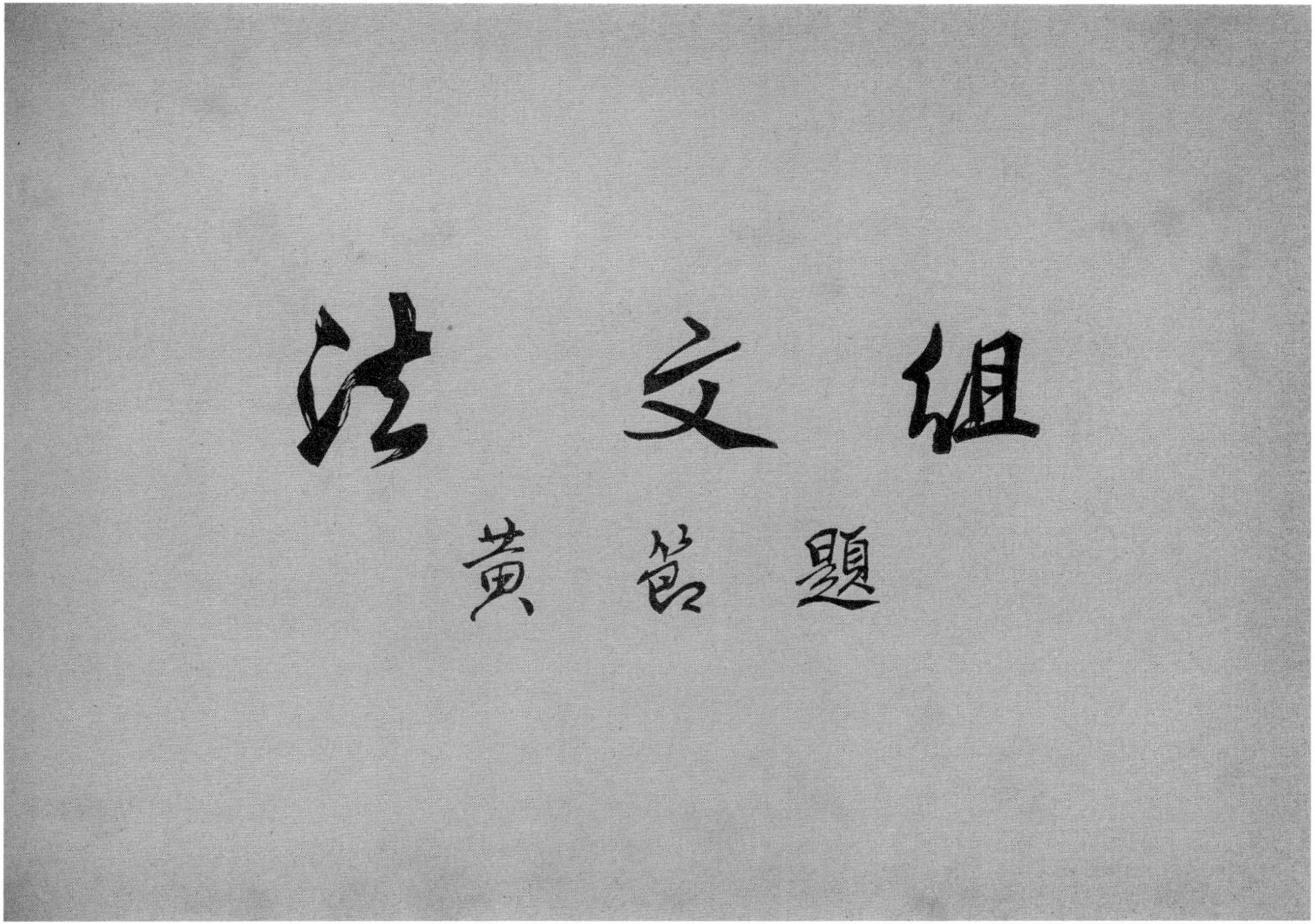
法文組
黃節題

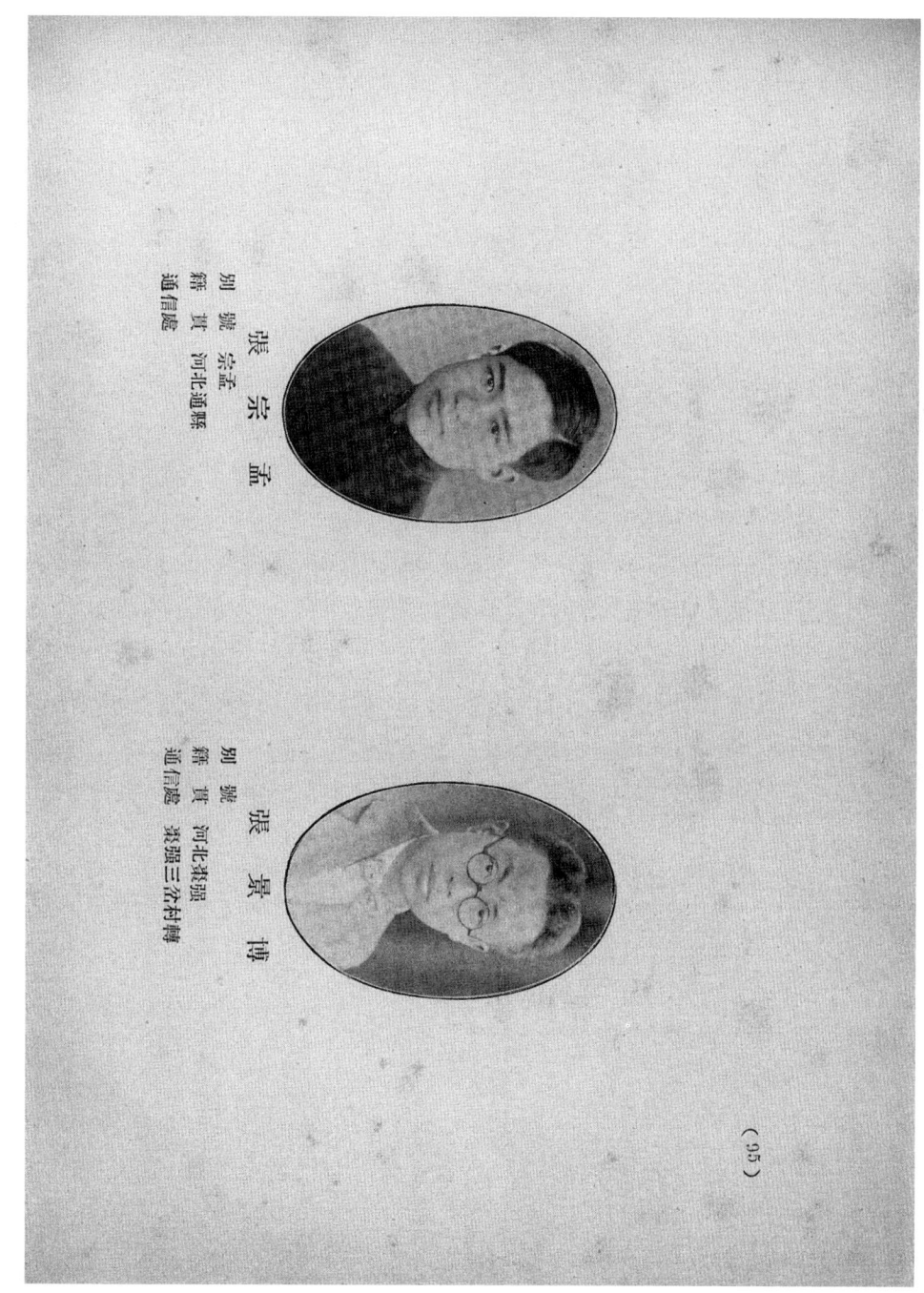

張　宗　孟

別　號　宗孟
籍　貫　河北通縣
通信處

張　景　博

別　號
籍　貫　河北棗强
通信處　棗强三岔村轉

(96)

德文組

楊震文題

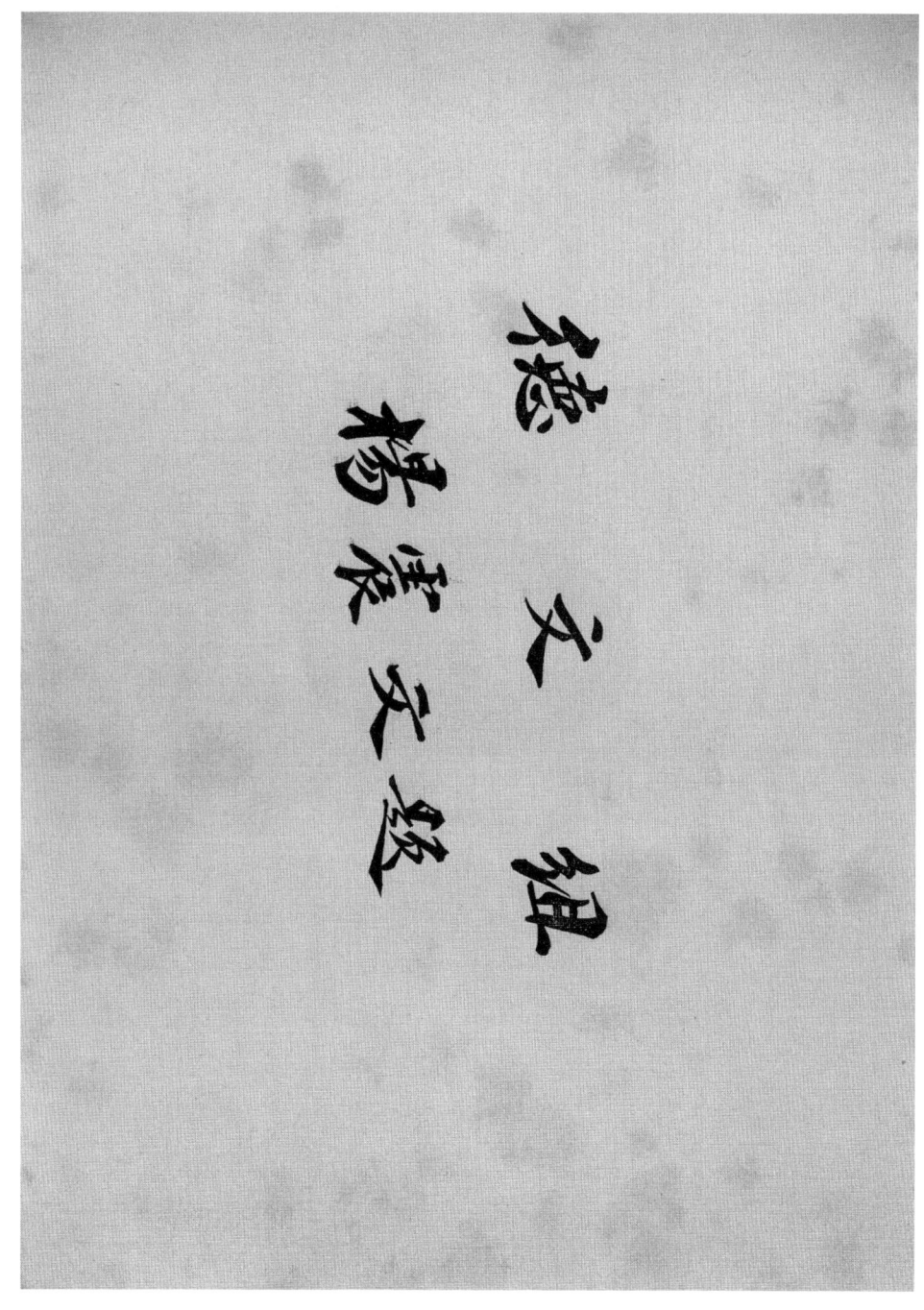

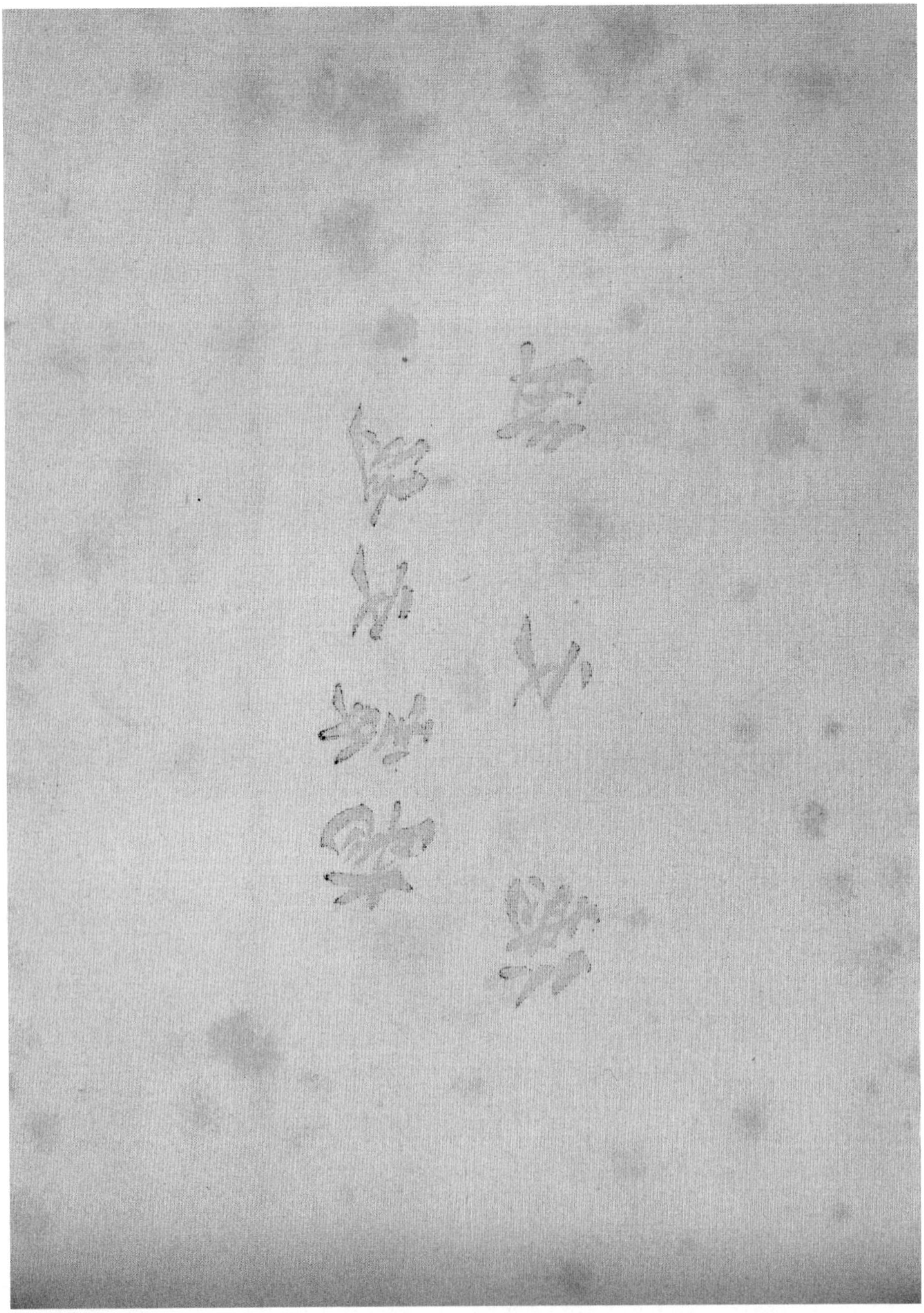

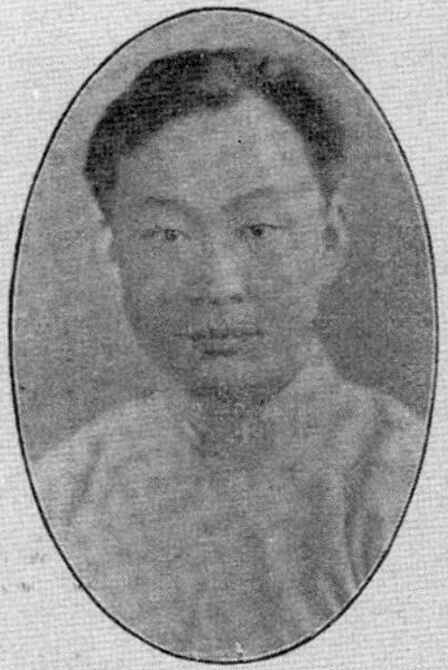

牛　存　善

別　號　世珍

籍　貫　山西屯留

通信處　屯留常村鎮郵局轉

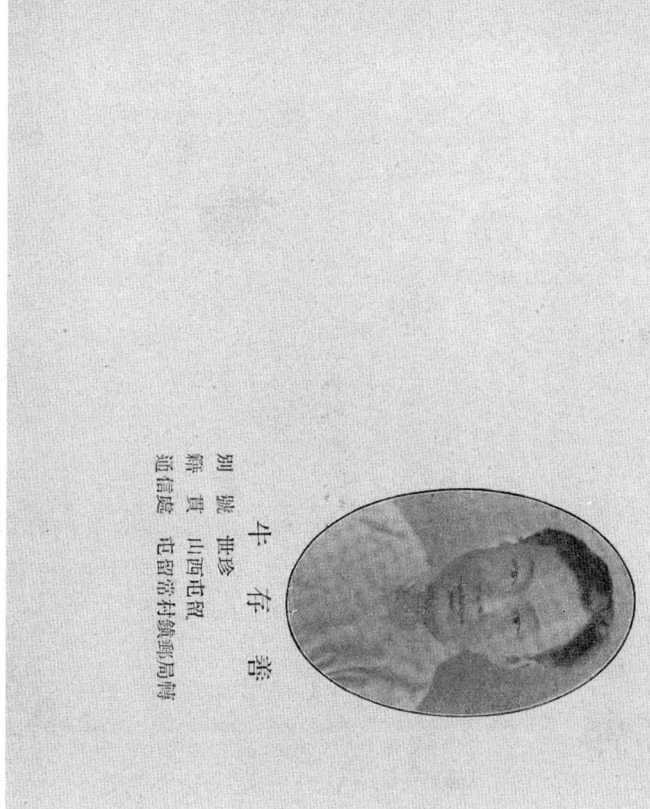

哲學系

疑古玄同題

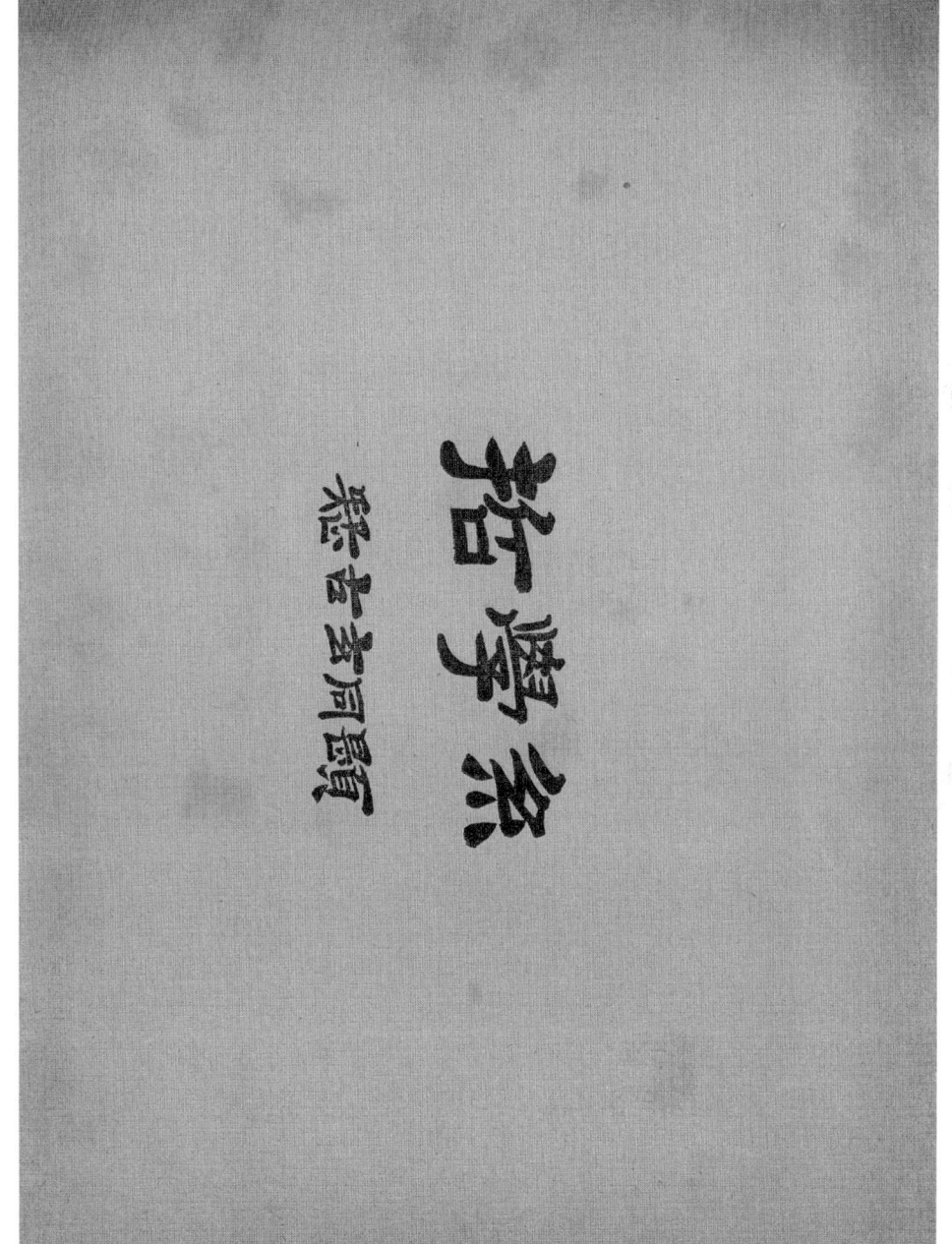

王維誠

別號

籍貫　福建長汀

通信處　廈門汀州新橋鄉

郝瑞桓

別號　公玉

籍貫　山西平遙

通信處　汾陽演武鎮萬和義轉西羌城村

郭海清

別號　湛波

籍貫　河北大名

通信處　大名縣西付集郭馬陵

焦步青

別號

籍貫 河北曲陽

通信處 曲陽燕趙鎮民興錢局

梁成化

別號

籍貫 黑龍江肇東

通信處 黑龍江甜草崗富有號梁宅

蘇叔升

別號

籍貫 湖南新化

通信處 湖南藍田柳家灣雙慶泰轉

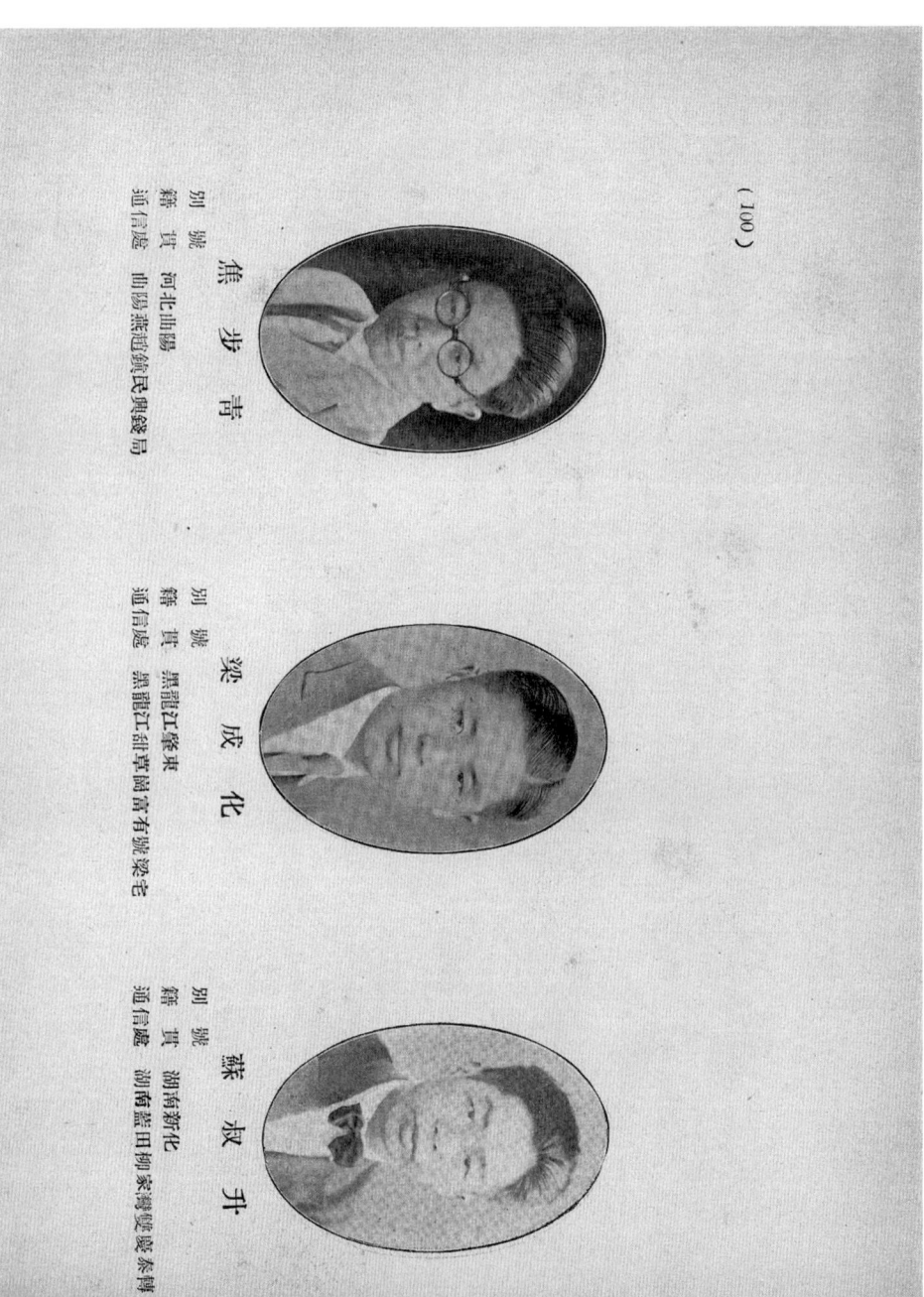

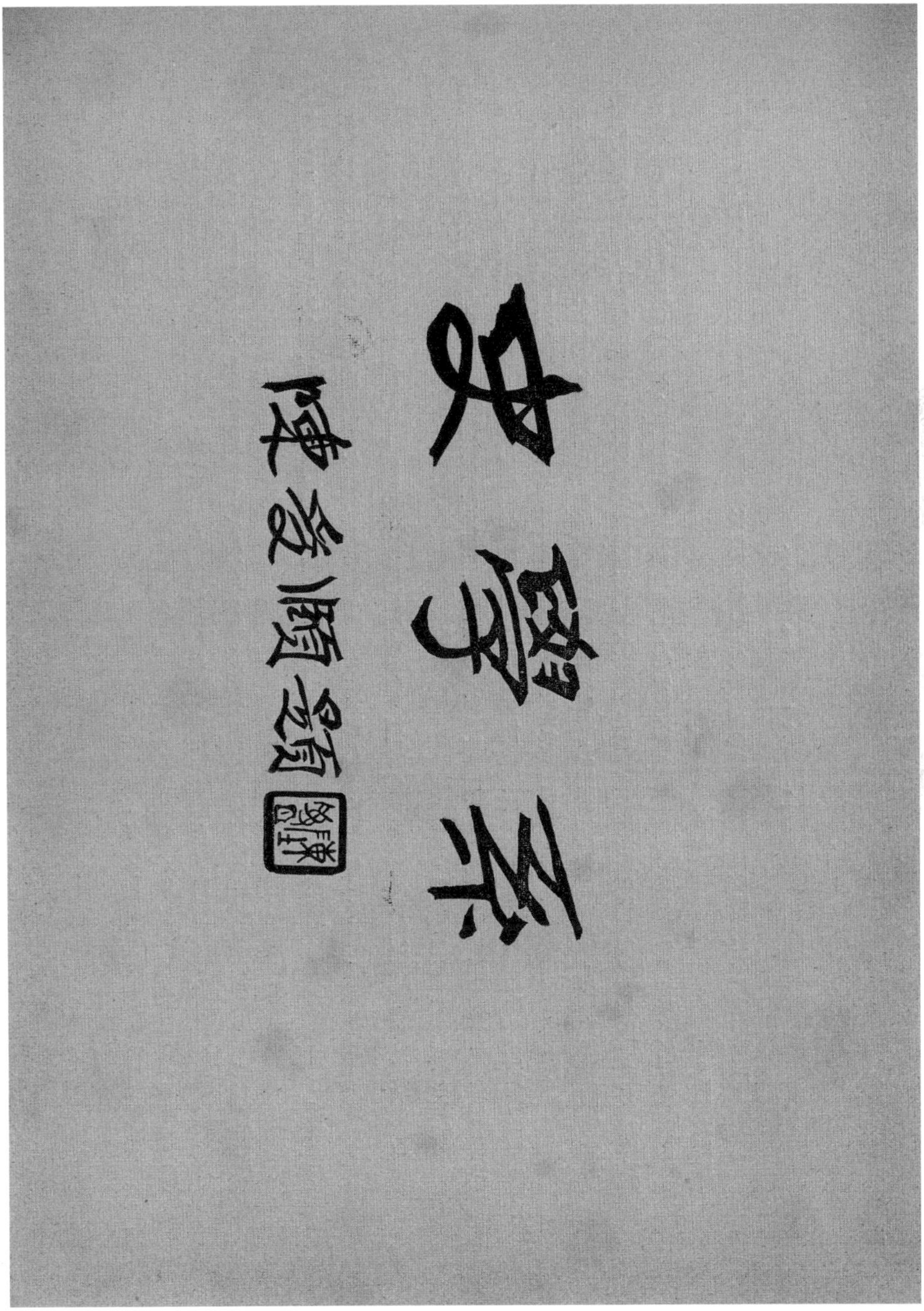
史學系
陳受頤題

臨別贈言

史學系四年級的同學快將畢業了，要我說幾句臨別贈言，文章我是全不會做的，爲了諸君的好意不便推辭，祇好寫幾句很簡單的話。

諸君在北京大學專治史學四年，已有相當的訓練和成績，這是可喜的事。畢業之後，希望大家繼續努力——假如諸君不以我爲失言，則我想說：希望諸君于畢業之後開始作規模較大，方法較精的史學的研究。本來「畢業」一詞，在學術較爲發達的西歐的幾種語言中，都沒有「完了」的意思，如我們的「畢」字所暗示的。這個暗示不大健全：學術的造取永無止境，大學畢業不過在無盡的長途上，過了一程而已。畢業典禮英語爲 Commencement 則簡直是開始的意思。諸君離校之後，完全脫離了講室生活所附帶着的不能免的麻煩，正好各就材性之所近，開始自由研究的工作。例如從前無暇直接辨析的史料，可以細心對付了；從前無暇學習的語言，可以擇要專攻，達到自由閱讀毫不費力的程度了。希望諸君分途努力，以救濟我國史學界工作多而稱夫少的困難情形，

我到北大未滿一年，已發見了許多特殊的精神和風氣，這些請諸君都不要忘記帶走——尤其是現在國內不可多得的學術上的寬容。近年中國史學的研究所取的途徑絕不一致；而歷史的哲學也顯出同樣的分岐，這是諸君所深悉的，用不着我來覆述。這些途徑，除了絕對地走不通的以外，都不妨並存，都足以增加史學研究的總成績。希望諸君細心建立了自己的見解之後，仍然寶愛這種學術上的寬容，積極地爲她厚培勢力。

諸君畢業之後，更要繼續關心本學系的設施和督促她的進步。諸君在校既久，當有獨到的見地；批評和建議，都是史學系教授會與史學會所歡迎的。此外還有一點，願諸君注意，勤習史籍是極好的，但是千萬不要祇讀死書，不要把史學的書城，作爲避亂桃源。除了研究時「游心于古」之外，最重要的還是不斷地努力去做活躍的現代人。

預祝諸君將來的成功，比已往的更大。

陳受頤

卜鳳儀

別號

籍貫　河北趙縣

通信處　趙縣西關

王玉璋

別號　器之

籍貫　河北大名

通信處　大名平里集轉佃東村

王榮俊

別號　秀亭

籍貫　河南鄧縣

通信處　河南新野南關榮盛居尙宅

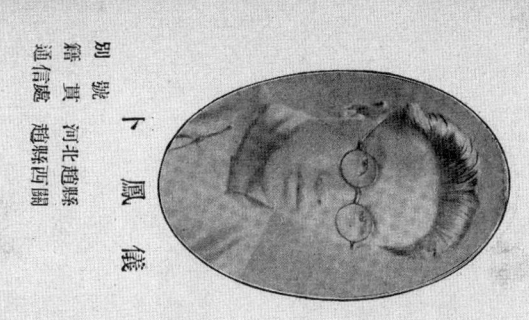

白進彩

別號 煥亭

籍貫 陝西米脂

通信處 陝北鎮川堡轉龍鎮

李崇德

別號 壽枝

籍貫 陝西渭南

通信處 西安東廳門三十七號

吳玉麟

別號 肇祥

籍貫 河北樂亭

通信處 樂亭東關

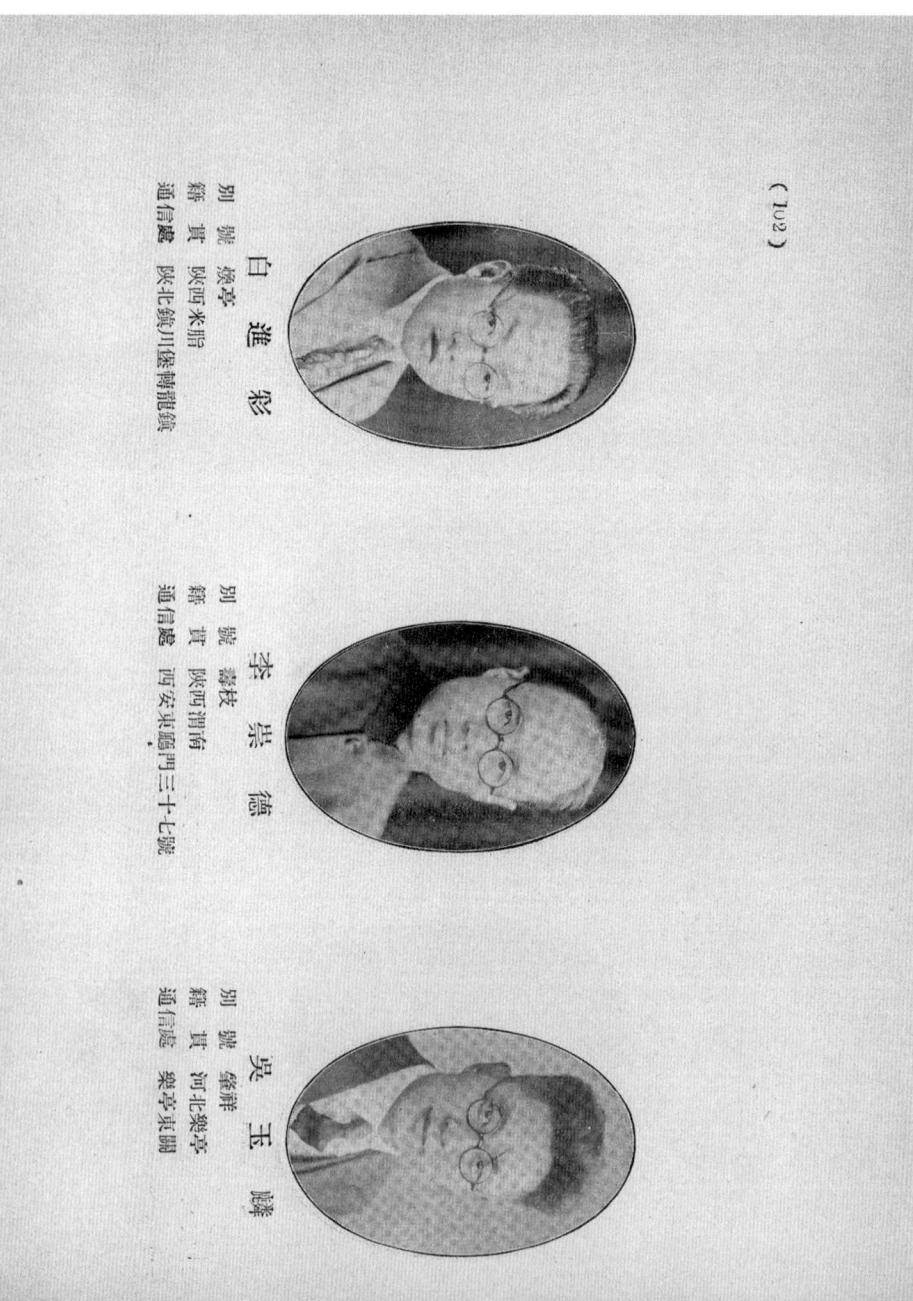

胡先晉

別號

籍貫　湖北沔陽

通信處　北平西安門酒醋局九號

高業茂

別號　基亭

籍貫　河南汜水

通信處　汜水縣白楊鎮轉王村

侯俊德

別號　邁倫

籍貫　河北定縣

通信處　定縣明月店金湧祥

姚 廷 芳

別 號 馨菴

籍 貫 河南淅川

通信處 淅川南街姚宅

張 效 籍

別 號 翼唐

籍 貫 陝西長安

通信處 西安市城隍廟巷四四號

張 基 立

別 號 季卓

籍 貫 河南鄧縣

通信處 鄧縣城內東牌坊街十號

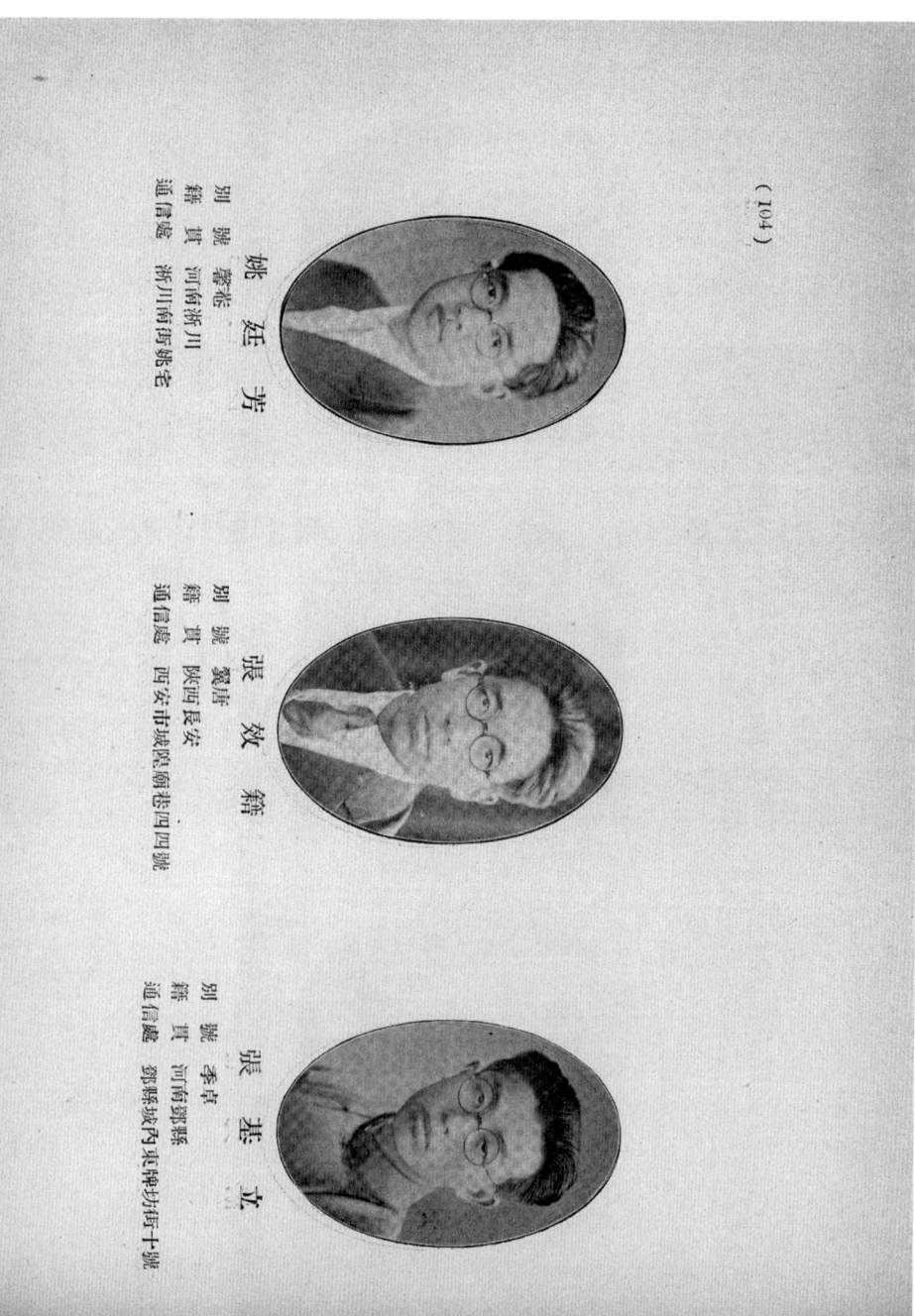

張 漢 升

別 號 紹良

籍 貫 河南內黄

通信處 河南彰德楚旺鎮南善村

楊 錯

別 號 經武

籍 貫 河北清苑

通信處 清苑城東東高家莊

趙 君 勝

別 號 任夫

籍 貫 河南唐河

通信處 唐河縣黑龍鎮郝莊

薛 致 乾

別 號 純之

籍 貫 河北望都

通信處 望都縣薛家莊村

蕭 炳 離

別 號 耀南

籍 貫 河北博野

通信處 博野小店鎮轉蕭家莊

閻 煥 廷

別 號 炳如

籍 貫 河北交河

通信處 津浦路泊頭鎮保生堂

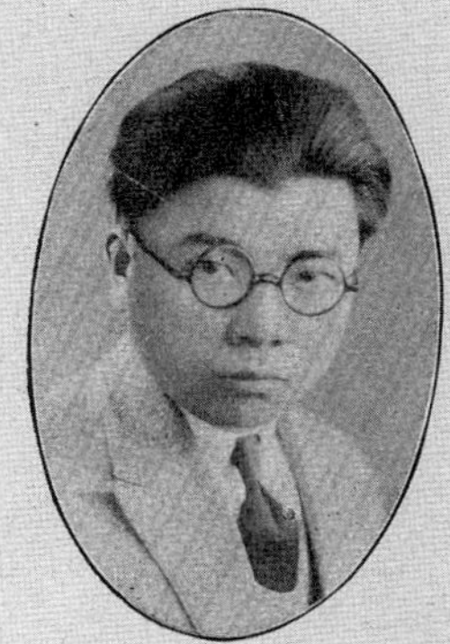

瞿　起　模

別　號　絡琛
籍　貫　湖南沅陵
通信處　沅陵龍興街復升怡號

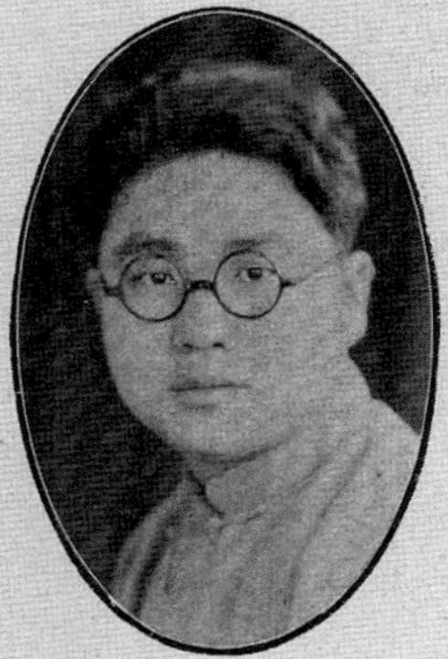

高　維　辰

別　號　季平
籍　貫　河北新城
通信處　新城萬全堂

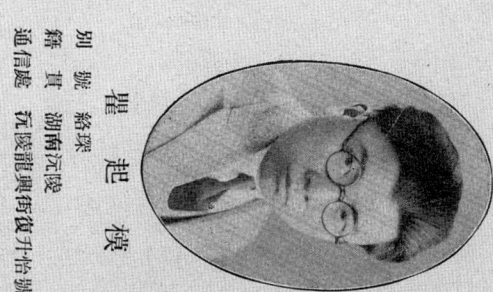

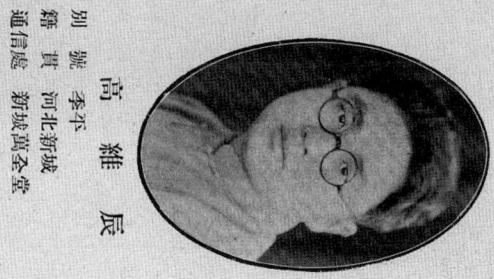

教育系

胡適題

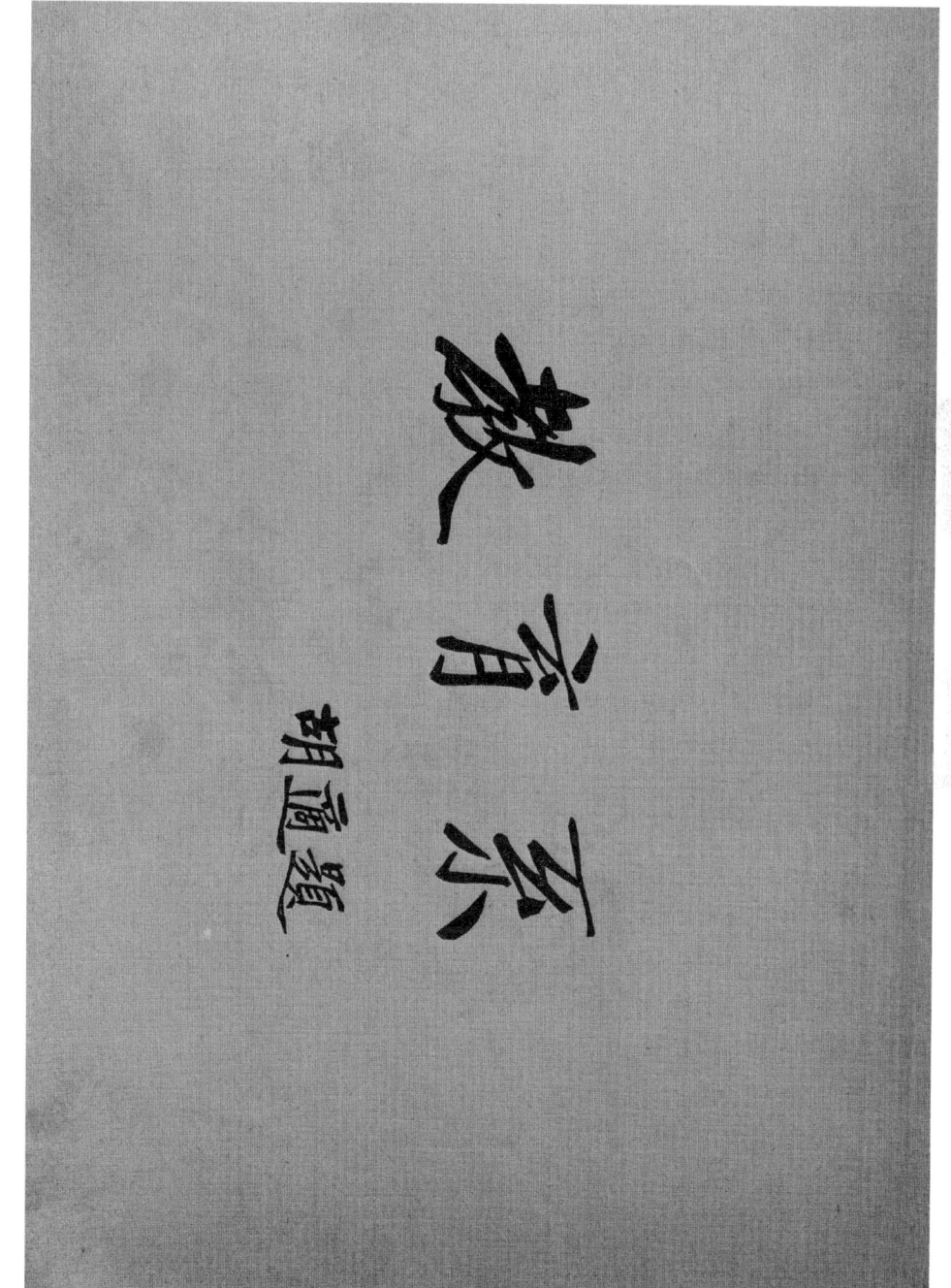

王之法
別號 法之
籍貫 河北行唐
通信處 行唐縣城內同仁堂轉

全國體
別號 鑄亞
籍貫 河南汝南
通信處 汝南王岡集全莊

朱世蘭
別號 香廷
籍貫 山東單縣
通信處 單縣城東北常集

任傳鼎

別號 鑄九

籍貫 遼甯寬甸

通信處 遼寧桓仁沙尖子豐順厚交

周若度

別號 亞尊

籍貫 湖南安鄉

通信處 安鄉東後街

易楷

別號 粹然

籍貫 湖北宜昌

通信處 宜昌文廟壩一號

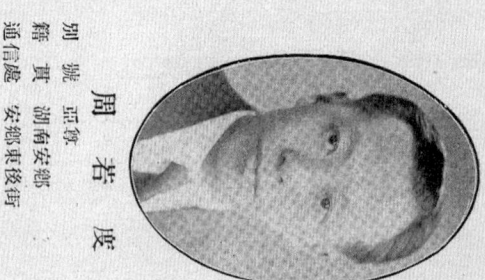

孫祺藩

別號 伯屏
籍貫 吉林吉林
通信處 吉林三道碼頭孫宅

夏宗錦

別號
籍貫 江西新建
通信處 南昌蒲扇巷二十一號

陳秉公

別號 愚庵
籍貫 安徽泗縣
通信處 安徽五河下雙溝鎮上源湧

張玉池

別號 芹波

籍貫 河北遵化

通信處 平東唐山北鐵廠郵局

張普仁

別號 濟民

籍貫 河南許昌

通信處 許昌維善街張宅

章震南

別號 恒山

籍貫 湖南桃源

通信處 桃源漆市永太升

曾祥寬

別號　永生
籍貫　河北大興
通信處　開封三眼井十六號

程坤一

別號　厚之
籍貫　江蘇豐縣
通信處　豐縣鳳昌號

劉樹楠

別號　暢春
籍貫　河北磁縣
通信處　磁縣岳城鎮轉北屯頭

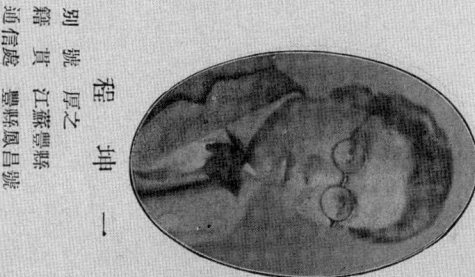

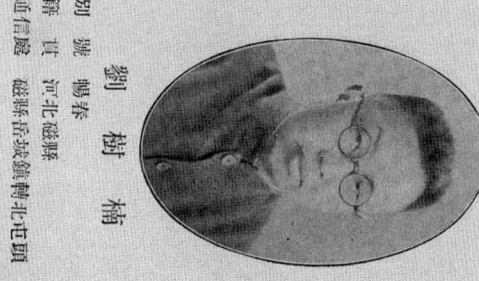

劉顯焜

別號

籍貫 雲南景東

通信處 景東縣城內大街劉宅

韓友璋

別號 佩玉

籍貫 河北邢台

通信處 邢台城內長街西和公轉

葉審之

別號 詩舘

籍貫 福建平和

通信處 廈門平和小溪行遠號

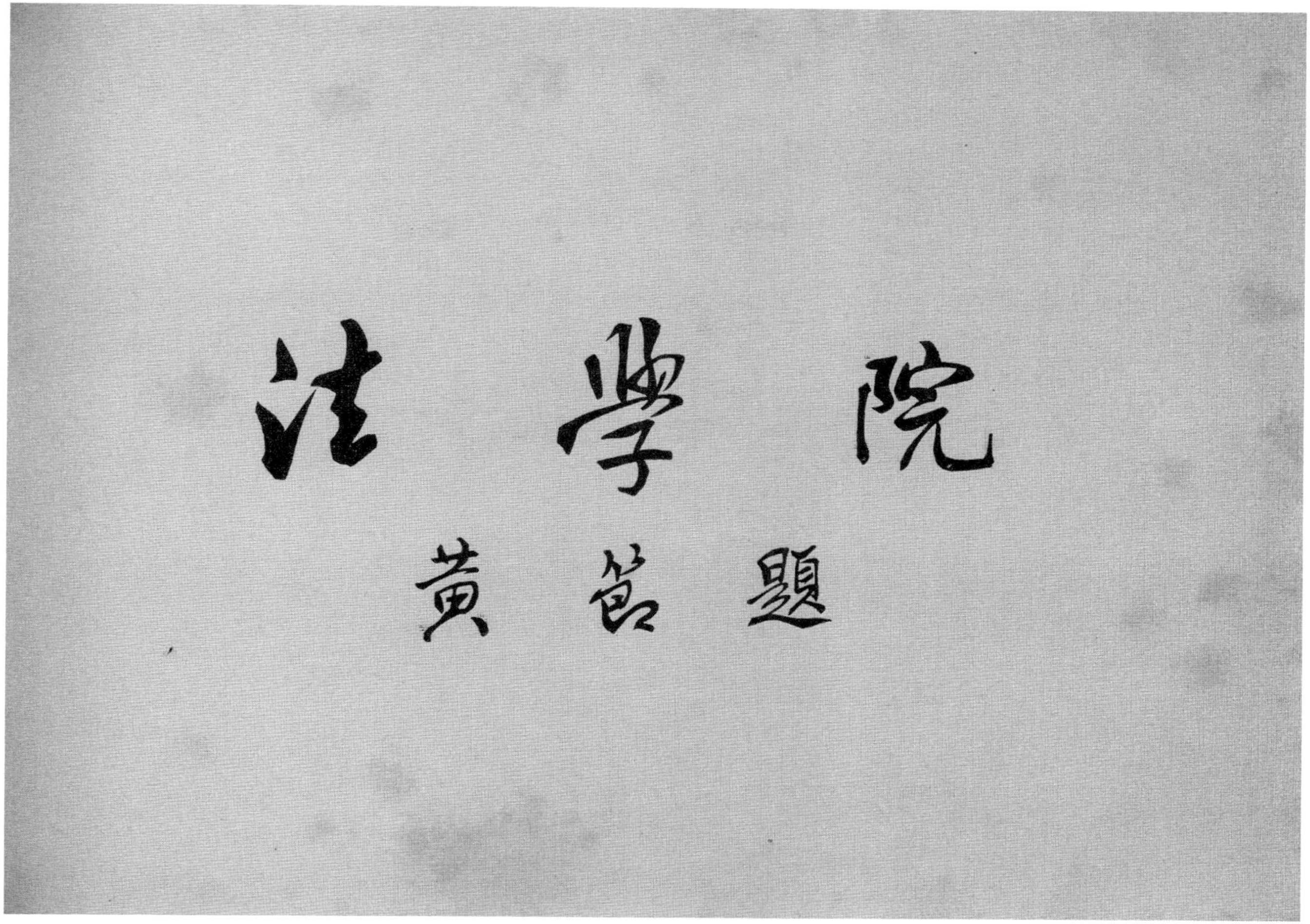
法學院

法律系

疑古玄同題

李潤瀾

別號

籍貫　河北任邱

通信處　任邱北翰村郵局轉范家莊

沈成勳

別號　放卿

籍貫　山東陽信

通信處　山東濟南東巷十號

宋鄉魁

別號　鶴峰

籍貫　河北獲鹿

通信處　石家莊南郄馬轉東荊壁

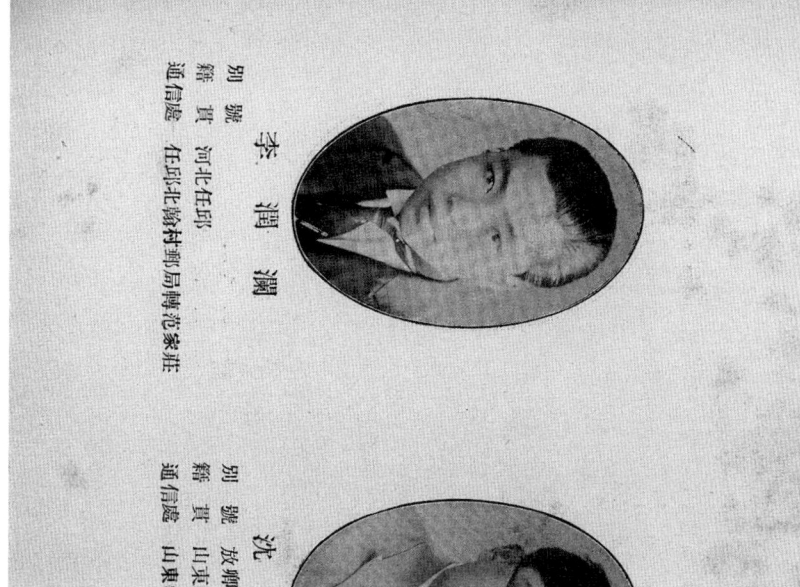

高桂馨

別號　香山
籍貫　河南武安
通信處　武安集城鎮永和號轉西營井村

陳錫朋

別號　感鵬
籍貫　江西東鄉
通信處　東鄉縣城方伯第九號

張世麟

別號　子箴
籍貫　河北新樂
通信處　平漢路東長壽站一本號

張潔身

別號　擧廉

籍貫　河北正定

通信處　正定瑞林生

張開瓊

別號　佩琨

籍貫　雲南騰衝

通信處　騰衝東門外一保街

趙峻峯

別號　景恆

籍貫　河北晉縣

通信處　晉縣周元方村

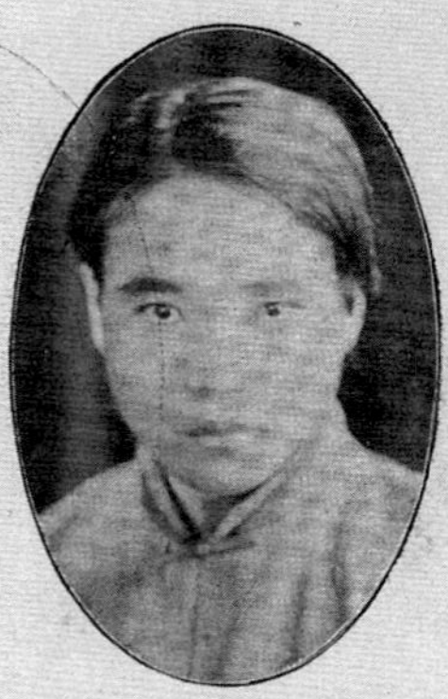

劉　霜

別號　叔唐

籍貫　山東郯城

通信處　郯城馬頭鎮順源公寓

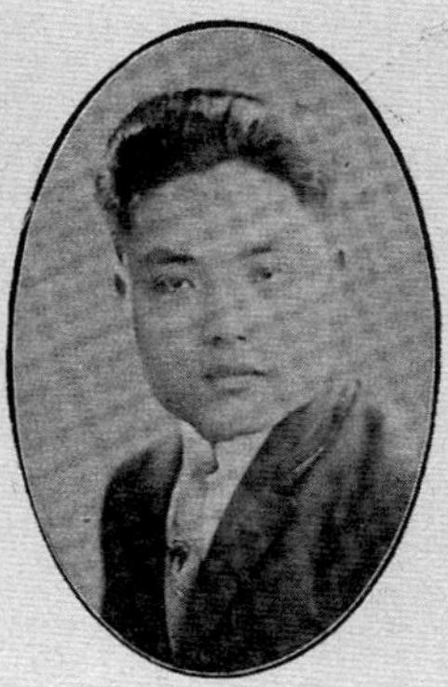

劉生濬

別號

籍貫　湖南瀏陽

通信處　瀏陽永和市

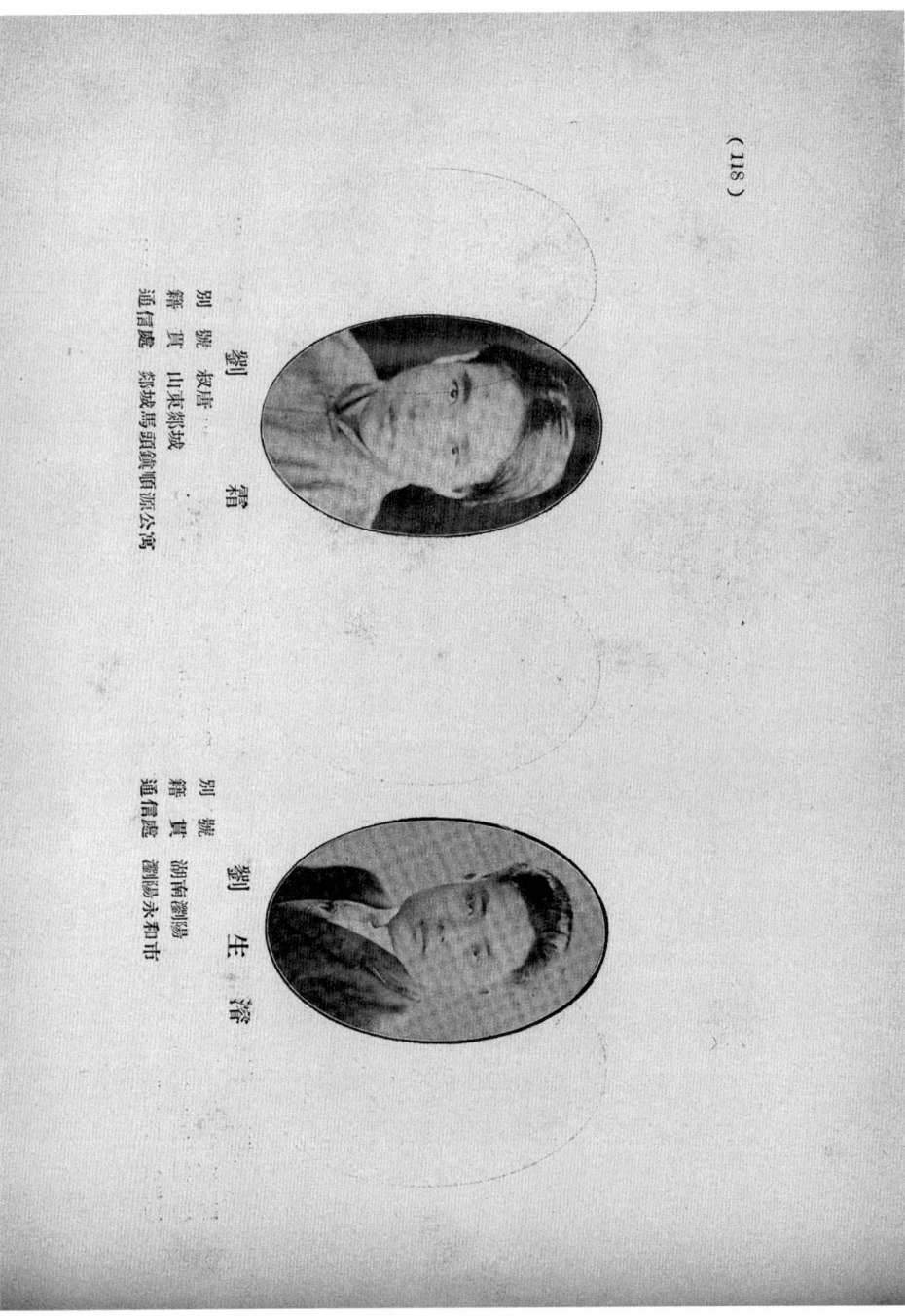

政治系

疑古玄同題

臨別贈言

四年的大學教育，現在算是已告結束。畢業的同學們，感覺到自己前途渺茫的時候，我揣想—我這揣想，是根據我自己的經驗而發生的——我揣想必定有這樣的一個疑問：在大學校卒了業，究竟有甚麽用處呢？

大學校本不是職業養成所，也不是任何成熟品的出產地。卒業後，大家都有『差』事，不能算是大學教育的成功；卒業後，大家都賦着閑，也不能算是大學教育的失敗。有事可做與否，是社會上的責任，而不是畢業同學所受的教育之成功與失敗的問題，更不是大學教育有用與無用的問題。

大學教育，是教人去思想，不僅教人去思想，並且教人怎樣去思想。至於思甚麽，想甚麽，那就不關學校的事了。

大學教育，是思想方法教育。因此之故，乃設有種種方面的學科，供給種種衝突矛盾的事實，使各人去比較，去分析，去實驗以達到有統系的結論之目的。經過這樣的方法得來的理論，是有事實爲根據的理論；從這樣設備中得來的教育，是科學精神的教育。

大學教育的用處，就是訓練一般青年，養成科學思想的習慣，以應用於實際問題的解決。科學思想習慣的有無，方纔是大學教育成功與失敗的測驗。

沒有受過大學教育的人，有的根本就怕想；有的是瞎想；有的只能暫想—簡直沒有五分鐘的貫注思想力量；有的是玄想—他雖然可以連貫的想幾點鐘，但完全缺乏以事實爲根據的科學思想方法。這樣的人，中國實在是太多了！

中國現在最大的缺乏，是富有科學思想習慣的國民。大學卒業生，就是科學思想習慣的結晶品。卒業的同學們，你們是黑暗中的光明。從今以後，你們雖然恍如泛舟汪洋大海之中，但你們是有訓練的水手，是富有科學思想習慣的舵工，我深信你們必能『乘風破浪，』達登彼岸，我祝你們健康！我更祝你們成功！

邱昌渭 二一，七，三日

朱 顯 曾

別號 耀先

籍貫 江蘇寶應

通信處 寶應大南門外後街

李 金 愷

別號 怡如

籍貫 河北鹽山

通信處 鹽山尙義里

李 威 廉

別號 維廉

籍貫 遼甯撫順

通信處 撫順東營盤轉關門山村

吳 曼 陽

別 號

籍 貫 四川南充

通信處 南充龍門場郵轉

何 鳳 書

別 號 惠雨

籍 貫 河北廣宗

通信處 河北威縣西南何家營

周 嗣 孟

別 號 憲民

籍 貫 四川資中

通信處 成都青龍街三十六號

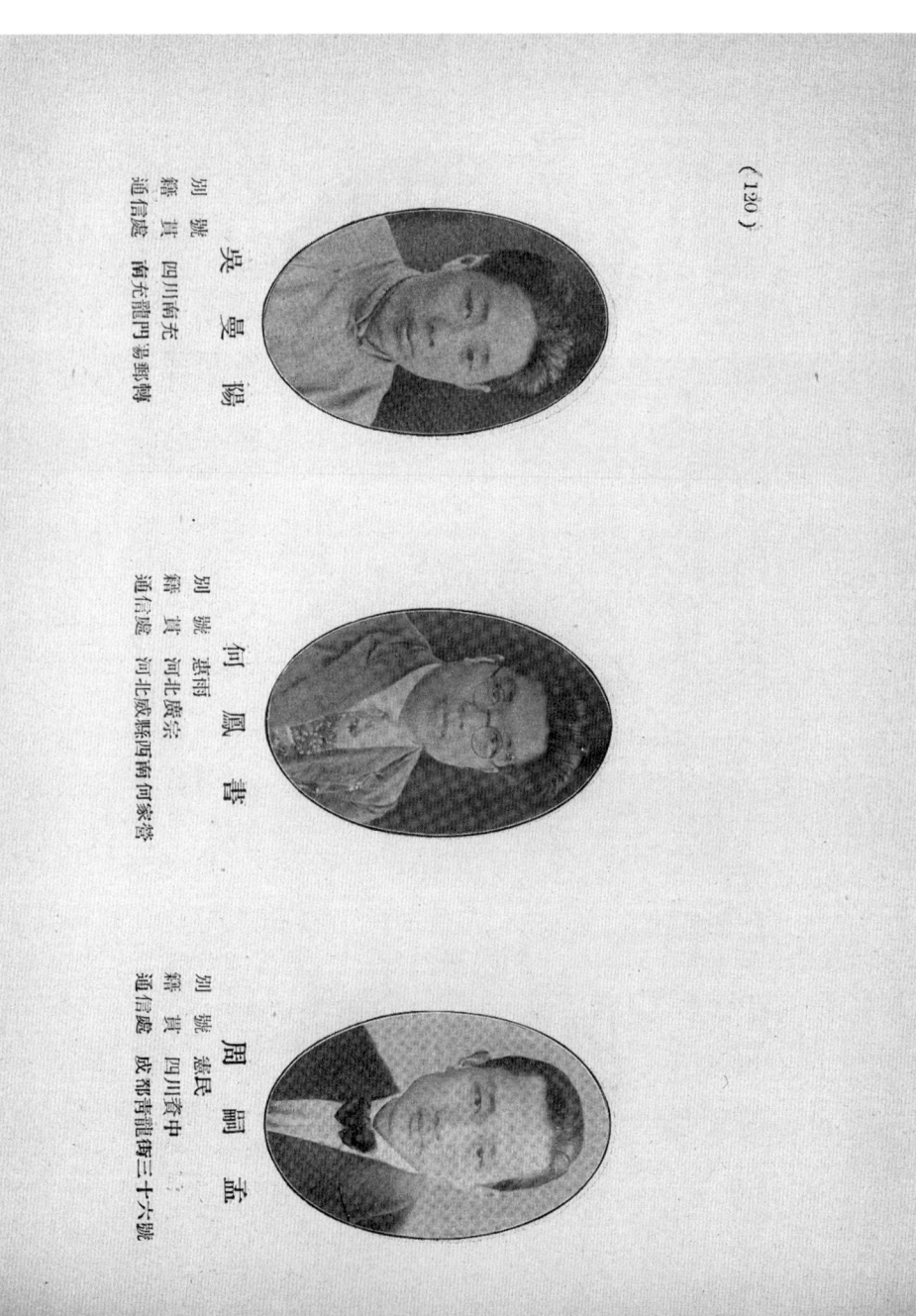

易光禩
別號 俊原
籍貫 四川富順
通信處 富順大頭城

岳希文
別號 博吾
籍貫 吉林吉林
通信處 吉林河南街永巨齋

屈震寰
別號 卓吾
籍貫 河北定縣
通信處 定縣城內北街

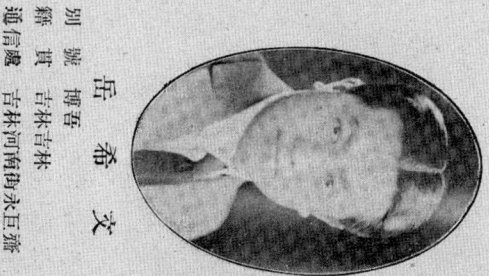

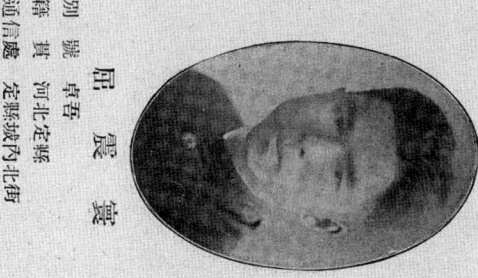

胡嘉椿

別號 惠蒼

籍貫 貴州遵義

通信處 遵義團溪場郵局轉

柳志清

別號 子芬

籍貫 陝西榆林

通信處 榆林內巾樓巷

范景和

別號

籍貫 河北清苑

通信處 保定城內大箭道二十九號

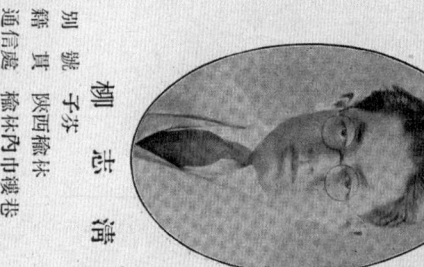

孫寶源

別號 紹濂

籍貫 河北易縣

通信處 易縣西營房村

賈世權

別號 濟民

籍貫 河北宛平

通信處 北平西直門內葱店胡同一號

梁驥

別號 舉廷

籍貫 四川南溪

通信處 南溪水池街

晏鴻雪

別號 印白

籍貫 四川江津

通信處 巴縣南城坪場石欄干

桑毓英

別號 伯華

籍貫 遼寧西豐

通信處 西豐縣北門外桑宅

張鴻濟

別號 仲榆

籍貫 陝西長安

通信處 西安南四府街二十七號

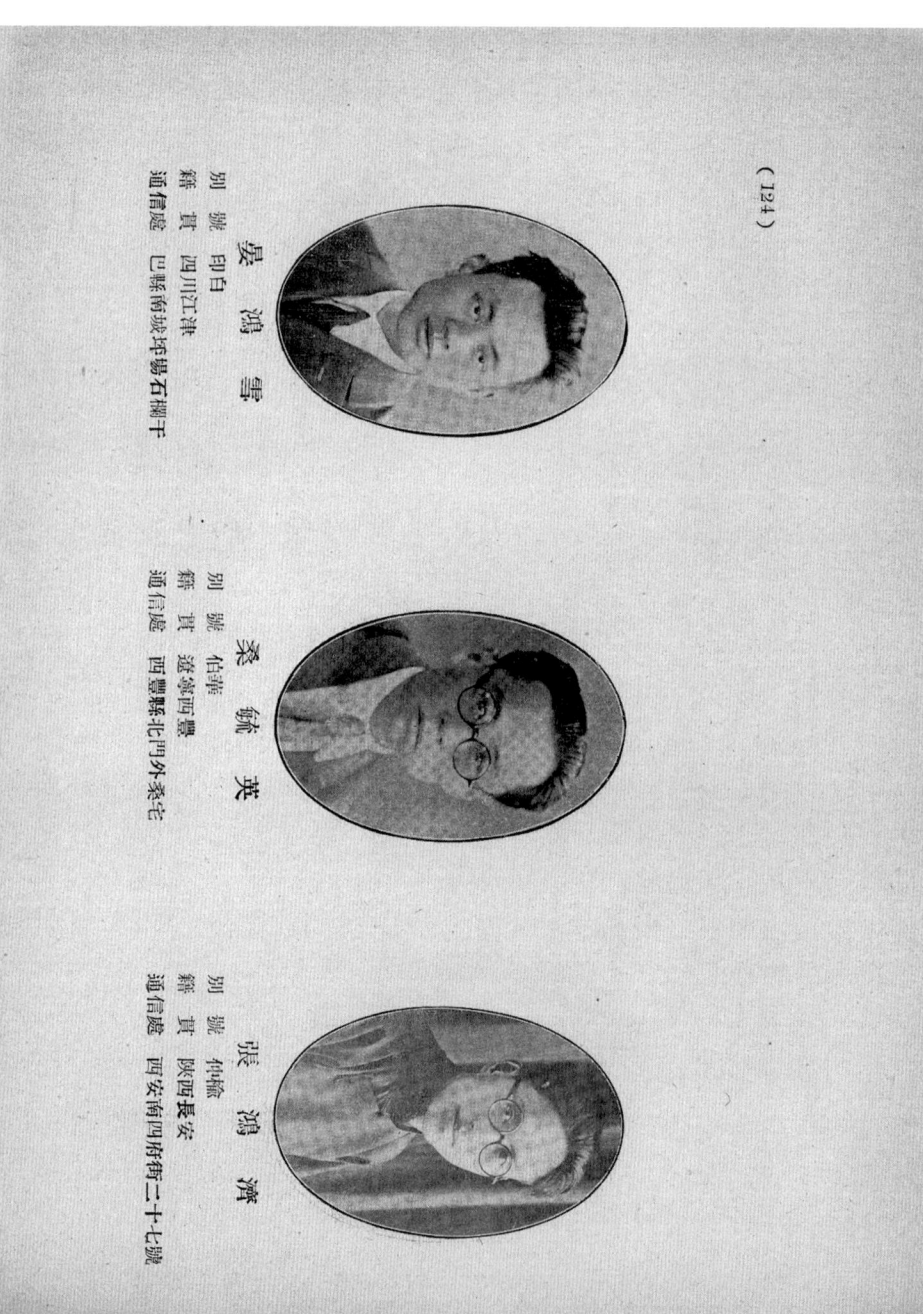

許文奇

別號　釆章

籍貫　河北定興

通信處　定興縣石象村

黃維齊

別號

籍貫　廣東豐順

通信處　汕頭隔隍市黃恆源崑記

傅金耀

別號

籍貫　四川雙流

通信處　雙流彭鎮福壽春轉

喬光鑑

別號　孟淵
籍貫　貴州鎮遠
通信處　貴陽飛山廟七十三號

穆文富

別號　天樂
籍貫　河北大興
通信處　北平崇外珠營二十二號

潘永楨

別號　培元
籍貫　江蘇宜興
通信處　宜興徐舍

熊　績

別號

籍貫　四川巴縣

通信處　重慶玉帶街益厚長轉

翟吉喆

別號　濬清

籍貫　河北行唐

通信處　行唐同仁堂轉

黎保民

別號　黎保

籍貫　雲南鎮沅

通信處　雲南省磨黑德盛祥號轉

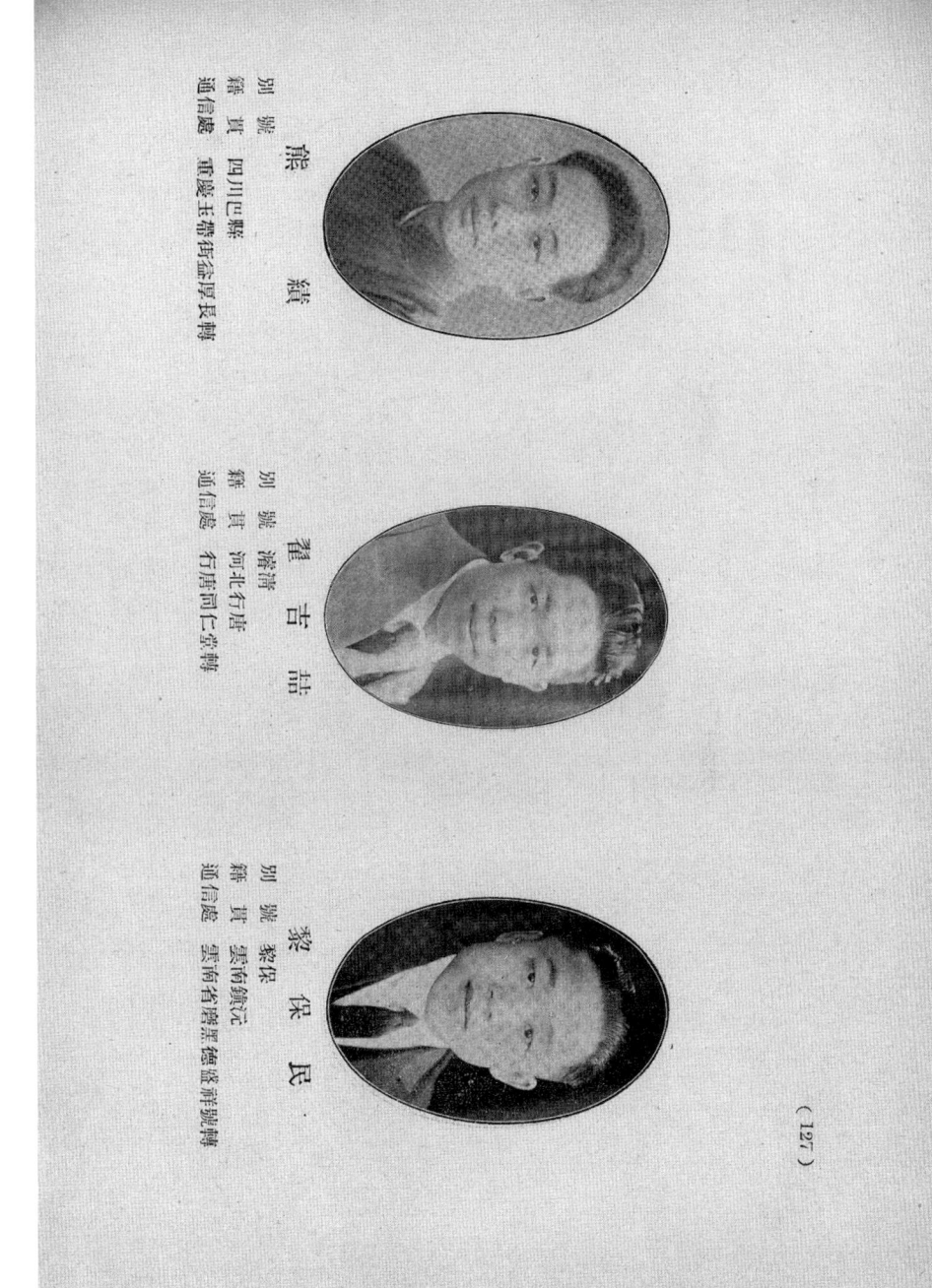

韓慎樞

別號 箴言

籍貫 河南武安

通信處 武安縣北關

繆紹頤

別號 濂卿

籍貫 福建福安

通信處 福建三都穆洋街

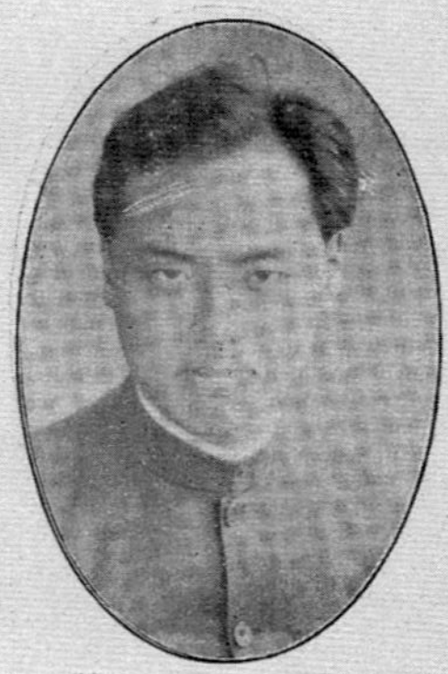

聶思坤

別號 健甫

籍貫 江西高安

通信處 高安裕盛和轉聶忠成堂

羅 世 告

別 號

籍 貫 廣東大浦

通信處 汕頭三河楓朗

羅 盛 堯

別 號 欽哉

籍 貫 江西信豐

通信處

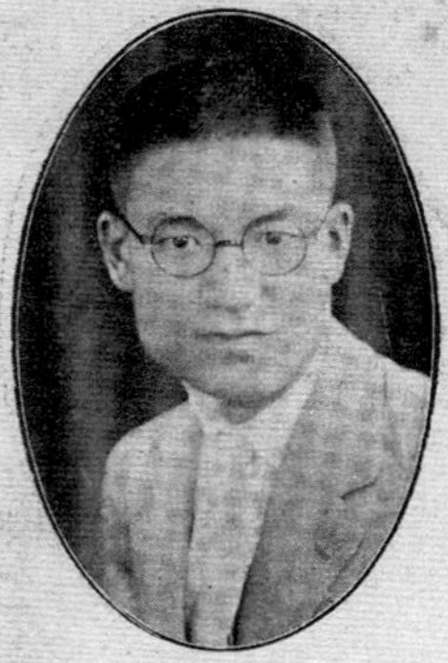

饒 攜 伯

別 號

籍 貫 江西南昌

通信處 南昌劍霞墟郵政代辦所轉

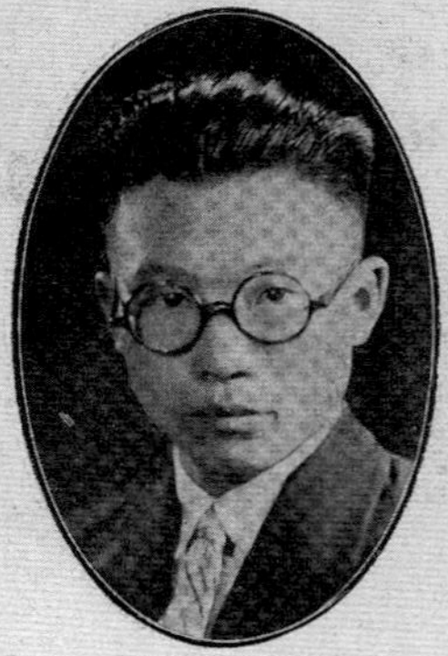

吳 省 勤

別 號 敏學

籍 貫 河北靈壽

通信處 靈壽西關

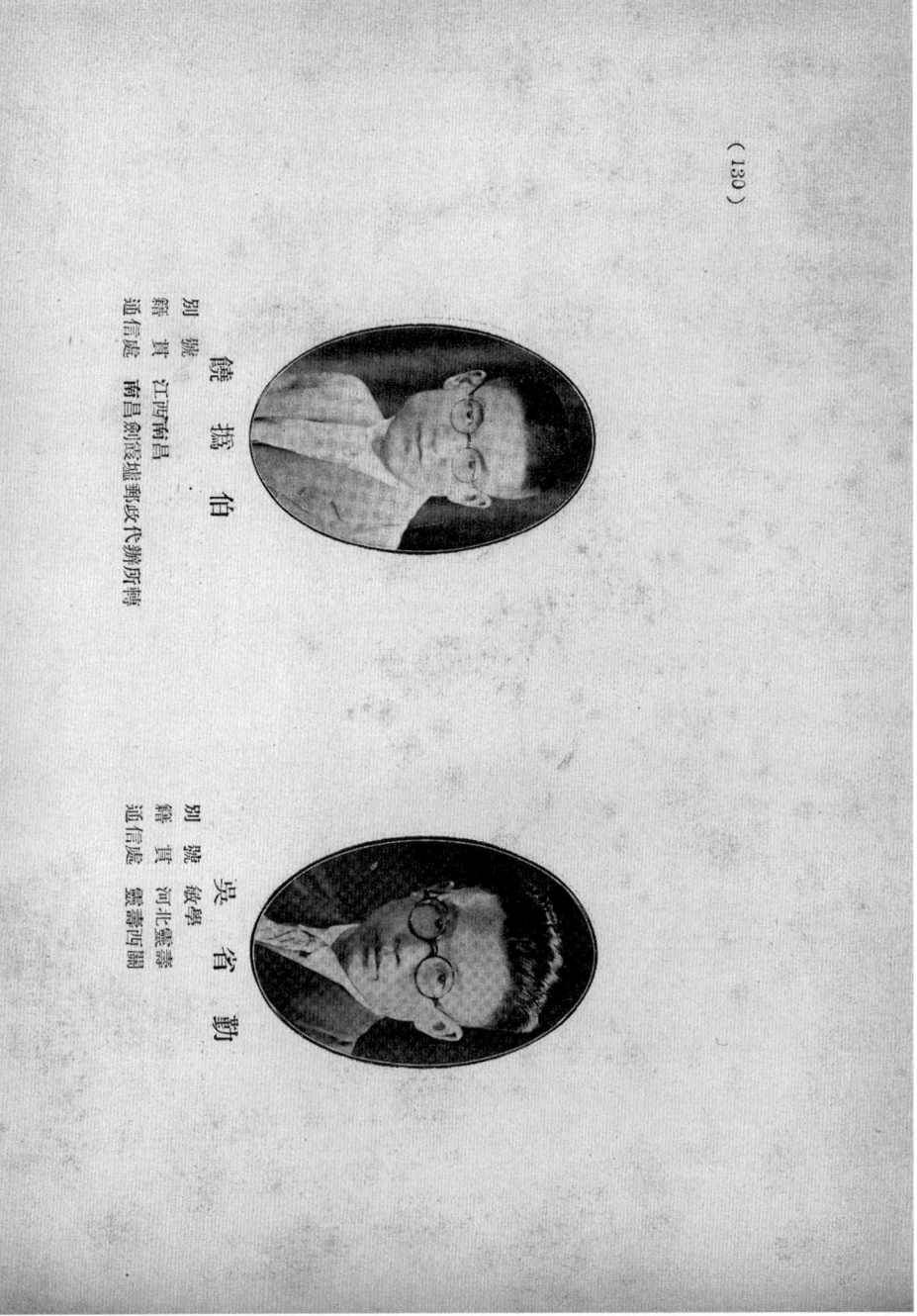

經濟系

懋吉吉同題

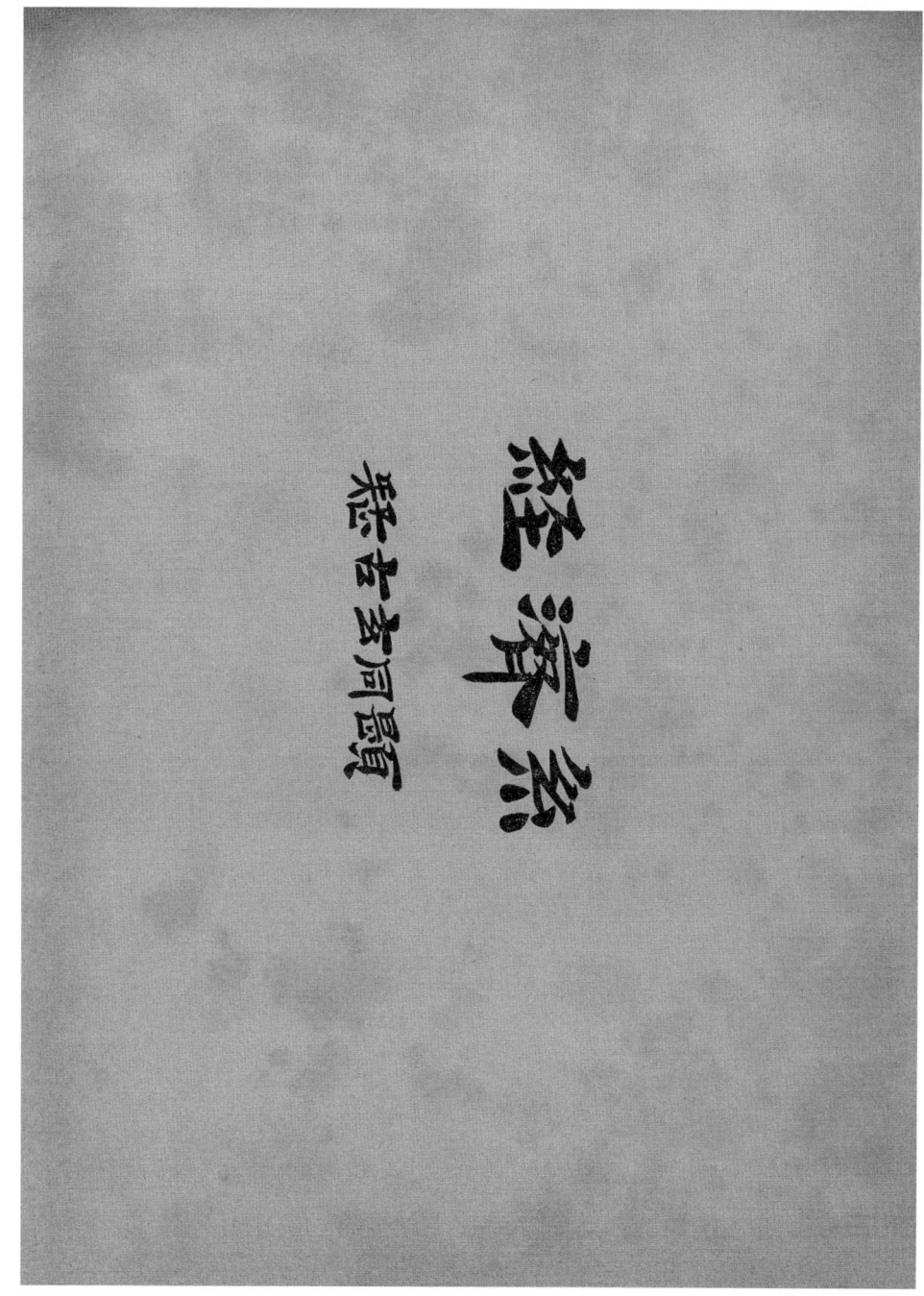

千家駒

別號

籍貫　浙江武義

通信處　武義城內

王正俊

別號

籍貫　四川資中

通信處　資中蘇家鄉王和生

王守禮

別號　伯誠

籍貫　浙江諸暨

通信處　諸暨楓橋

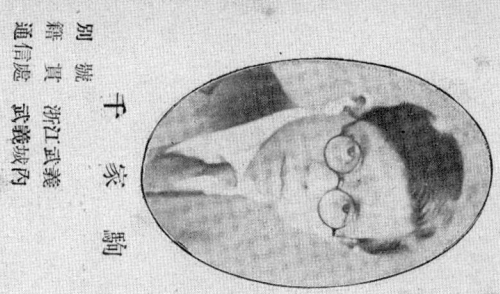

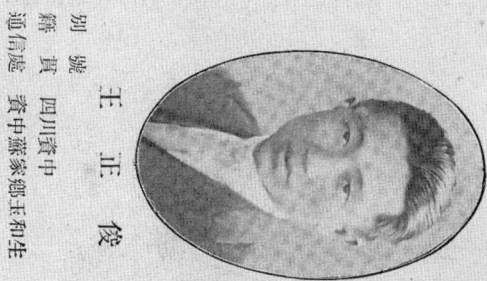

王衍禮

別號 子讓
籍貫 山東福山
通信處 烟台北大街東順銀號轉

王俊讓

別號 文謙
籍貫 陝西綏德
通信處 綏德三皇峁

王振綱

別號 紀之
籍貫 福建清流
通信處 清流縣城內

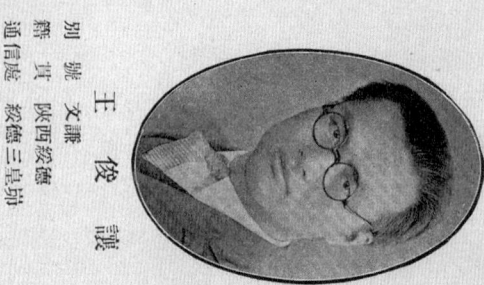

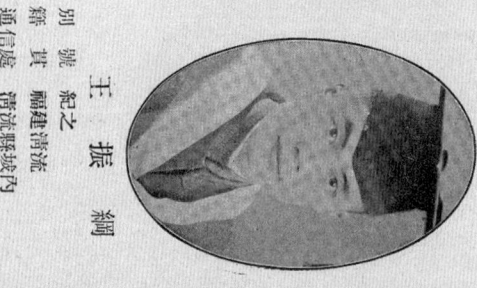

王國障

別號 英柱

籍貫 河北東鹿

通信處 東鹿舊城內萬聚永店

尹樹藩

別號 素凡

籍貫 四川武勝

通信處 武勝烈面溪轉走馬鄉

申立超

別號 雪琴

籍貫 四川江安

通信處 江安小西門一號

包 緘 三

別 號

籍 貫 四川南溪

通信處 四川南溪中正街信豐明

呂 經 緯

別 號 星如

籍 貫 熱河建平

通別處 錦縣轉建平縣魁德素同興和

艾 和 薰

別 號 亦民

籍 貫 四川灌縣

通信處 灌縣上瑞蓮巷七號

朱微白

別號

籍貫 四川江津

通信處 江津十全鎮稿子壩恒泰祥

李宏讓

別號

籍貫 山東文登

通信處 威海衛仁利豐號

李季燕

別號 子翼

籍貫 山東諸城

通信處 山東濟南南新街三十四號

李景源

別號

籍貫 河北平山

通信處 平山縣南關

李廣綵

別號 章五

籍貫 河北行唐

通信處 行唐西關榮茂昌

李應兆

別號 撖夫

籍貫 廣東潮安

通信處 汕頭潮安鶴巢鄉

李鴻逵
別號 際亭
籍貫 河北安國
通信處 安國城內德生祥轉

吳珣
別號 味閑
籍貫 廣東番禺
通信處 北平東四五條三十五號

延家駿
別號 珍卿
籍貫 山東廣饒
通信處 廣饒稻莊轉宋家店

胡勤上

別號 求眞

籍貫 河北沙河

通信處 沙河縣白錯村

徐世澄

別號 仲明

籍貫 貴州銅仁

通信處 北平西城王府倉六號

高志濤

別號 濟航

籍貫 河北河間

通信處 河北任邱北窩轉四公村

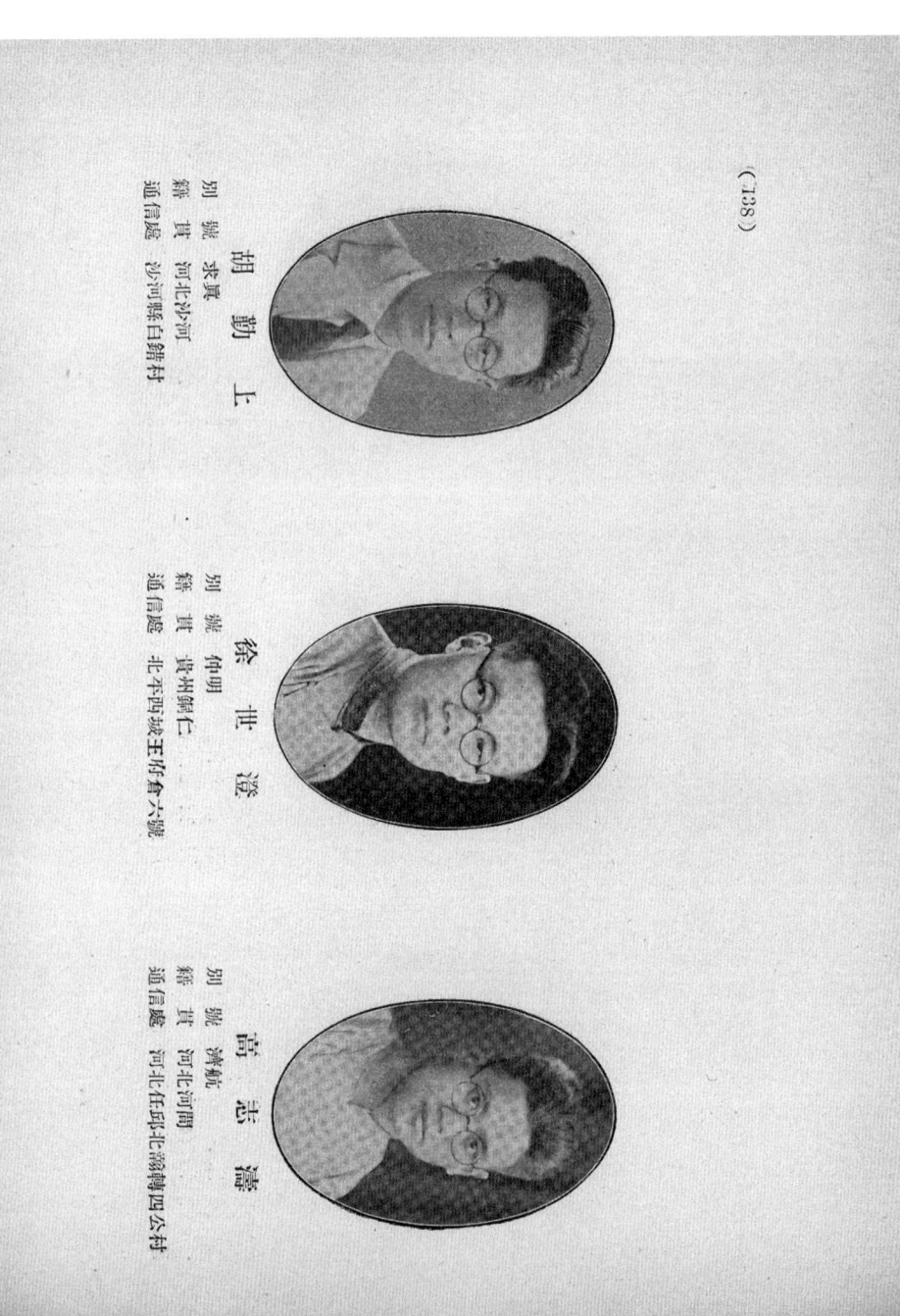

袁允中

別號　仲絃

籍貫　江蘇海門

通信處　海門壩頭鎮

衷承德

別號

籍貫　四川瀘縣

通信處　四川成都育嬰堂街十四號

陳銓

別號　景胡

籍貫　河北贊皇

通信處　贊皇教育局轉

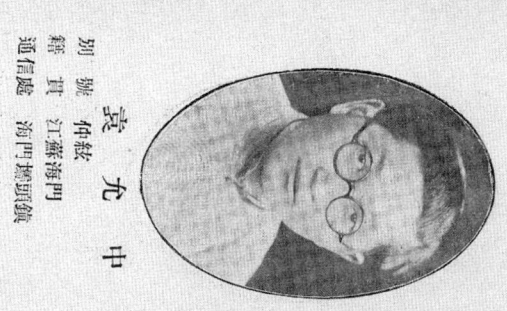

陳　德

別　號　咸一
籍　貫　江西玉山
通信處　玉山三里街源茂椿號

陳　澤　恩

別　號　允中
籍　貫　四川富順
通信處　富順懷德鎮

張　雩

別　號　景哲
籍　貫　河北深縣
通信處　深縣大李村郵局傳徐祥口村

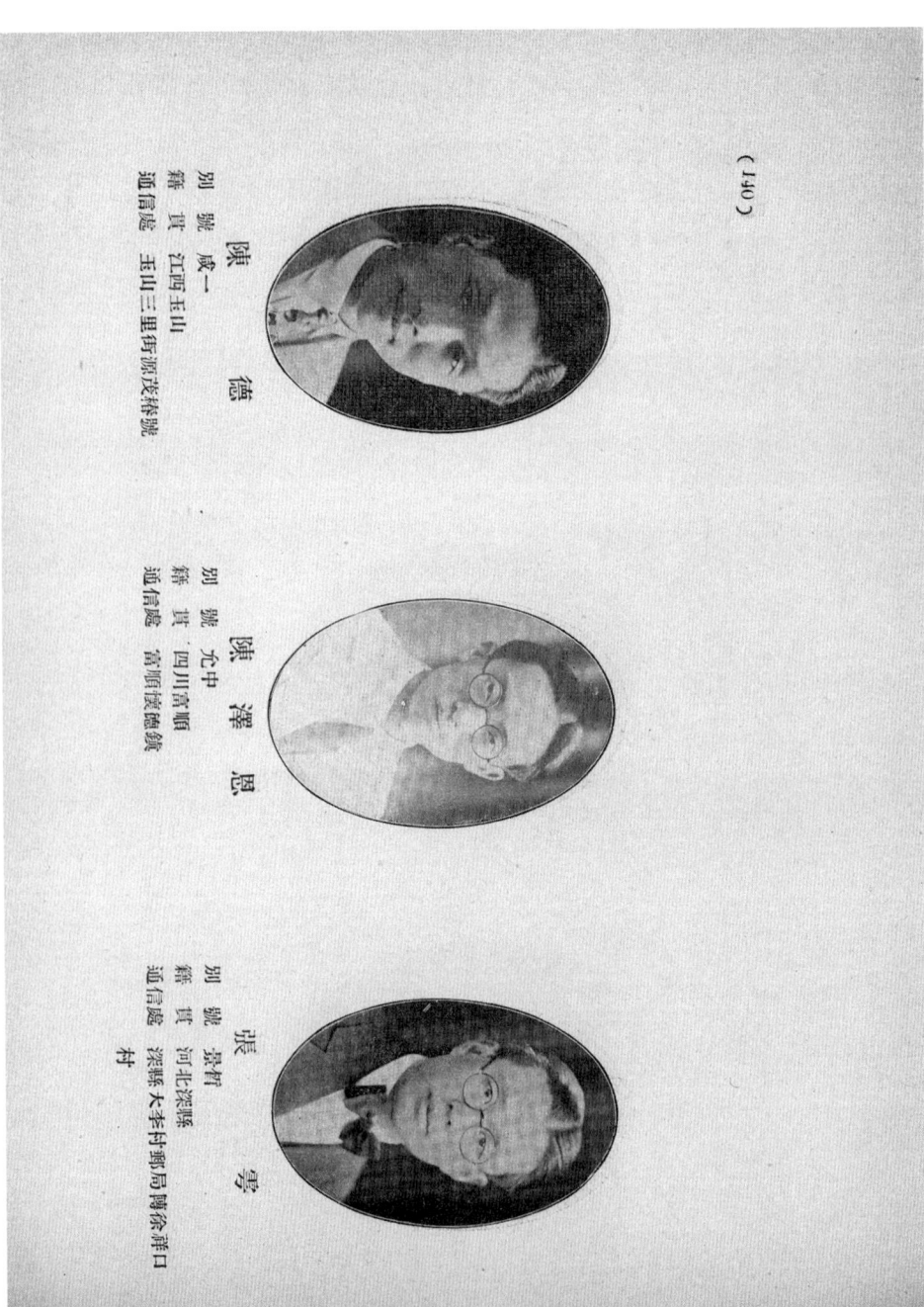

張百川

別號 一如

籍貫 山東冠縣

通信處 冠縣義興隆轉

張宗羣

別號 友柏

籍貫 湖南醴陵

通信處 北平嵩祝寺夾道二號

張東初

別號 如阜

籍貫 廣東開平

通信處 開平公興圩郵局

張奠亞

別號 乃力
籍貫 河北武清
通信處 武清崔黃口同聚豐轉

張清麗

別號 明夫
籍貫 河南淅川
通信處 淅川恒盛公

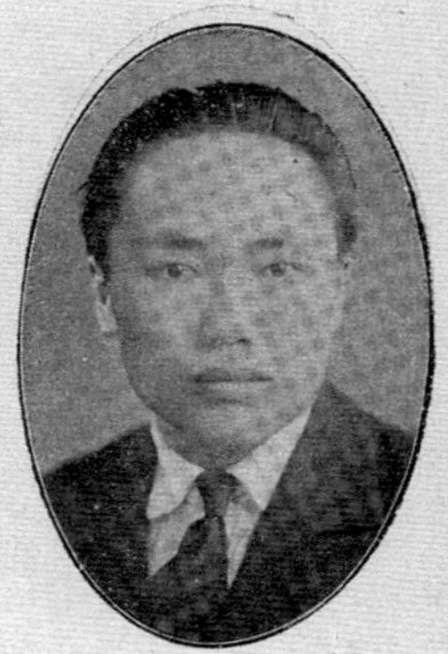

黃希濂

別號 佛心
籍貫 四川資中
通信處 資中西街銘盛通號轉

郭　　琦

別號　可珍
籍貫　山西霍縣
通信處　霍縣城內

郭琳天

別號
籍貫　廣東中山
通信處　中山竹秀園

賀昌英

別號　子才
籍貫　河南安陽
通信處　安陽水冶鎮三官巷

彭 康

別 號 建平
籍 貫 貴州貴陽
通信處 貴陽北大路五十二號

楊 文 炤

別 號 子明
籍 貫 山東猗氏
通信處 猗氏帽陽鎮永興厚號

楊 宜 春

別 號
籍 貫 安徽懷甯
通信處 安徽安慶關岳廟街二號

楊爾璜
別號　毓宏
籍貫　陝西榆林
通信處　陝北榆林城內李學士中巷

蒲雅南
別號
籍貫　四川南部
通信處　南部縣石龍場郵轉

趙家驊
別號
籍貫　四川南溪
通信處

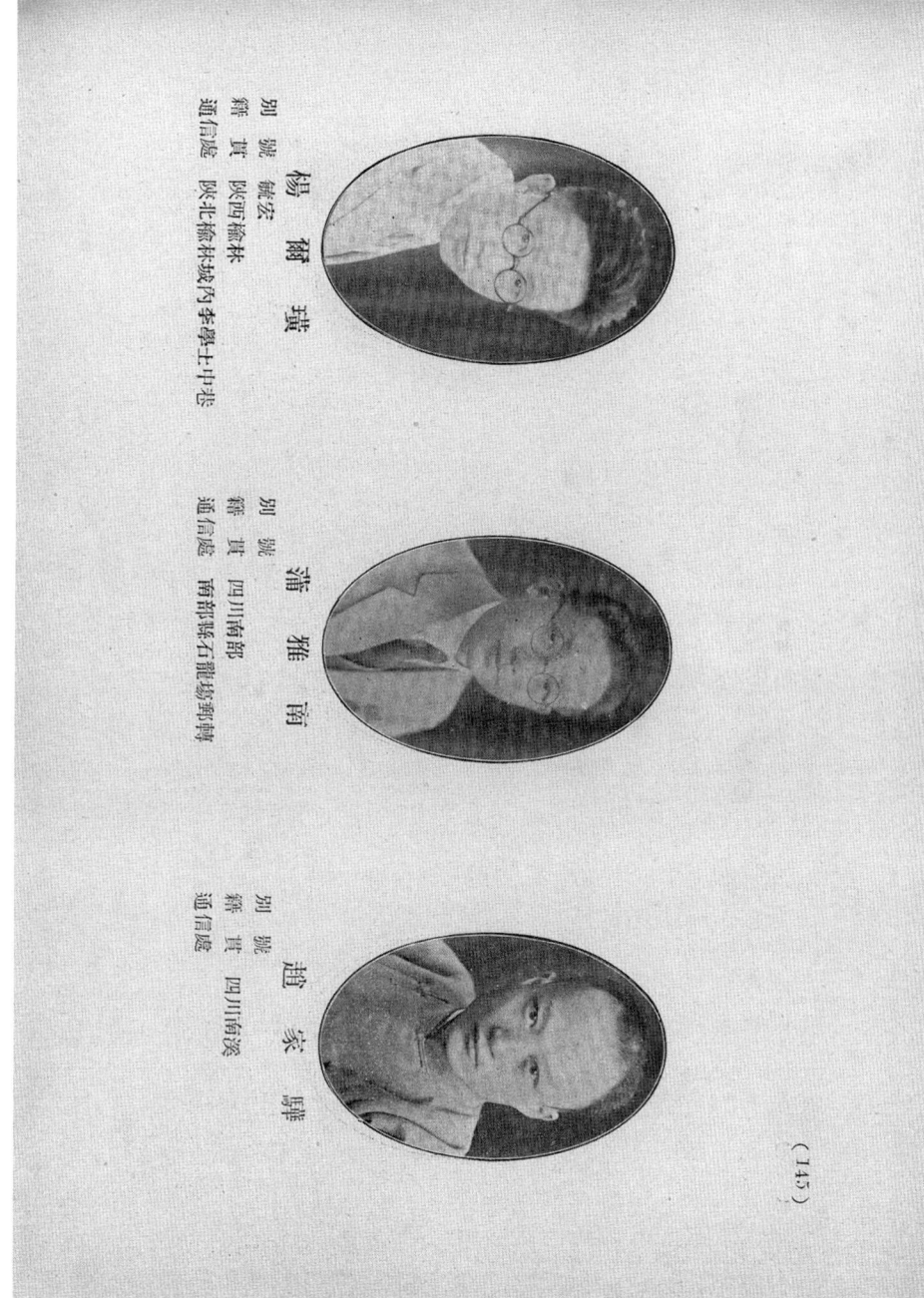

趙 育 嶙

別 號 愛亭

籍 貫 河北沙河

通信處 沙河縣冊井鎮

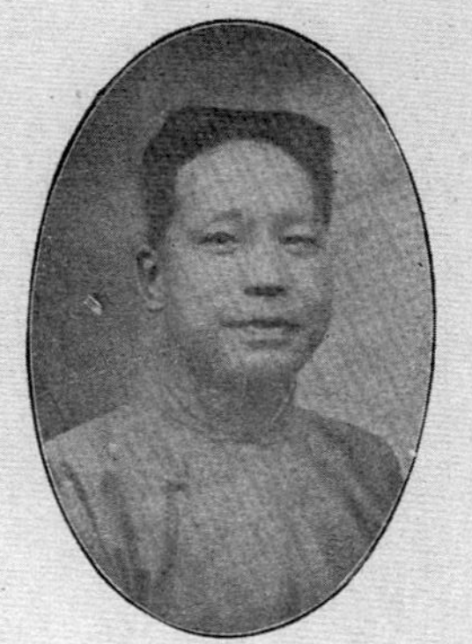

齊 國 琳

別 號 拱之

籍 貫 河北平山

通信處 平山內德泉成

劉 炳 信

別 號 俠夫

籍 貫 江西安福

通信處 湖南長沙恒豐泰

蔡　珉　輝

別　號　玉新
籍　貫　廣東梅縣
通信處　汕頭梅縣沙坪鄉信櫃

滕　鴻　凱

別　號　雪和
籍　貫　遼甯海城
通信處　海城高坨子轉

錢　枚　生

別　號　錢濤
籍　貫　浙江諸暨
通信處　諸暨姚公埠陳家山

蕭芳瑞

別號 信言

籍貫 四川廣安

通信處 廣安後街春城棧

譚象乾

別號

籍貫 雲南平彝

通信處 雲南省城通城巷三號

龐永福

別號 祝三

籍貫 河北定縣

通信處 定縣城內南街鹽店

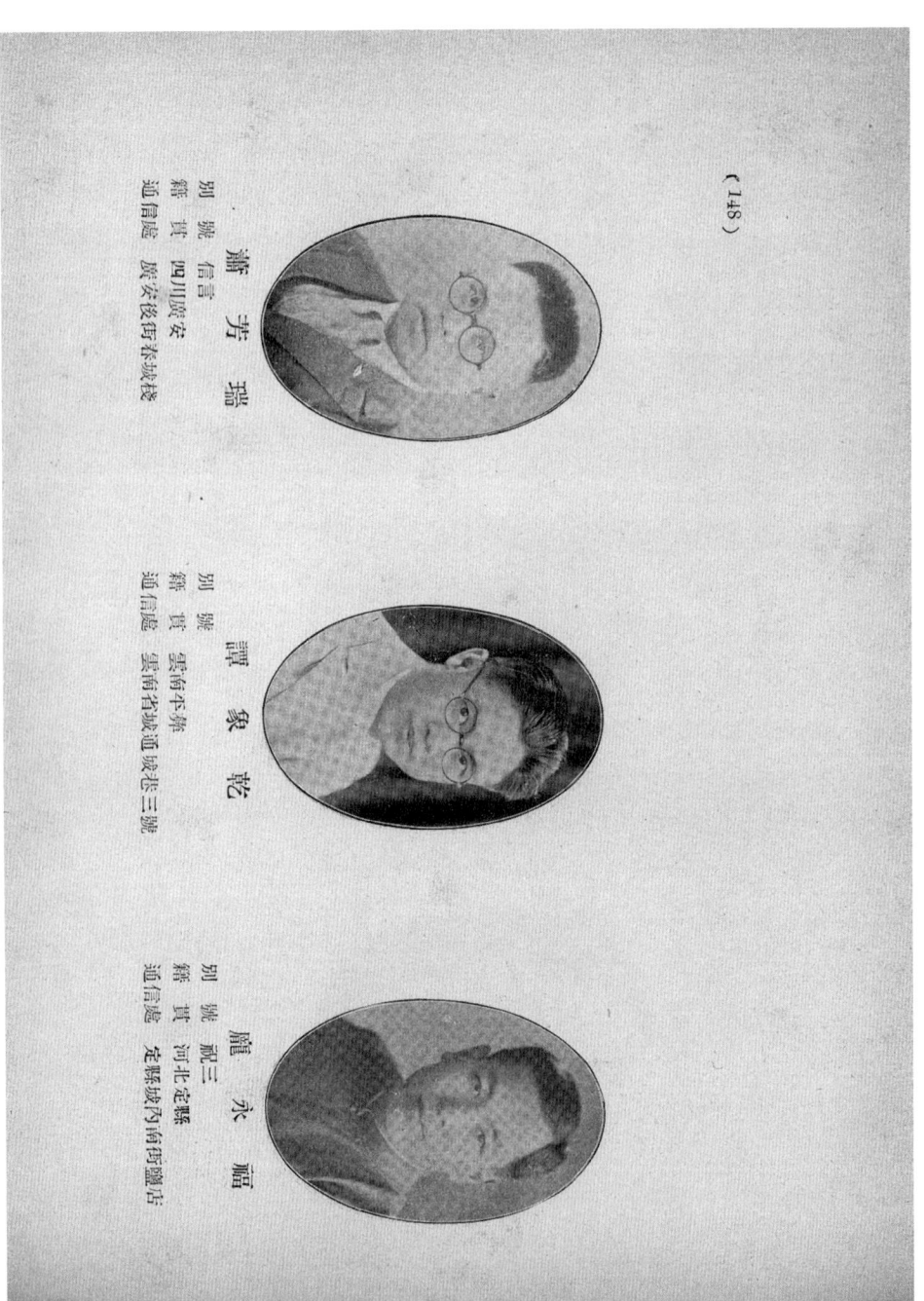

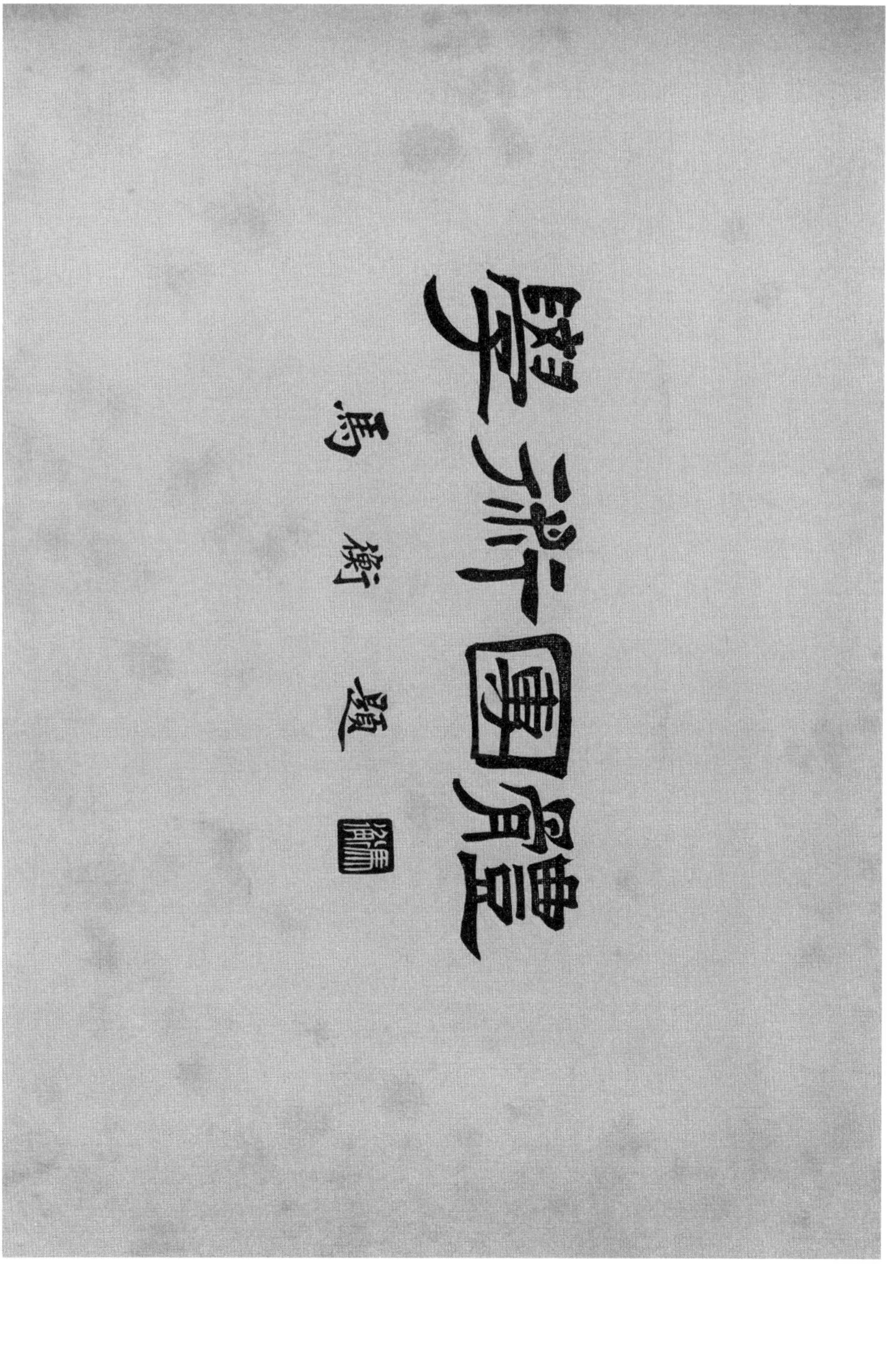
學術團體
馬衡題

數學學會

（149）

物　理　學　會

化 學 學 會

地質學會

生物學會

心　理　學　會

國文學會

英文學會

法文學會

(157)

德文學會

哲學學會

史學學會

教育學會

政　治　學　會

經濟學會

（163）

音 樂 學 會

校舍

劉復

北大第二院及西齋全景

第一院大門

第二院大門

第三院大門

第一院紅樓一角

第一院紅樓

第二院大講堂

第二院荷花池及西齋景

第二院大講堂之內部

第二院北樓

三院教室之一角

第三院法律系法庭

國學研究所

第三院三一八烈士碑

第一寄宿舍大門（即西齋）

第二寄宿舍大門（卽東齋）

第三寄宿舍大門

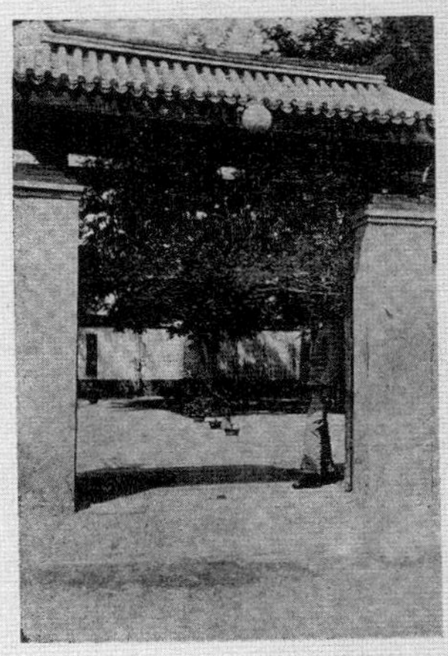
第五宿舍大門

第四宿舍之內部

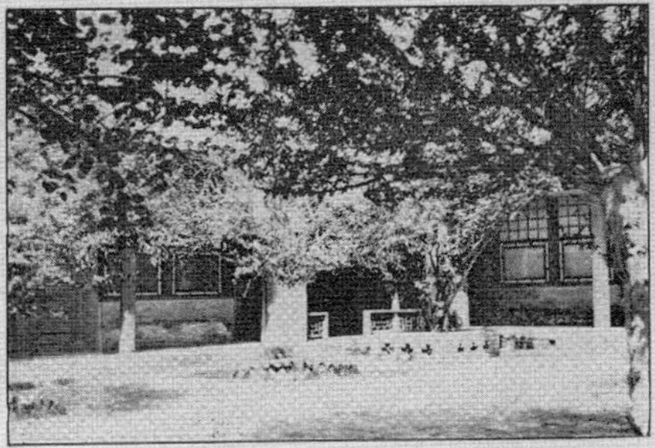
第五宿舍(女生宿舍)內部

第一宿舍內部

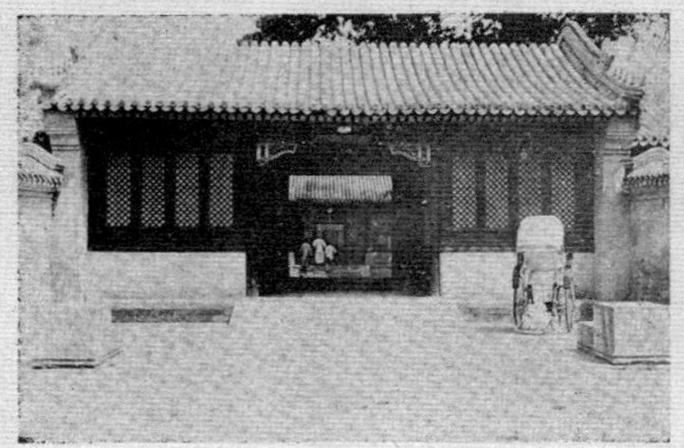
圖書館大門

圖書館雜誌室

圖書館臨時閱覽室

圖書館編目課

圖書館出納課

國學研究所瓦礑陳列處

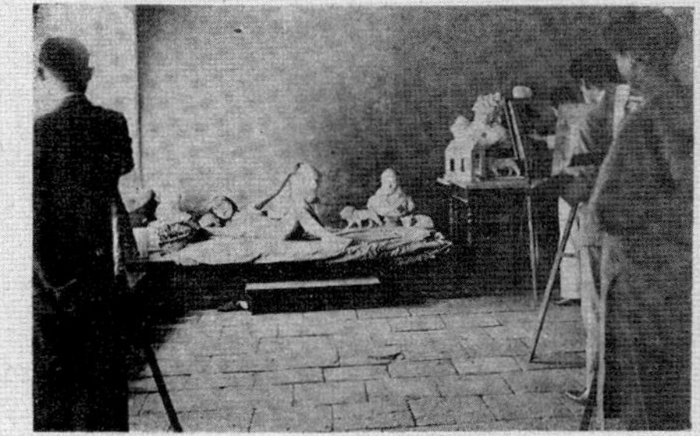
美術造型社

擊技室

物理儀器貯藏室

物理實驗室

物理實驗室

物理實驗室

煤　氣　廠

物理實驗室

化學實驗室

化學實驗室

化學實驗室

化學藥品室

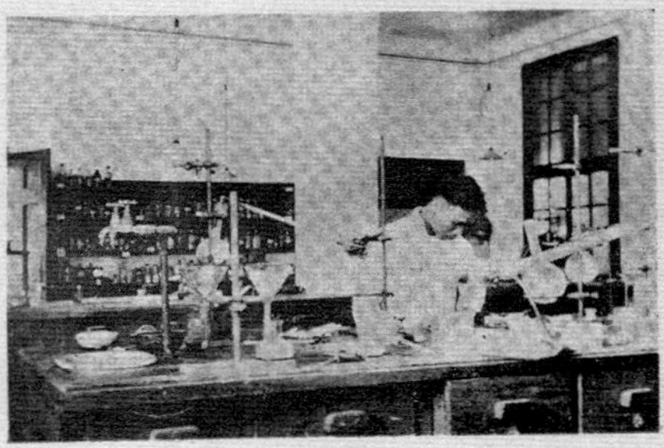
化學實驗室

地質系冶金室

化學實驗室

化學實驗室

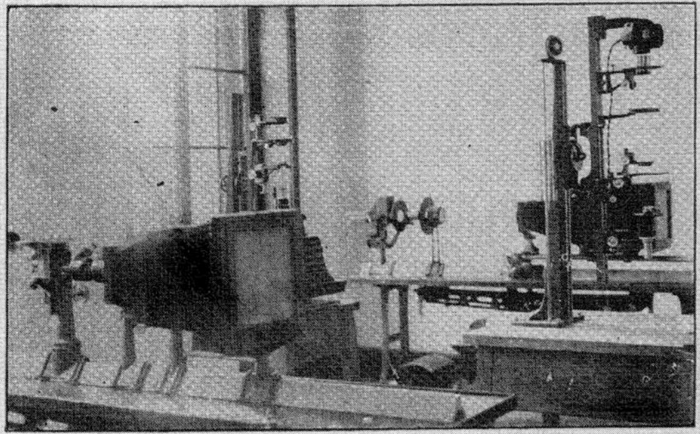
地質系照像放大室

化學藥品貯藏室

無線電實驗室

心理實驗室

(188)

学生生活

劉復

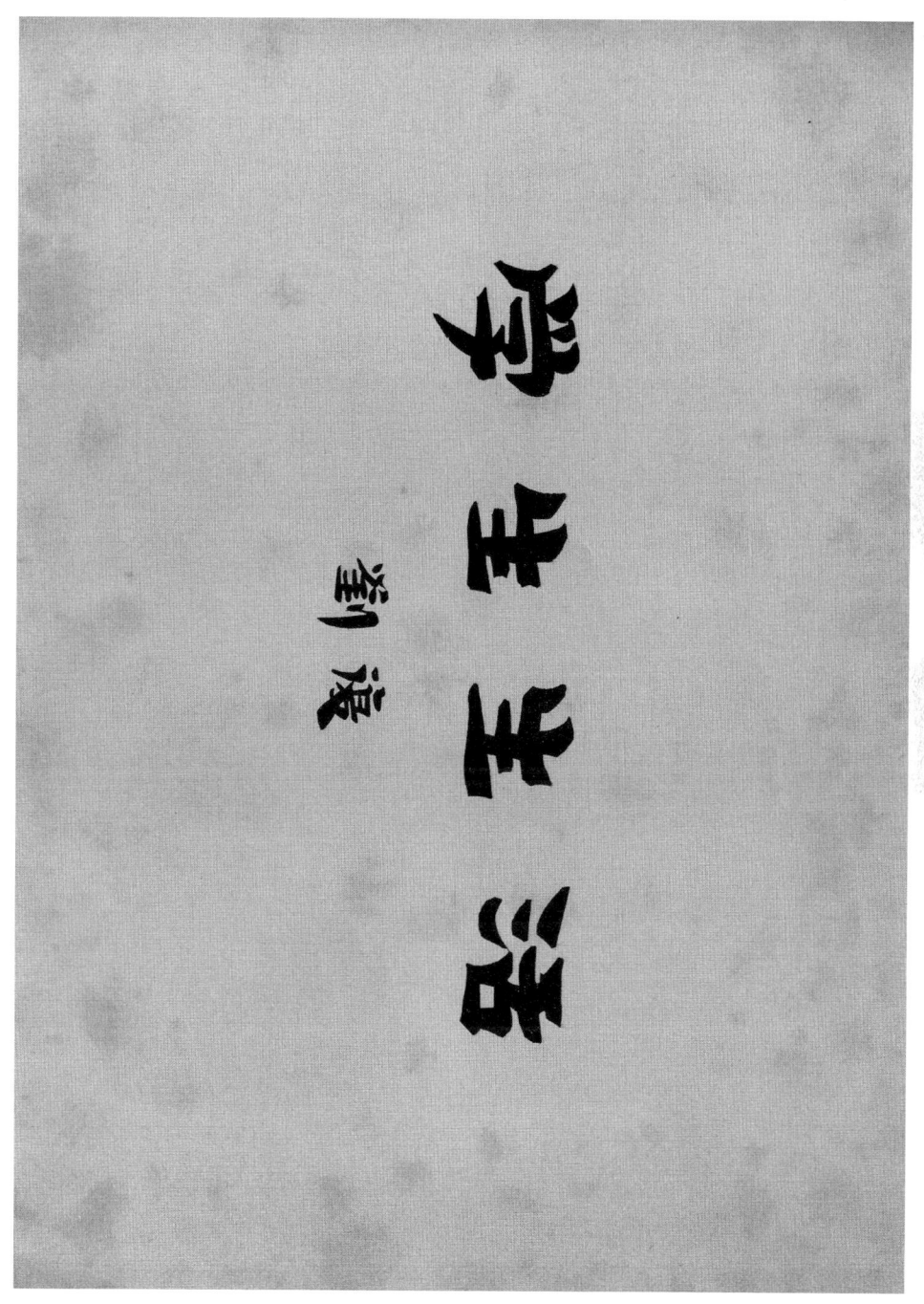

女生網球練習

新球場一瞥

隊球練習

籃球比賽

籃球練習

郊野行驅

網球比賽

海水浴

史學系考察團　孔子墓

史學系考察團　泰山絕頂

史學系考察團　泰山長壽橋

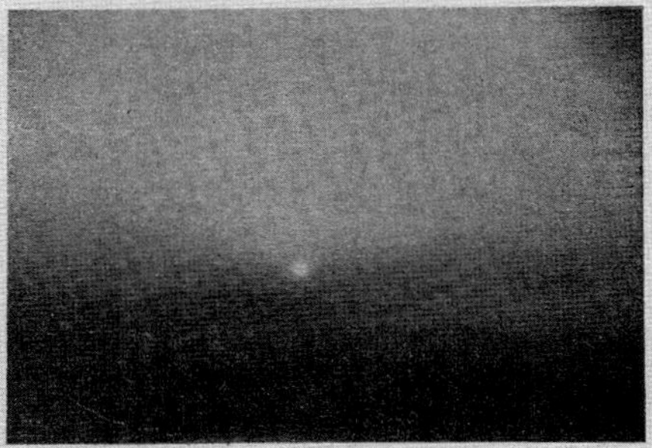
史學系考察團　泰山頂觀日出

經濟系旅行團　天津法國公園

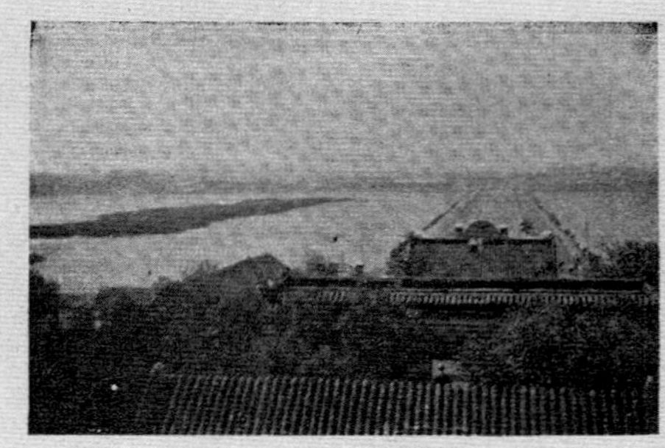
教育系參觀團　開封龍廷及潘楊二湖

教育系參觀團　泰山五嶽獨尊

教育參觀團　山東濟南豹突泉

地質系調查團

泰山紅橋飛瀑

史學系考察團

泰山無字碑

史學系考察團

泰山百丈涯

史學系考察團

泰山雲步橋

(194)

從這一點起，擴大，擴大，擴大到全社會去

林志皋作

春光明媚的北大河

繆紹頤作

萬朶梨花

林志皋作

蘇武當年

蔡昆輝作

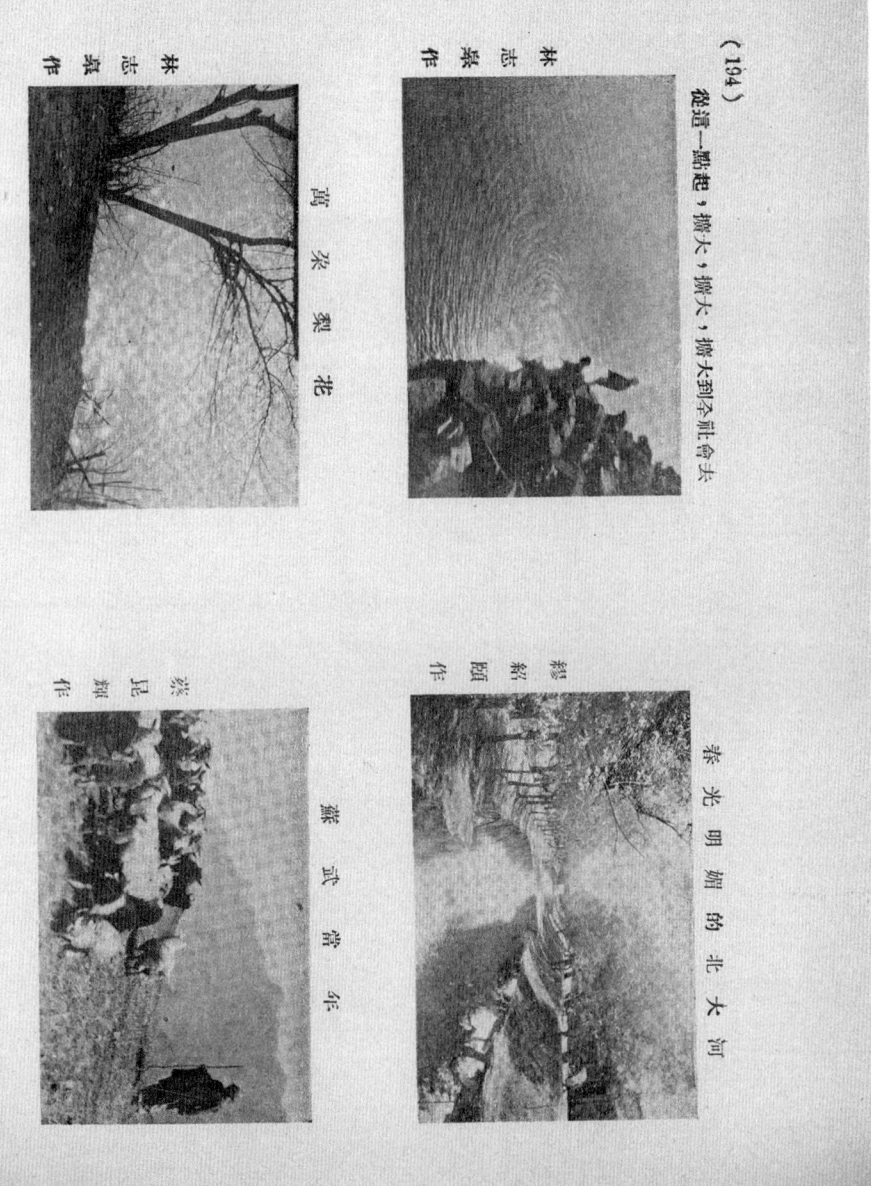

曾憶否？紗窗外風搖細柳

林志皋作

圃之一角

蔡昆輝作

北大河冬景

蔡昆輝作

重負

蔡昆輝作

化裝溜冰

學生軍
白雄遠題

學生軍軍營

學生軍野外演習

白總指揮訓話

林中休息

學生軍野外實習

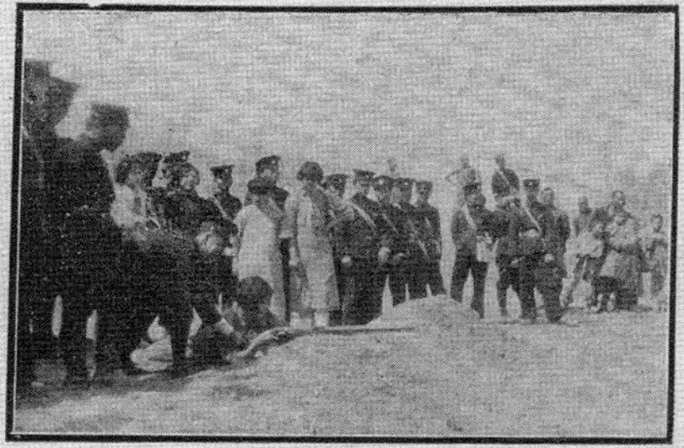

女生實彈打靶

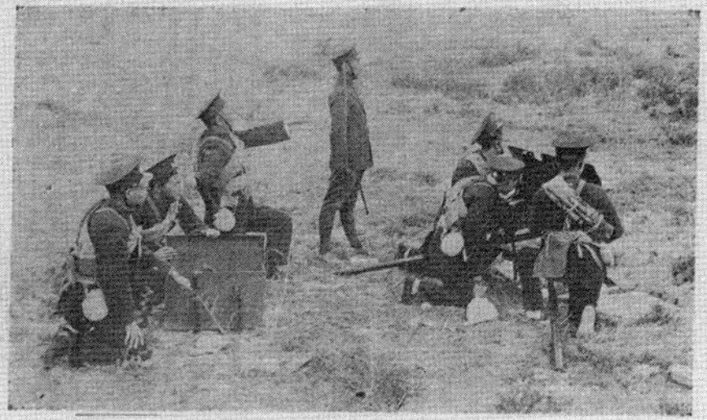

平射砲射擊

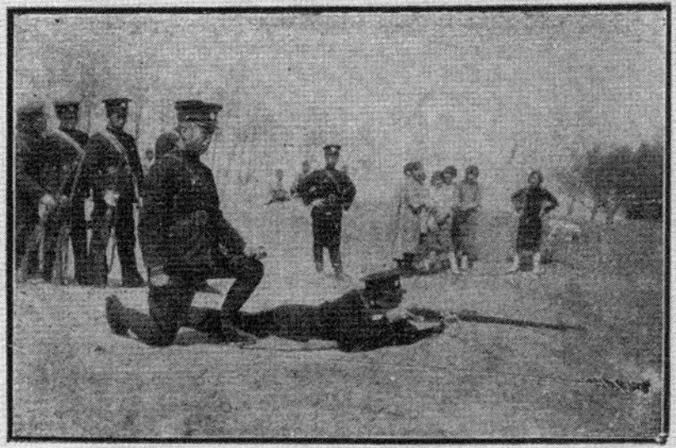

男生實彈打靶

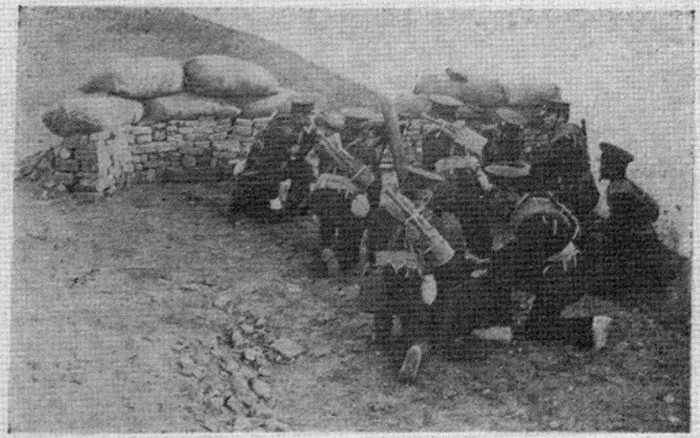

迫擊砲射擊

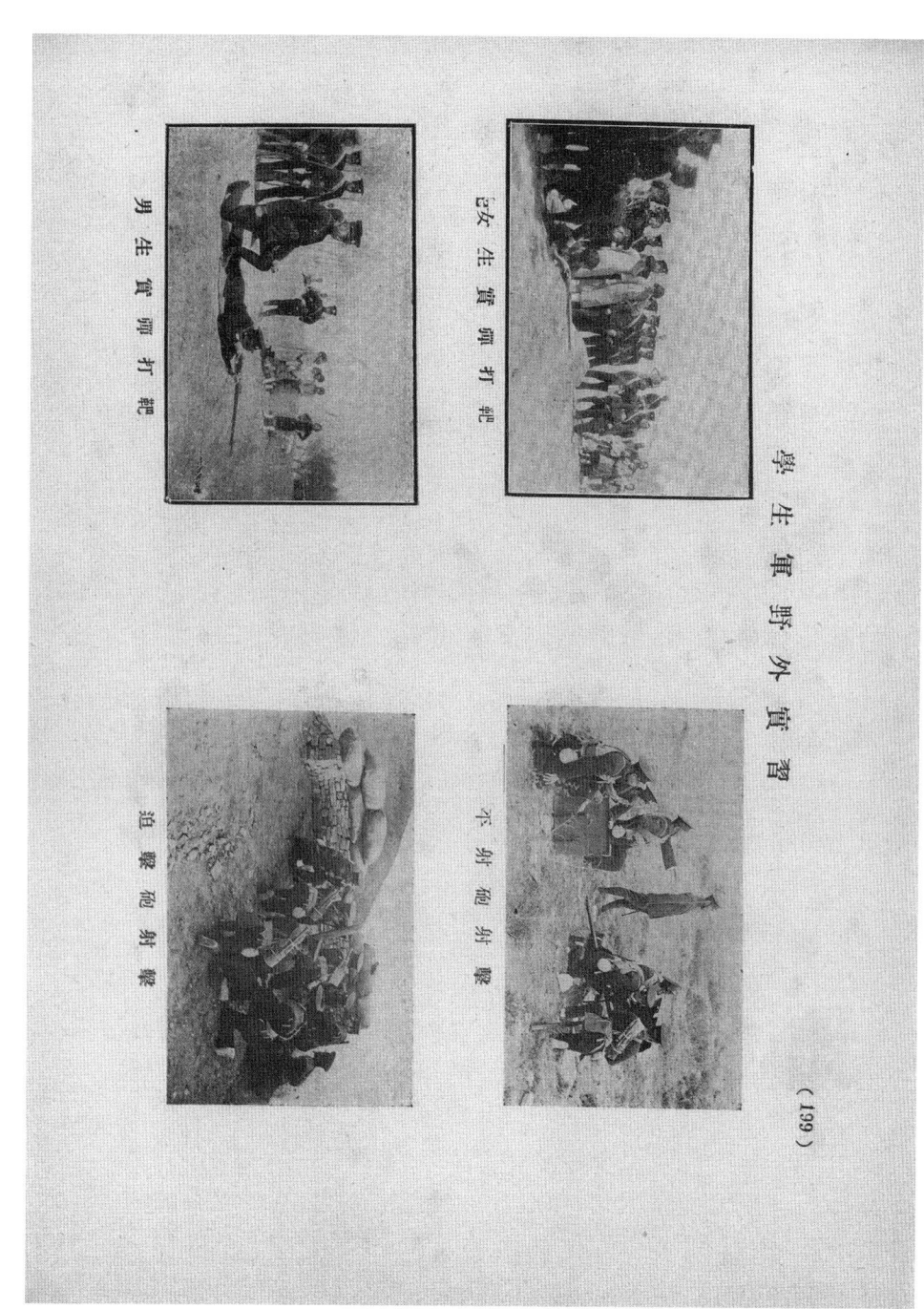

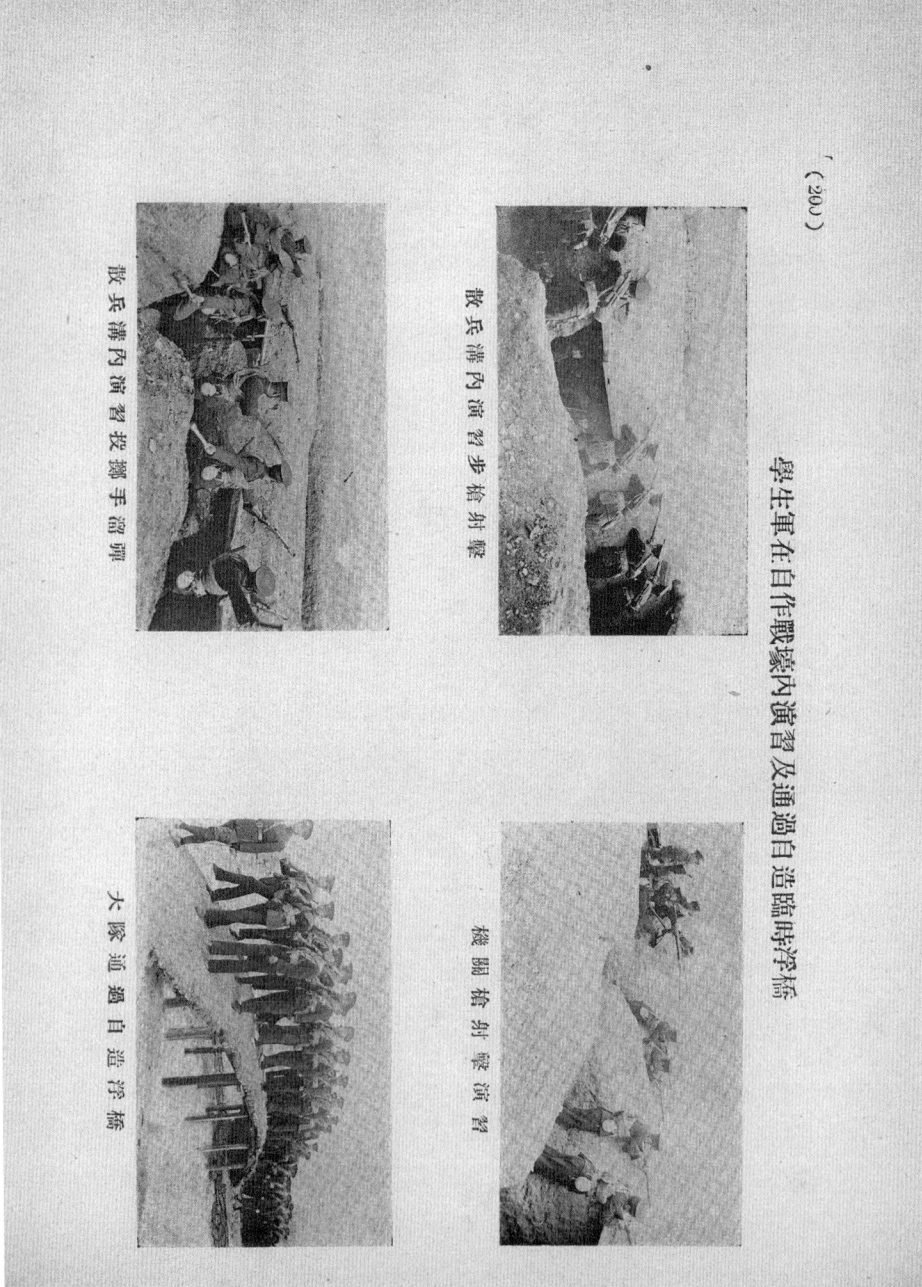

學生軍在自作戰壕內演習及通過自造臨時浮橋

散兵溝內演習步槍射擊

機關槍射擊演習

散兵溝內演習投擲手溜彈

大隊通過自造浮橋

學生軍工作之一部

外壕鹿角柴

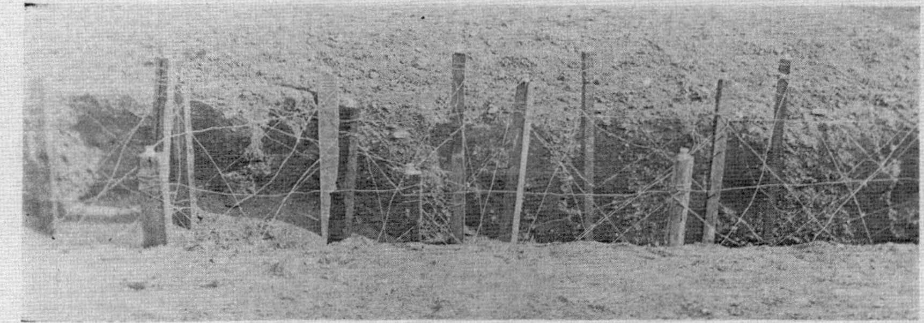

外壕電流鐵絲網

本校學生軍之過去及現在

白雄遠

本校自蔡先生到校以後，見同學中拱背灣腰，缺乏青年活潑之精神者甚多，乃極力提倡體育，謀根本救濟之策。民國八年五月，遂由雄遠建議，招考新生時，須先檢查體格，經本校採納，卽自是年暑假招生時實行。此舉影響於全國青年對於體格上之注意者甚鉅！十一年五月，奉直戰起，北京各界，深以治安爲慮，當時教會紅十字會及中等以上各校，多組織婦孺救濟會以防潰兵而維秩序，斯時北大之校產，亦陷於危險狀態中。蔡先生乃提倡組織保衛團，以警備本校，一時同學加入願充團員者多至三百餘人，由雄遠擔任總訓練。定每早六點爲訓練時間，全體團員精神振奮，興趣濃厚。不一旬而奉直戰停，北平安然無恙，本校保衛團之任務，至是亦告終了。當時全體團員，雖僅經短時間之訓練，但早已引起其尚武精神之勃發，深覺智育體育，應兼施並行，不可重此而輕彼，且强健之身體，尤爲各種事業成功之基礎；遂乘此機會，請於蔡先生，改保衛團爲學生軍。其實在同學未請求之先，蔡先生早具此意，可謂不謀而合矣。蔡先生遂委託雄遠全權進行，於是一方仍於每日清晨繼續訓練，一方籌備一切進行事宜，不一月而武裝齊全之學生軍遂告成立，隊員之精神甚壯。蔡先生乃於六月二十八日早六點，偕蔣百里黃膺白諸軍事學家，臨場檢閱，由蔡先生頒發軍旗。各隊員精神煥發，步法，槍法，異常整齊純熟。蔡先生與蔣黃諸先生，咸謂創辦伊始，有如此之進步，一月之間，儼若軍隊中一年之成績，實出意料之外，大爲激賞。秋後加入訓練者愈多，乃從新編制分三隊，爲第一期。以後定每年招一期，每星期授術科三小時，學科兩小時，復遴選姿勢正確口令洪亮之隊員，充任幹部，蔡先生請蔣黃二先生担任軍事學講師，並公布學生軍學術大綱，詳定各項規則，又聘軍官三員，爲本軍教練。至十三年六月，舉行大檢閱，蔣夢麟先生偕胡適之，李四光，丁燮林，諸先生及外賓多人，臨場檢閱，此時隊員已久經鍛練，嚴寒酷暑，未嘗少怠，不僅於制式戰鬥教練動作純熟，即嚴守紀律，忍苦耐勞之習慣，俱已養成，體格亦日見强健，儼若士兵之體魄，軍官之氣概，效果大著！當時諸先生對此，莫不極端讚揚。秋後復將章程詳爲删改，規定入軍前二年爲初級，訓練以制式及戰鬬基本動作爲主。第三年爲高級，訓練以教人之方，指揮之法，軍官之動作爲主，初級二年畢業，高級一年畢業。又聘教練一員，專授沙盤兵棋演習，每星期兩次；每年春秋野外演習兩次；並置備帳幕，背包，水壺，飯袋，軍刀，子彈帶等，軍器大備，隊員之興趣益濃。在本軍創辦之初，輿論即有謂北大提倡武化，斯時成績顯著，此論愈盛。至十六年夏，因故停止。溯此五年之中，受訓練之隊員，計達一千餘名，初級畢業者四期，高級畢業者三期，皆成績斐然。且多有三年之中，未嘗曠課一次者，志趣堅定，操行良好，深堪嘉許。蔡先生十四年六月間予雄遠書云：「學生軍若繼續推廣，不於未成熟之時期中露鋒芒，則一二十年後，必爲吾國救亡之靈藥，願久持之！」於此可見蔡先生對於學生軍之期望甚大。十七年蔡先生任大學院院長時，在全國教育代表大會中提出高中以上各大學應添加軍事訓練爲必修科，全場一致通過，誠以任重致遠之青年，非予以嚴格之軍事訓練，不足以鍛鍊身體，養成紀律化與堅忍耐勞之精神，而於讀書之補助，生產之發達，國勢之强盛，民族之獨立，更有莫大之關係焉。十八年春，本校復校成功，同時恢復學生軍，同學中願入軍受訓練者，凡三百餘人，遂編爲三隊，因制服做成時已近考期，祗由雄遠一度之檢閱訓話而已。秋後始按訓練總監部與教育部規定教育之方案，從事於根本上之嚴格訓練。本校三十一週年紀念，全軍擔任糾察，維持秩序，分班巡查，輪流警戒，時大雪紛飛，狂風怒吼，氣候酷寒，隊員於風雪凜冽之中，而身着極單薄之服裝，手持冰凉之鉄槍，輪班守衛大門及二門者，亘兩小時之久，精神抖擻，毫不稍露畏寒懼冷之狀；且該次紀念會，規模宏大，若各隊員不具有熱誠與犧牲之精神，到處維持，恐會塲秩序，實難井然。吾人可知此種顯著之效果，誠非偶然者，若無平日嚴格之訓練，不克臻此也。十八年冬，教務處佈告軍事訓練爲三四年級必修科，於是連同原有之隊員，至是已不下六百餘名，編爲四大隊，並將其中成績較優堪深造者，編爲幹部一隊，與從前學生軍高級之成度相似，且較爲嚴厲。在十九年春，本軍各隊，迭次在黃寺靶塲，實彈射擊，參觀駐平各軍及美國使館之海軍陸戰隊，並聯合女師大，輔大，中法等校，在德勝門外黃寺附近，作野外演習，皆選幹部之精幹者，任班排連長，成績頗佳。至秋後將訓練大綱及各項細則擬妥，由教務處公佈施行，凡軍訓成績不及格者不能畢業。二十年春，訓練側重於技術方面，除制式及戰鬥教練外，於刺槍拳術，及旗信號，通信法，手溜彈拋擲法等，進步甚速。五月初，聯合農業大學，輔仁大學，女子師範大學，合計一千二百餘名，分編爲東西兩軍，各編步兵一營，機關槍一連，迫擊砲平射砲各一排，到阜成門外三里河附近，作遭遇戰演習，當時各使館武官及陸大教官學員等數十員，暨市民前往參觀者不下千餘人。演習畢，各武官及陸大教官多有講評。語意甚爲讚仰。至五月底，蔣校長偕各系主任。到操場檢閱，一隊連教練，一隊刺槍，一隊手溜彈，見各隊員精神之煥發，動作之整齊，紀律之嚴肅，體力之强健，刺槍之勇銳活潑，手溜彈之投擲遠而準確，蔣校長及各系主任，僉以讀書之學生，竟能鍛鍊到如斯之成績，頗加激賞。蔣校長且謂：「在南方時。亦常參加檢閱軍隊，其正式軍隊之成績，尚有不及如此良好者。」秋後，九一八事件發生，三四年級隊員，每日天尚未明，即已集合操場；一二年級同學，自動請求着短便服受訓練，並加講沙盤戰術，如關於行軍之序列，攻擊防禦兵力之配備，各種戰壕之構築，凡操場不易實習，黑板不能表示之處，均用以表現之。本年春，教職員對日委員會提議，構築各種工事，以補助戰鬭，遂於三月經第十二次校務會議，提出議決通過，推舉軍事訓練部擔任實行。自是月二十日起，即添購工作器具，就本校操場東北隅暫購之空地，經始構築散兵壕，交通壕，內壕，外壕，機關槍掩體，迫擊砲掩體，掩蔽部，展望孔，蓋溝，横牆，鹿柴，電網，地雷，軍橋等。經一二三四年級各隊員二十餘日之努力，始克完成。當工作時期內，多值颶風，而各隊員之奮勇精神，毫不稍減，甚至手已磨泡而工作竟不少歇，直如敵人迫近。勢須急切構築不可之狀。是時，本校教職員，每日均有到工事場參觀構築者，咸稱工程浩大，隊員有耐勞之精神。至工事完成後，市立各校，及東北學院，廣東省立女子師範等校，並世界日報，導報，正開通訊社，記者，均先後來校參觀，睹及各種工事之規模，均多讚賞，新聞記者尤爲驚訝，謂以各部之工作，本屬軍隊中之作業，茲乃由學者亦克爲之，是誠符眞正軍事教育之本旨，談論中尤形欽羨。最近鑒於附屬步科新武器之需要，乃復製備木質輕機關槍十二挺，重機關槍四挺，平射砲兩門，迫擊砲四門，山砲一門及砲彈箱與砲彈槍彈等，其式樣尺寸，均與眞武器同。每日各隊分別操練，未及匝月，各種動作，均已嫻熟，查軍事教育，現已瀰漫全國，溯其起源，實以本校爲嚆矢。迄今已逾十載，軍訓精神，較昔尤形旺盛，實以同學深知軍訓之功用，不特能鍛鍊身體，即於各種工作效率之增加，亦均有關。茲値暴日肆意侵略之時，正吾青年振奮圖强之際，願本屆同學離校後，對於軍事教育，亦應有以努力而推廣之，倘全國青年，皆具有强壯之身體，良好之品質，必能充實國力，鞏固國防，以發揚我民族獨立之精神。況如暴日，屆時亦恐有所畏懾，或不敢日以繼月，月以繼年，毫無止境之凌虐，壓迫我也，願與同學共勉之。

中華民國廿一年五月二十日於北大軍事訓練部

本屆畢業未登像片同學姓名錄

姓名	別號	籍貫	系別	通信處
周世香	桂翰	河南溫縣	國文系	溫縣番田鎮轉雙流村
左浛蘭	浛蘭	江西永新	英文系	永新晋發號
陳啟昌	師文	江西永新	史學系	永新郵轉
丁錫魁	星垣	陝西綏德	教育系	綏德教育局
王汝森	茅原	山西汾陽	教育系	汾陽冀村興隆源轉唐興莊
王蘭生	畹九	河南許昌	教育系	許昌民權街四號
馬正謙	子清	河北靈壽	教育系	靈壽慈峪鎮
馬飛鵬	雲程	陝西米脂	教育系	米脂第一高小轉
馬濤之	惠農	河北定縣	政治系	平漢清風店裕成厚
萬　巽		吉林長春	政治系	黑龍江肇州豐樂鎮興發福
宋文魁	冠英	山西屯留	經濟系	屯留縣
宗敬珩	彥亭	河北沙河	經濟系	沙河北掌村
趙中傑	鴻圖	河北井陘	經濟系	河北平山內積玉興王道鎮先生轉
趙作霖	梅生	山西平順	經濟系	平順縣
劉文衡	平章	安徽阜陽	經濟系	阜陽教育局轉
劉家銘	造莫	安徽南陵	經濟系	南陵東門

本校全體同學與本屆畢業同學人數比較表

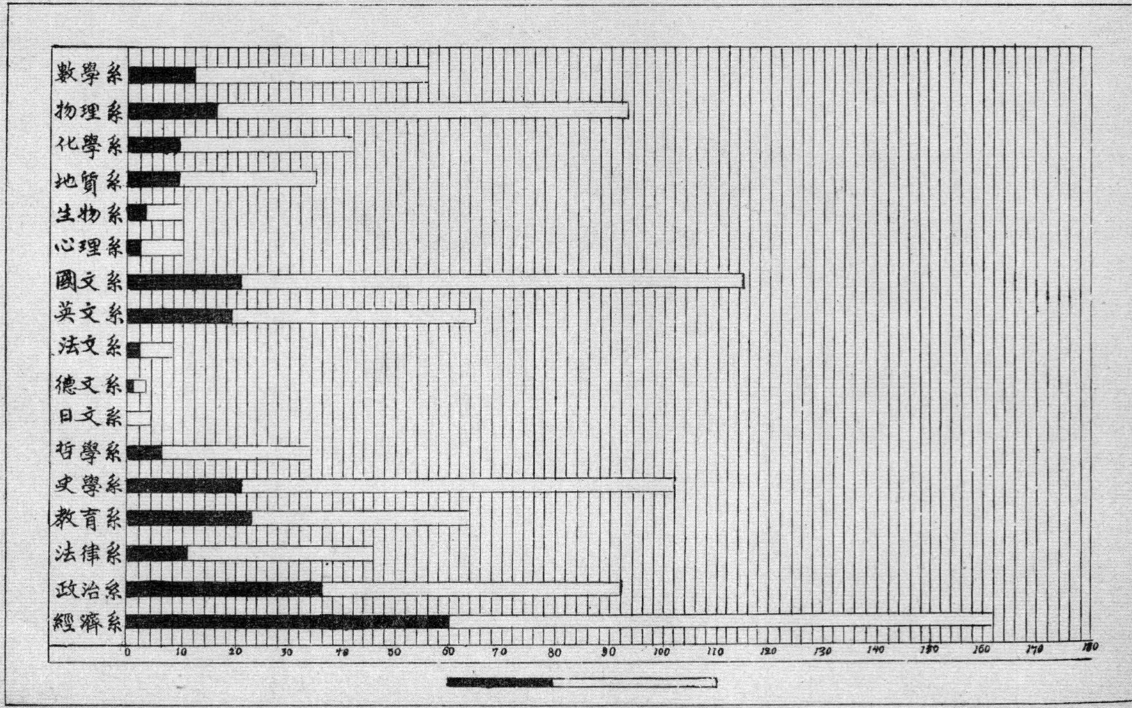

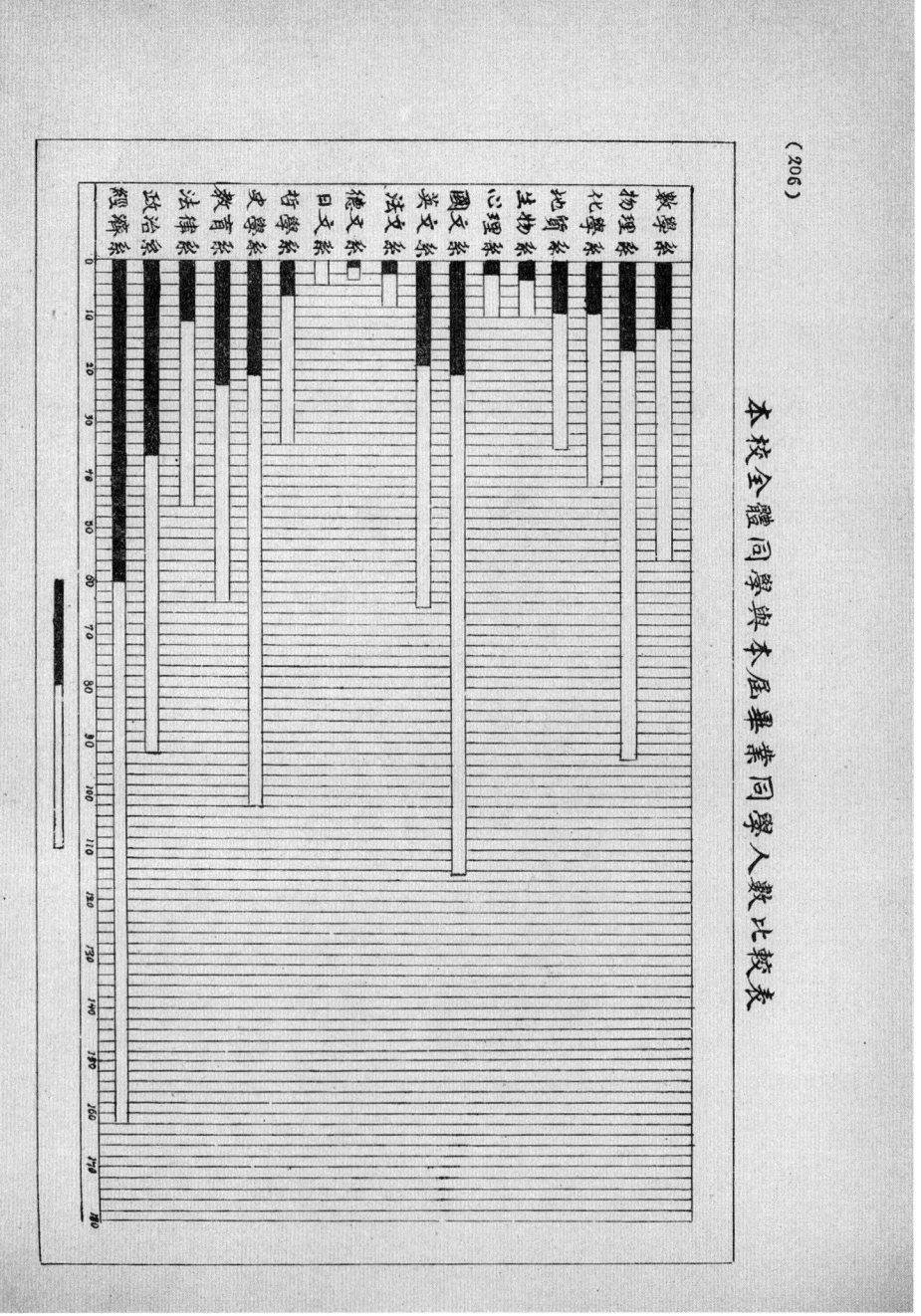

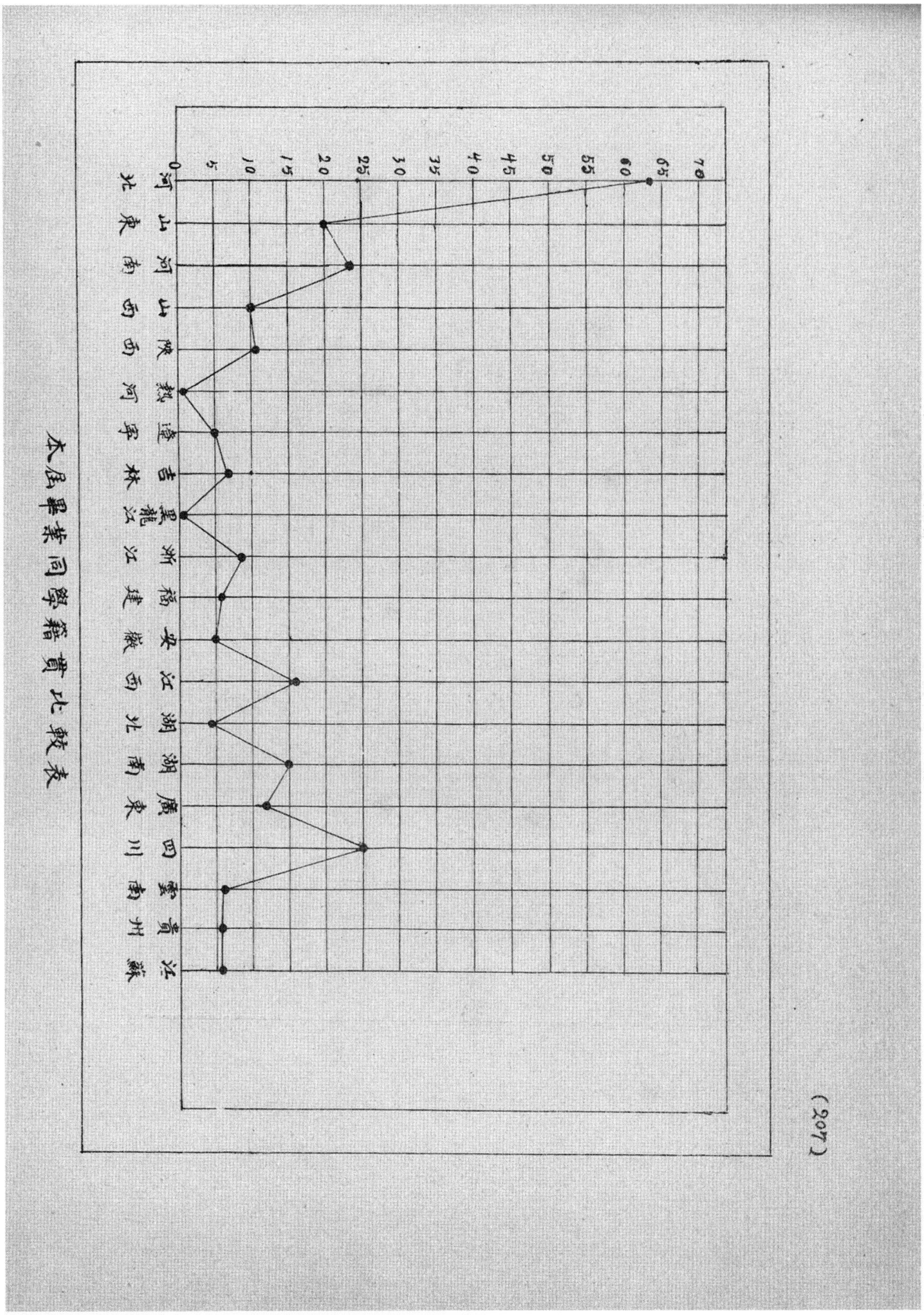
本屆畢業同學籍貫比較表
0 5 10 15 20 25 30 35 40 45 50 55 60 65 70
河北 山東 河南 山西 陝西 熱河 遼寧 吉林 黑龍江 浙江 福建 安徽 江西 湖北 湖南 廣東 四川 雲南 貴州 江蘇
(207)

各省本屆畢業人數與歷年畢業總數表

類別	人數＼省別	河北	山東	河南	山西	陝西	甘肅	熱河	察哈爾	綏遠	遼寧	吉林	黑龍江	江蘇	浙江	福建	安徽	江西	湖北	湖南	廣東	廣西	四川	雲南	貴州	新疆	蒙古	台灣	朝鮮	不明	總計
本屆畢業人數	理學院	八	二	五	四	二	〇	〇	〇	〇	二	一	〇	二	四	一	〇	四	一	五	三	〇	四	二	一	〇	〇	〇	〇	〇	五一
	文學院	二五	一一	一五	二	五	〇	〇	〇	〇	一	三	一	一	一	三	二	六	三	八	二	〇	二	一	一	〇	〇	〇	〇	〇	一九三
	法學院	三〇	七	四	四	四	〇	一	〇	〇	二	三	〇	三	三	二	三	六	〇	二	七	〇	一九	三	四	〇	〇	〇	〇	〇	一〇七
	共計	六三	二〇	二四	一〇	一一	〇	一	〇	〇	五	七	一	六	八	六	五	一六	四	一五	一二	〇	二五	六	六	〇	〇	〇	〇	〇	二五一
歷年畢業人數		一〇二四	三一五	三〇四	一八〇	九二	二四	九〇	五	八	三一八	四七	一八	四七一	五七一	一四一	二八九	二二〇	二四一	二五四	四八九	七五	三一二	四一	五八	一	一	三	一	四三	五五五四

本屆畢業同學年齡比較表

系別 人數 年歲	數學系	物理系	化學系	地質系	生物系	心理系	國文系	英文系	法文系	德文系	日文系	哲學系	史學系	教育系	法律系	政治系	經濟系	合計
21									1									1
22							1	1								1		3
23		1	1										1	1		1	2	7
24	2	4	2				2	1					2	1	1	3	3	21
25	4	3	4	3	2		4	3	1			3	2	5	1	7	8	50
26	4	3	1	2	1		4	5					6	1	3	5	11	46
27		2	1	2			4	2		1			3	5	2	7	19	48
28	1	2		2		2	2	2					3	4	2	6	11	37
29		1					2	5				2	4	3		5	4	26
30							2							2		1	2	7
31	1													1	2			4
32												1						1
平均	25.9	25.7	24.9	26.3	25.3	28.0	26.5	26.6	23.0	27.0	0	27.5	26.6	27.1	27.2	26.5	26.7	26.5

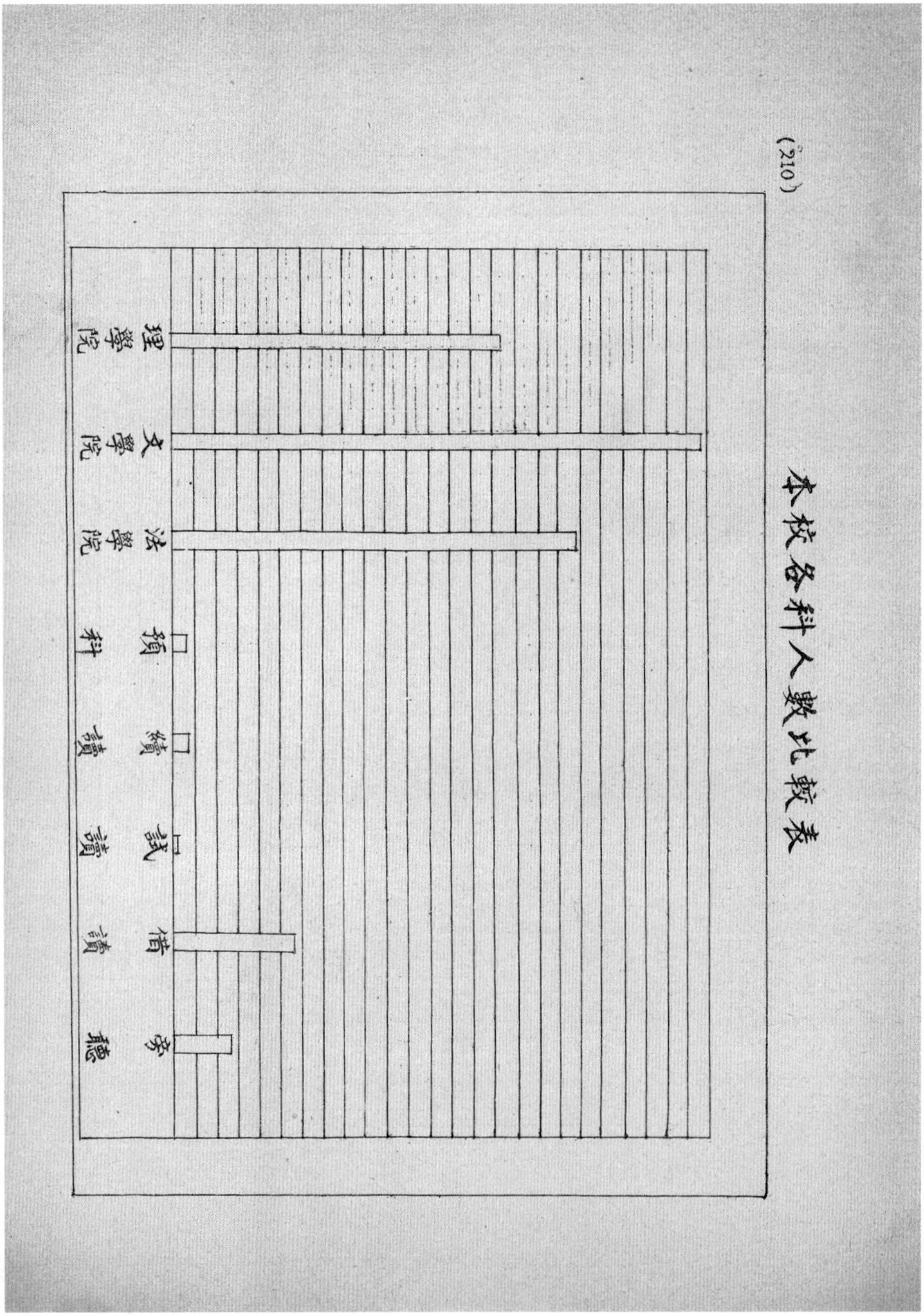
(210)
本校各科人數比較表
理學院
文學院
法學院
預科
續讀
試讀
借讀
旁聽

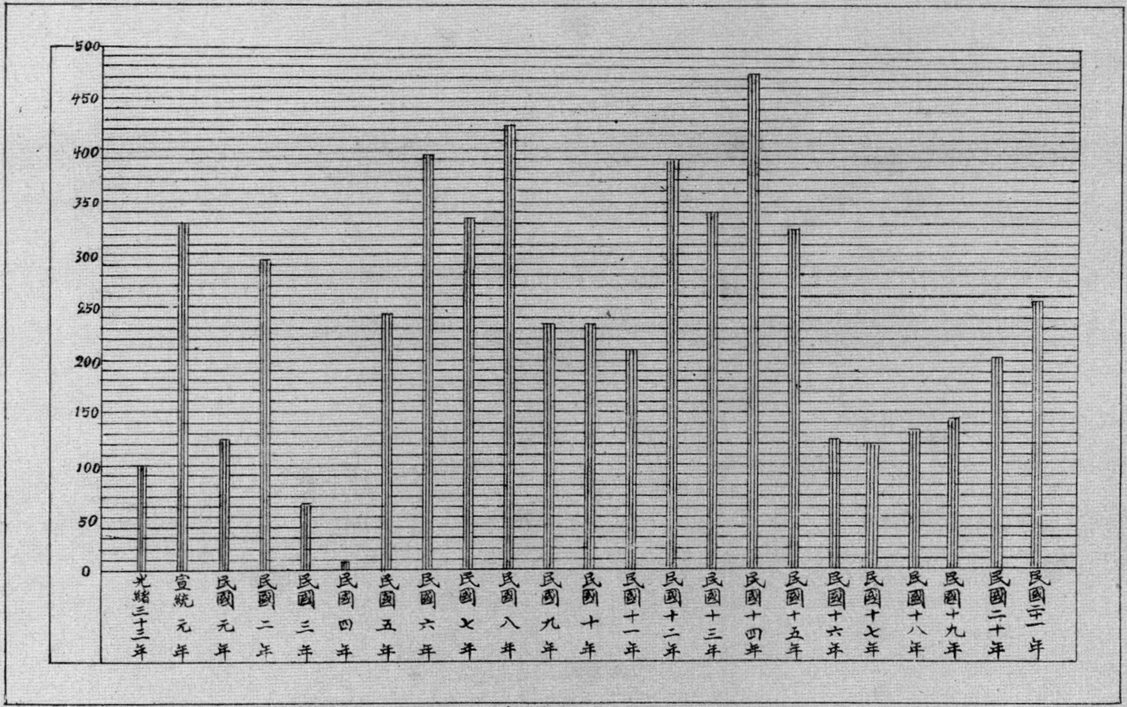

本校歷年畢業人數統計表（共已畢業5554人）

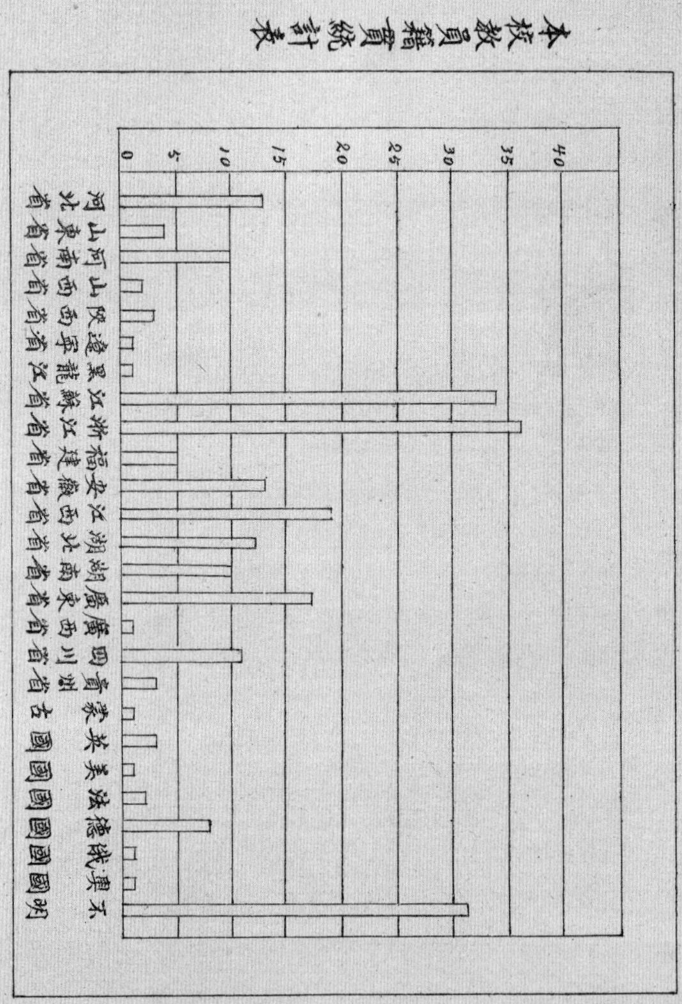
本校教員籍貫統計表
0
5
10
15
20
25
30
35
40
河北省
山東省
河南省
山西省
陝西省
遼寧省
黑龍江省
江蘇省
浙江省
福建省
安徽省
江西省
湖北省
湖南省
廣東省
廣西省
四川省
貴州省
蒙古
英國
美國
法國
德國
俄國
奧國
不明

本校主要職員及教員姓名錄

姓名	別號	籍貫	職務	在平通信處	備考
蔣夢麟	孟鄰	浙江餘姚	校長	西四前毛家灣五號	
王烈	霖之	浙江蕭山	秘書長兼地質系教授	東四箭廠胡同十二號	
何基鴻	海秋	河北藁城	教務長兼法律系教授	北長街前宅胡同七號	
胡適	適之	安徽績溪	文學院院長兼教育學系主任	米糧庫四號	
劉樹杞	楚青	湖北	理學院院長兼化學系教授	東城乾面胡同東石槽七號	
周炳琳	枚蓀		法學院院長兼經濟系教授	東城東總布胡同五號	
樊際昌	逵羽	浙江杭縣	註冊部主任兼心理系主任	大阮府胡同三十號	
毛準	子水	浙江江山	圖書館主任兼史學系教授	東城箭桿胡同十號	
楊鐸	警吾	浙江義烏	出版部主任兼地質系講師	西城背陰胡同二號	
白雄遠	錦濤	河北密雲	軍事訓練部主任	府右街婭婭房二號	
王槃春	耀東	黑龍江湫江	體育部主任	西城屯絹胡同棗林街八號	
沈肅文		浙江蕭山	事務部主任	西四前毛家灣五號	

姓名	別號	籍貫	職務	在平通信處	備考
馮祖荀	漢叔	浙江杭縣	數學系主任	小甜水井十號	
胡濬濟	沇東	浙江慈谿	數學系教授	小甜水井十號	
江澤涵		安徽旌德	數學系教授	景山東大街七號	
趙淞	雨秋	四川閬中	數學系副教授	西城北溝沿揀果廠二號	
趙冠	伯平	江西奉新	數學系講師	府右街北頭六號	
武崇林	孟羣	安徽鳳陽	數學系講師	宣內前王公廠十一號	
傅鍾孫	仲嘉	江西高安	數學系講師	西河沿一八四號	
靳宗岳	榮祿	貴州貴陽	數學系講師	東城水磨胡同三號	
楊武之		安徽合肥	數學系講師	清華大學	
孫鏞	光遠		數學系講師	清華大學	
孫榮	華庭	河北滄縣	數學系講師	崇內抽屜胡同一號	
王守競			物理系主任	東河沿廿三號	
吳鋭	叔侯	安徽桐城	物理系教授	亮果廠京兆公廨	

姓名	別號	籍貫	職務	在平通信處	備考
林曉	覺辰	浙江象山	物理系副教授	中老胡同七號	
龍際雲	搏宵	江西萬載	物理系副教授	大學夾道十一號	
孫佩瑚	稷臣	江蘇江都	物理系副教授	匯文學校	
文元模	範邨	貴州貴陽	物理系講師	和平門內松樹胡同二十二號	
王冠英	蘊三	河南鞏縣	物理系講師	西城興盛胡同二十三號	
吳有訓	正之	江西	物理系講師	清華大學	
周培源		江蘇宜興	物理系講師	清華大學	
黃子卿	碧帆	廣東梅縣	物理系講師	清華大學	
薩本棟		福建閩侯	物理系講師	清華大學或東單三條十五號	
彭開煦			物理系講師	東總布胡同四十七號	
曾昭倫	叔偉	湖南湘鄉	化學系主任	黃米胡同八號	
劉樹杞	楚青	湖北	化學系教授		在前
胡壯猷	愚若	江蘇無錫	化學系教授	西四南兵馬司小院胡同一號	

(216)

姓名	別號	籍貫	職務	在平通信處	備考
吳魯强		廣東	化學系教授	騎河樓西口三十九號	
吳屛	伯藩	湖北廣濟	化學系講師	府右街石板房二條五號	
周振禹	詩賡	江蘇鎮江	化學系講師	景山西小石作十號	
徐宗涑		河北天津	化學系講師	王府井迎賢公寓	
高崇熙	仲明		化學系講師	西四受壁胡同或清華大學	
張貽侗	小涵	安徽全椒	化學系講師	宣內溫家街甲一號	
劉遵憲					
李四光	仲揆	湖北	地質系主任	景山東大街八號	
丁文江	在君		地質系教授	東城芳嘉園三十五號	
王烈	霖之		地質系教授		在前
孫雲鑄	鐵仙	江蘇高郵	地質系教授	錢糧胡同三十三號	
葛利普 A.M. Grabau		美國	地質系教授	西城豆芽菜胡同四號	
翁文灝	詠霓		地質系名譽教授	六部口新平路一號	

姓名	別號	籍貫	職務	在平通信處	備考
王竹泉	雲卿	河北交河	地質系講師	地質調查所	
何作霖	雨民	河北蠡縣	地質系講師	地質調查所	
徐光熙		浙江平湖	地質系講師	西四兵馬司山門胡同七號	
楊鐸			地質系講師		在前
楊鍾健	克强	陝西華縣	地質系講師	石老娘胡同十五號	
許驤	元龍	上海	生物系主任	東交民巷六號三樓	已辭職
陳伯康	之召	浙江奉化	生物系教授	清華同學會	
雍克昌		四川	生物系教授	西城按院胡同十六號	
秉志		河南	生物系名譽教授	靜生生物調查所	
胡先驌	步曾	江西新建	生物系講師	靜生生物調查所	
張春霖	震東	河南開封	生物系講師	靜生生物調查所	
樊際昌			心理系主任		在前
汪敬熙	緝齋	山東濟南	心理系教授	大阮府胡同十六號	

（218）

姓名	別號	籍貫	職務	在平通信處	備考
林可勝		吾貫	心理系名譽教授	協和醫院	
朱希亮	習生	江西	心理系講師	中椅子胡同八號	
周先庚		安徽全椒	心理系講師	清華大學	
孫國華	嚴堂		心理系講師	清華大學	
葉麐	石蓀	四川古宋	心理系講師	清華大學	
馬裕藻	幼漁	浙江鄞縣	國文系主任國學研究所導師	西板橋甲二號	
劉復	半農	江蘇江陰	國文系教授國學研究所主任	大阮府胡同十六號	
林損	公鐸	浙江瑞安	國文系教授	宣外校場四條廿七號	
黃節	晦聞	廣東順德	國文系教授國學研究所導師	東城羊宜賓胡同四十一號	
許之衡	守白	廣東	國文系教授國學研究所導師	宣外上斜街五十五號	
鄭奠	介石	浙江諸暨	國文系教授	中老胡同七號	
俞平伯		浙江德清	國文系教授	東城老君堂七九號	
沈兼士		浙江吳興	國文系名譽教授國學研究所導師	東城什坊院十九號	

姓名	別號	籍貫	職務	在平通信處	備考
沈尹默		浙江吳興	國文系名譽教授	東城史家胡同三號	
錢玄同	疑古	浙江吳興	國文系名譽教授	孔德學校	
陳垣	援菴	廣東	國文系名譽教授國學研究所導師	西城豐盛胡同十八號	
剛和泰 Laron A. von Stael-Holstein.		奧國	國文系名譽教授	東交民巷奧國使館	
魏建功		江蘇如臯	國文系副教授	朝陽門大街八十三號	
汪怡	一厂	浙江杭州	國文系講師	前內法憲胡同四眼井四號	
余嘉錫	季豫	湖南常德	國文系講師	北長街會計司二十三號	
吳承仕	絸齋	安徽	國文系講師	宣內油房胡同二號	
范文瀾	仲雲	浙江紹興	國文系講師	後門慈慧殿南月芽胡同十一號	
馮文炳			國文系講師	後門外興化寺街十七號	
馮淑蘭	沅君	河南沘源	國文系講師	彰儀門大街師大研究院	
張煦	怡蓀	四川蓬安	國文系講師	中老胡同二號	
商承祚	錫永	四川萬縣	國文系講師	後門東板橋二道橋二號	

姓名	別號	籍貫	職務	在平通信處	備考
鄭天挺	毅生	福建長樂	國文系講師	西城豐盛胡同後泥窪八號	
鄭振鐸			國文系講師	海甸成府前街吉祥胡同六號	
劉文典	叔雅	安徽合肥	國文系講師	西城孟福祿館三號	
溫元寧		廣東陸豐	外國語文學系主任 英文組主任	南長街東河沿十五號	
貝德瑞 Benjmin Faithcrne Betteridge (Shanby Hotre)		英國	外國語系英文組教授	後門外定王府二號	
酈叔平		安徽合肥	外國語系英文組教授	齊內頭條華文學校宿舍四一一	
徐志摩			外國語系英文組教授		已故
余上沅		湖北江陵	外國語系英文組講師	陟山門大街六號	
王文顯	力山	江蘇崑山	英文組講師	清華北院五號	
吳可讀		英國	英文組講師	清華大學	
涂序瑄		南倉	英文組講師	東城南小街祿米倉二十七號	
楊宗翰	伯屏	江蘇鎮江	英文組講師	西城東養馬營四號	
葉崇智	公超	廣東番禺	英文組講師	北長街教育會夾道甲二號	

姓名	別號	籍貫	職務	在平通信處	備考
羅昌	文仲	廣東寶安	英文組講師	東四十一條何家口二號	
李仲嬰		山西徐溝	英文組講師	清華同學會	
梁宗岱		廣東新會	外語文學系法文組主任	後門慈慧殿三號	
賀之才			法文組教授		
邵可侶		法國	法文組教授	小石作七號	
丁肇青	雄東	河南鄧縣	法文組講師	東河沿二十一號	
朱家健	叔琦	江蘇吳縣	法文組講師	東河沿四十七號	
陳伯早			法文組講師	西皇城根二十二號	
鄭夫人 Autoinette Jeng		法國	法文組講師	內務部街十三號	
盛成	成中	江蘇儀徵	法文組講師	景山東街十一號	
楊震文	丙辰	河南南陽	外國文學系德文組主任	馬圈胡同九號	
洪濤生 Vincenz Hundhausen		德國	德文組教授	彰儀門外南炮子河二十七號	
石坦安		德國	德文組講師	清華大學	
艾克		德國	德文組講師	地安門內西煤廠十四號	

姓名	別號	籍貫	職務	在平通信處	備考
薩維廉 Sacklowy R. Millulin		德國	德文組講師	德國兵營一	
周作人	啟明	浙江紹興	外國文學系日文組主任國學研究所導師	新街口公布庫八道灣十一號	
徐祖正	耀辰	江蘇崑山	日文組教授	南小街祿米倉甲廿六號	
錢稻孫		浙江吳興	日文組講師	受壁胡同九號	
張頤	眞如	四川永寧	哲學系主任	西城豐盛胡同廿號	
胡適			哲學系教授		在前
馬叙倫	夷初	浙江杭縣	哲學系教授	和平門內松樹胡同西口甲三號	
黃方剛		江蘇川沙	哲學系教授	東城泡子河小羊毛胡同廿六號	
湯用彤	錫予	湖北黃梅	哲學系教授	南池子緞庫前巷三號	
徐炳昶	旭生	河南唐河	哲學系名譽教授國學研究所導師	西皇城根十二號	
周叔迦		安徽秋浦	哲學系講師	和平門中街卅九號	
嵇文甫	文甫	河南汲縣	哲學系講師	報房胡同官房大院卅四號	
許贊堃	地山	福建龍溪	哲學系講師	陟山門六號	

姓名	別號	籍貫	職務	在平通信處	備考
張心沛	犀海	廣西桂林	哲學系講師	西城西斜街宏廟三號	
張松年	申府	獻縣	哲學系講師	清華南院九號	
賀麟	自昭	西堂	哲學系講師	中老胡同廿八號	
程衡	斯予	堯山	哲學系講師	北池子六十三號	
陳受頤		廣東番禺	史學系主任	後門外炒豆胡同二號	
馬衡	叔平	浙江鄞縣	史學系教授國學研究所導師	小雅寶胡同四十八號	
孟森	心史	江蘇武進	史學系教授	馬圈胡同三號	
毛準			史學系教授		在前
傅斯年	孟眞	山東聊城	史學系名譽教授	米粮庫一號	
趙萬里	斐雲	浙江海寧	史學系副教授	東華門宗人府西夾道	
錢穆	賓四	江蘇無錫	史學系副教授	北河沿二道橋二號	
白眉初			史學系講師	西城回回營三號	
李宗武	季谷	浙江紹興	史學系講師	中老胡同七號	

(224)

姓名	別號	籍貫	職務	在平通信處	備考
吳燕紹	寄荃	江蘇吳江	史學系講師	景內蘇州胡同井九號	
倫明		廣東東莞	史學系講師	宣外東斜街東莞會館	
梁思成		廣東新會	史學系講師	東城趙堂子胡同五號	
張星烺	亮塵	江蘇泗陽	史學系講師	後門外方磚廠廿二號	
陸懋德	用儀	山東歷城	史學系講師	闢才胡同貴人關十五號	
蔣廷黻		湖南	史學系講師	清華大學北院十六號	
顧頡剛		江蘇吳縣	史學系講師	燕京大學	
胡適			教育系主任		在前
吳俊升		江蘇如臯	教育系教授	齊內後拐棒胡同五十一號	
楊廉	四穆	四川安岳	教育系教授	齊內後拐棒同同五十一號	
楊亮功		安徽巢縣	教育系教授	歐美同學會	
蕭恩成		江西永新	教育系教授外國語組主任	東城大雅寶胡同五十五號	
戴夏	夷乘	浙江永嘉	教育系教授	北池子五十四號	

姓名	別號	籍貫	職務	在平通信處	備考
王卓然	迴波	遼寧撫順	教育系講師	西四南千章胡同甲四號	
袁敦禮			教育系講師	東城大取燈胡同三號	
劉廷芳		浙江永嘉	教育系講師	海甸燕大南園五十一號	
劉吳卓生		浙江永嘉	教育系講師	海甸燕大南園五十一號	
戴修瓚	君亮	湖南常德	法律系主任	宣內太平湖槐抱椿樹巷四號	
何基鴻			法律系教授		在前
燕樹棠	召亭	河北定縣	法律系教授	後門內碾兒胡同十八號	
趙任	子遠	浙江紹興	法律系教授	歐美同學會	
劉志敭	抱愿	江蘇武進	法律系教授	西城錦什坊街扁担胡同四號	
于光熙	梅僧	山東蓬萊	法律系講師	東城馬市大街四十號	
王覲			法律系講師	西四北前車兒胡同廿號	
王家駒	維白	江蘇丹徒	法律系講師	西城邱祖胡同廿五號	
石志泉	友儒	湖北孝感	法律系講師	西長安街大柵欄廿七號	

(226)

姓名	別號	籍貫	職務	在平通信處	備考
李浦	靜波	河北磁縣	法律系講師	東皇城根三號	
李懷亮	特成	湖南湘鄉	法律系講師	錦什坊街巡捕廳三十二號	
李祖蔭	麋壽	湖南祁陽	法律系講師	西郊成府喜羊胡同（燕大）	
余棨昌	戟門	浙江紹興	法律系講師	西四前毛家灣三號	
程樹德	郁庭	福建閩侯	法律系講師	東太平街六號	
陳瑾昆	克生	湖南常德	法律系講師	東四演樂胡同二號	
劉兆霖	予生	浙江金華	法律系講師	西城廣寧伯街廿八號	
邱昌渭	毅吾	湖南沅州	政治系主任	南小街方巾巷四十七號	
許德珩	楚生	江西九江	政治系教授	東城遂安伯胡同十四號	
陶希聖		湖北黃岡	政治系教授	西城學院胡同一號	
張忠紱	子纓	湖北武昌	政治系教授	東城新鮮胡同卅九號	
陳啟修	惺儂	四川中江	政治系教授	前局後院一號	
陶履恭	孟和	河北天津	政治系名譽教授	北新橋小三條十五號	

姓名	別號	籍貫	職務	在平通信處	備考
王化成		江蘇丹從	政治系講師	西城邱祖胡同二十五號	
宋介	唯民		政治系講師	宣內前牛肉灣十九號	
徐輔德	佐良	江蘇崑山	政治系講師	後門內太平街十六號	
蒲薛鳳	逖生	江蘇常熟	政治系講師	清華大學	
張奚若		陝西朝邑	政治系講師	朝陽門大街卅八號	
張映南			政治系講師		
錢端升		上海	政治系講師	府右街餑餑房八號	
趙迺摶	廉澄	浙江杭縣	經濟系主任	西四兵馬司小院胡同一號	
周炳琳			經濟系教授		在前
周作仁	濯生	江蘇淮安	經濟系教授	黃化門內錐把胡同四號	
何永佶	允及	廣東	經濟系教授	清華同學會	
秦瓚	縝略	河南固始	經濟系教授	宣外教場三條四十六與	
李光忠	孝侗	貴州貴陽	經濟系講師	西城東斜街昌堂門二號	

姓名	別號	籍貫	職務	在平通信處	備考
余肇池	舞池	湖北雲夢	經濟系講師	西四武王侯胡同五十一號	
胡立猷	毅若	江蘇無錫	經濟系講師	西城壽逾百胡同六號	
楊西孟		四川江津	經濟系講師	社會調查所	
董時進		四川墊江	經濟系講師	石駙馬大街四十二號	
鍾相青			經濟系講師	花園大院六號	
章廷謙	川島	浙江紹興	國語組講師	東不壓橋東胡同十七號	
陳君哲		浙江	國語組講師	黄化門司禮監一號	
繆金源		江蘇東台	國語組講師	班大人胡同六號	
洪濤生			外國語組教授		在前
黄國聰	少榆	廣東中山	外國語組副教授	東單新開路小土地廟六號	
潘家洵	介泉	江蘇吳縣	外國語組副教授	安定門內大街廿六號	
鍾作猷		四川雙流	外國語組講師	騎河樓十一號	
田伯列 H.J.Timperley		英國	外國語組講師	東城椿樹胡同卅二號	

姓名	別號	籍貫	職務	在平通信處	備考
安瀾			外國語組講師	西石槽二號	
王逸之		安徽涇縣	外國語組講師	東單中椅子胡同十二號	
林東海夫人			外國語組講師	燕京大學	
格衛西			外國語組講師	東交民巷六國飯店	
胡道維	叔方	湖北枝江	外國語組講師	東城抽屜胡同廿六號	
孫瑞麟	公生	江蘇崇明	外國語組講師	箭廠胡同十二號	
程璟	仰秋	江西南昌	外國語組講師	和平門內三共醫院	
顧亮忱			外國語組講師		
王晨	侈仁	北平	外國語組講師	光明殿小菜園五號	
黄偉惠		廣東中山	外國語組講師	東單新開路小土地廟六號	
葛其婉 Dr. Phil. Margot Gnzywalz		德國	外國語組講師	清華三院	
狄博		德國	外國語組講師	東城西石槽二號	
司拋司		俄國	外國語組講師	外交部街四十四號	

（230）

姓名	別號	籍貫	職物	在平通信處	備考
張煜全	昶雲	廣東南海	外國語組講師	八大人胡同廿六號	
張友耀	仲直	湖北鄂城	外國語組講師	西城西斜街三號	
傅仲濤			外國語組講師	海甸成府胡同三號	
劉伯倫		湖南湘陰	外國語組講師	護國寺棉花胡同十七號	
吳徵猷		湖南桃源	外國語期講師	石駙馬大街參政胡同六號	
陳懷珍	聘之	河南濟源	外國語組講師	馬圈胡同二十一號	
楊仲子			音樂學會導師	東堂子胡同五十五號	
趙麗蓮		廣東	音樂學會導師	宣外教場小六條八十一號	
何經海		江蘇太倉	音樂學會導師	宣外求志巷太倉會館	
劉天華		江蘇江陰	音樂學會導師	王府井大阮府胡同廿七號	
張鵬翹	友鶴	陝西朝邑	音樂學會導師	前孫公園東口朝邑會館	
胡佩衡	冷庵	河北涿縣	造型美術研究會導師	西四後毛家灣廿七號	
衛天霖	雨三	山西汾陽	造型美術研究會導師	弓弦胡同十四號	

姓名	別號	籍貫	職務	在平通信處	備考
吳肇麟	郁周	江蘇吳縣	攝影學會導師	東單靈境八寶坑四號	
崔祥麟	雲趾	北平	圍棋研究會導師	舊鼓樓大街趙府街甲四十六號	
壽春	延年	河北大興	研究所滿文導師	東城南水關二聖廟衣袍胡同三號	
黃文弼	仲良	湖北漢川	研究所副教授	北海團城	
朱希祖	逷先	浙江海鹽	研究所導師	德勝門內草場大坑廿一號	
鮑汴	仲嚴	蒙古	研究所蒙文導師	銀定橋東河沿廿六號	
鄭河先		福建閩侯	校醫	東城大方家胡同卅號	
克禮	包耳	德國	校醫	東交民巷一號五樓	
狄博耳		德國	名譽校醫	德國醫院	

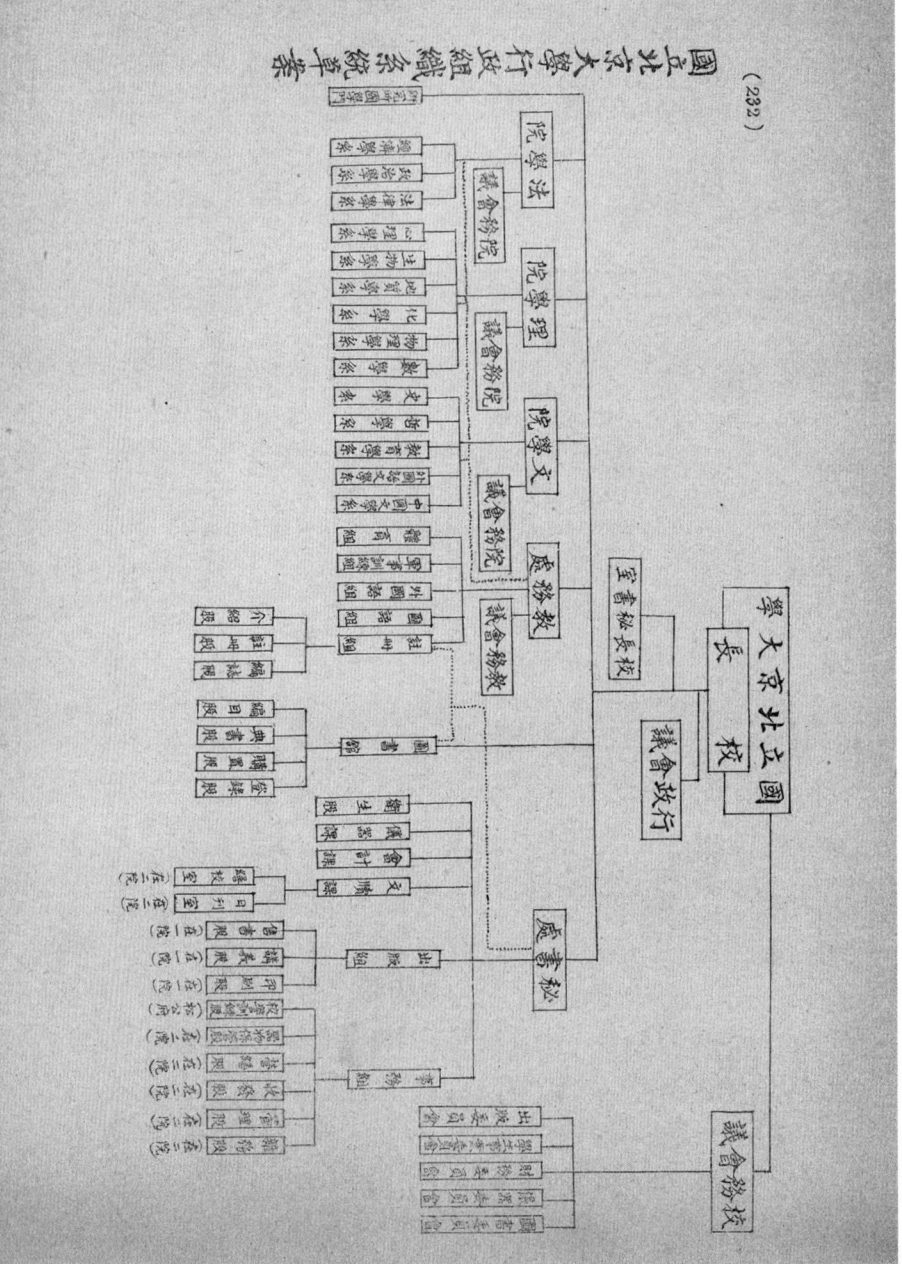

（232）

國立北京大學行政組織系統草案

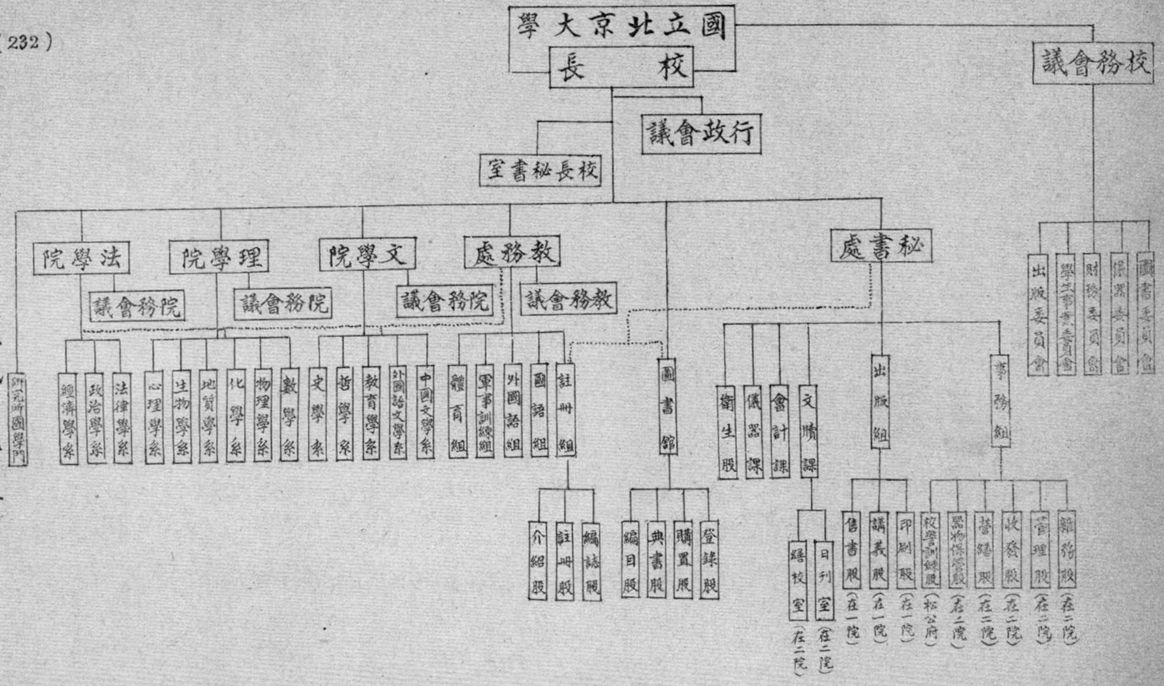
國立北京大學
校長
校務會議
出版委員會
學生事業委員會
財務委員會
儀器委員會
圖書委員會
行政會議
校長秘書室
研究所國學門
法學院
院務會議
經濟學系
政治學系
法律學系
理學院
院務會議
心理學系
生物學系
地質學系
化學系
物理學系
數學系
文學院
院務會議
史學系
哲學系
教育學系
外國語文學系
中國文學系
教務處
教務會議
體育組
軍事訓練組
外國語組
國語組
註冊組
介紹股
註冊股
編誌股
圖書館
編目股
典書股
購置股
登錄股
秘書處
衛生股
儀器課
會計課
文牘課
繕校室（在二院）
日刊室（在二院）
出版組
售書股（在一院）
講義股（在一院）
印刷股（在一院）
事務組
校警訓練股（松公府）
器物保管股（在二院）
營繕股（在二院）
收發股（在二院）
管理股（在二院）
雜務股（在二院）

本科略史

本校原名京師大學堂，創辦于前清光緒二十四年，自成立至今計三十四載。茲略述其歷史於下。

甲午中日之役，吾國戰敗，士夫恫於國恥，漸知重新學新政。光緒二十二年，康有爲首以公車上書請變法興學，梁起超又爲侍郎李瑞棻草疏請立大學於京師，御史王鵬運亦疏請興學。于是是年五月得旨允行。但因樞臣之陰厄，遂遷延，凡三稔而未果。後清廷銳意變法，迭加督促，始于二十四年五月由軍機處及總理衙門擬具章程八十餘條，呈覽開辦。乃命孫家鼐爲管學大臣，京師大學堂遂由茲成立。以景山下馬神廟四公主府爲大學基址，即今之第二院也。當時僅將原設官書局及新設譯書局併入，置仕學院，令舉人進士出身之各京曹入院學習。二十六年義和團肇變，繼孫爲管學大臣之許景澄，因極諫清廷勿忘信該團而遭冤殺，遂致生徒紛散，校舍封閉，藏書盡失，本校因此停辦凡二年，至二十七年十二月辦學之議復興，張百熙被任爲管學大臣，本校遂復活。但進行方法，與前不同；先設高等學堂爲開辦分科大學之預備。一，當時擬設之分科大學有八：即經學科，法學科，文學科，醫學科，格致學，農科，工科，商科是也。二，並設速成科，分仕學，師範兩館。外交部之同文館亦歸併本校，後改爲繙譯科。京外各學堂亦皆直隸本校。二十九年本校更增立三館：（一）進士館，令新進士皆入館肄業。(二)譯學館，將原繙譯科併入，其地址即今第三院也。（三）醫學實業館，教授中西醫學。是年張之洞等奉清廷之命，改訂學堂章程並頒行管理通則，於是管學大臣改爲學務大臣，統轄全國學務，至本校事宜則另設大學總監督專管之。三十年仕學館併入進士館。後該館學生或畢業或被資送出洋留學，遂於三十二年停辦。將原有堂舍改設法政學堂，即今之平大法學院是也。三十一年醫學實業館改稱爲醫學館，與施醫局合併，即今之平大醫學院也。是年開辦預備科。三十二年本校爲師範生實地練習起見，開辦附屬高等小學堂一所。三十三年三十四年師範生先後畢業。師範科及此小學校委任經科，法科，文科，醫科，格致科，(民國成立後改稱理科)農科，工科，商科，八科大學監員，爲開辦各該大學之籌備。又改預備科爲京師高等學堂。次年二月舉行分科大學開學禮式，其中僅醫科大學未能開辦。民國成立，本校改稱北京大學，後又冠以「國立」二字，遂有今稱。至學科方面，除經科歸併文科暫設經學一門外，其他各科大學及預科(即高等學堂之改稱)仍照舊辦理。民國三年農科大學改爲農業專門學校，遂離本校獨立。五年十二月任命前校長蔡元培先生爲校長。六年教育部改訂學制，大學預科二年畢業。分科四年畢業，本校各科課程，均從新改訂。廢預科學長，文理法工各預科事宜改歸各科學長辦理。文科增設史學門，理科增設地質學門。是年大學評議會成立，大學日刊出版。七年各科各門研究所均成立，月增學費四千五百元。又於研究所附設編譯處，月增經費二千元。英文法文德文國文哲學數學物理化學法律政治經濟商業各教授會次第成立。先是民國五年借比國儀品公司二十萬元建築預科寄宿舍，是年秋落成，以不合宿舍之用，改爲文法科教室，即今之第一院也。八年採用選科制，廢去文科法科理科之名目，改用分系法；置全校教務處，由各教授會主任推舉教務長一人掌之。五月四日北京學生爲山東問題，發生「五四」運動，本校學生被捕者十餘人。蔡校長因政府對學生無適當之處置，並將危及大學，不得已於同月九日離校出京。於是評議會與教授會特開聯席會議，組織委員會，維持大學。是時政府對山東問題迄無拒簽之表示，民氣沸騰。全國洶洶。六月三日，本校第三院被軍警圍佔，幽囚各校講演學生千餘人者三日。七月蔡校長以政府再三挽留電促及社會屬望之殷，爲允回校，並先派蔣夢麟博士爲代表到校執行校長職務，辦理招生事宜。九月蔡校長回校，改定評議員選舉法，不分科亦不分系，但綜合全校教授，互選五分之一。十一月第三屆評議會成立，爲協助校長調查策畫大學內部組織事務起見，議決設立一組織委員會。十二月新定試行章程產出，事務部份機關之總務處及各行政委員會均成立，委蔣夢麟教授爲總務長。九年夏本校始收女生。八月，本校授予班樂衛，儒班兩氏名譽博士學位，在第二院舉行授與典禮。九月，部成立。預科俄文班畢業，本科增設俄文學系。十月蔡校長爲籌畫里昂大學事赴法，呈部請委蔣夢麟教授爲代理校長。十年三月因政府積欠京師教育經費過多，國立八校教職員罷課請願，本校因而停頓。至秋後經費問題解決，始恢復原狀。蔡校長亦於此時歸國，九月底到校。十月預科委員會成立。自上年冬議決改組研究所，歸併爲四門，至是國學門成立。十一年三月設立學生事業委員會。秋後開學，本校附設音樂傳習所成立。十一月設立體育部。十二月評議會議決各系各組及教務會議之組織大綱，設立財務部及財務委員會，而預算審計兩委員即行取消。本年一月蔡校長以教育當局干涉司法獨立，痛心於政治清明之無望，憤而辭職。本校自蔡校長任事以來，組織日臻完善，各教授亦均熱心於擁護教育，故本校無校長而得維持不墜者半載。旋經政府及本校教職員及學生迭次挽勸，蔡校長允不辭職，惟仍請假遊歐，校務由評議會援照前例推舉總務長蔣夢麟教授代理校長職務。十月本屆評議會議決裁撤財務部，仍照舊制設會計課辦理出納事宜。十三，十四，兩年校內組織毫無變更，惟因經費困難教職員欠薪太多，雖於功課未受影響，然精神上實稍欠緊湊，十五年代理校長蔣夢麟，去職南下，由評議會公推余文燦爲代理校長，十六年四月教務長徐炳昶代表本校赴新疆考察古物，五月改選陳大齊爲教務長。十月教育部合併國立九校，稱爲國立京師大學，將原有之第一院稱爲京大文科；第二院稱爲京大理科；第三院與原有之法政大學合併；稱爲京大法科第二院。其校長一職，以教育總長兼之。委胡仁源爲文科學長；秦汾爲理科學長；林修竹爲法科學長，十七年二月，又易江瀚爲文科學長。校內一切組織，大異從前；一年來學校之受摧殘，學生之受壓迫，幾不可以言喻。六月初，黨軍入京，奉系鼠竄，而我久負最高學府盛名之北京大學，亦同時恢復。學生方面，設復校運動委員會，推舊教務長陳大齊及教職員臨時接收，並設臨時保管會，保管校中一切圖書及儀器。秋後，本校又改隸北平大學，李石曾爲校長，原意文理二學院並立，法科合併於法學院，經同學武力護校，未被接收，停課半載，犧牲頗鉅，遷延至十八年春，卒獲名亡實存，北大學院乃得獨立，仍隸屬於北平大學，陳大齊爲院長。十八年夏，本校師生，以大學組織法有三院即可稱大學之原則，遂派代表赴京進行復大，卒達目的。蔡先生仍爲校長，因在京不克到校，又派陳大齊爲代理校長，維持年餘。十九年冬，蔡先生陳大齊相繼辭職，以蔣夢麟先生繼任。十二月校長到校視事，竭力整頓，舊教授返校者頗不乏人，舊日規模，恢復大半，並購松公府爲本校圖書館及國學門研究所。二十年暑期中，即行遷入。同時，中華教育文化基金委員會，亦每年補助二十萬元，補助本校聘請研究教授，以圖發展。二十年秋，蔣校長根據大學組織法，採校長治校，教授治學，職員治事三大原則，將校權集中，評議會取消，設院長三人，以分理校事，聘劉樹杞爲理學院院長，周炳琳爲法學院院長，文學院院長由校長自兼。本年春，又改聘胡適之爲文學院院長。近數年來，政局不定，校款支絀，未能盡量發展，僅求恢復舊觀，蔣校長重長北大，本抱有整頓決心，無奈國難叢生，經費不繼，現狀之維持亦云幸矣。

附本校名稱沿革表

年度	名稱	主持者		備考
1898－1911（即光緒二十四年至民國紀元前一年）	京師大學堂	管學大臣	孫家鼐	1. 1900年（即光緒二十六年）義和團事變，管學大臣許景澄因極諫清廷勿信該團被殺，本校因此停辦二年。 2. 自1904年（即光緒三十年）始復成獨立機關
			許景澄	
			張百熙	
		京師大學堂總監督	張亨嘉	
			曹廣權	
			李家駒	
			朱益藩	
			劉廷琛	
			柯劭忞	
			勞乃宣	
			劉經繹	

年度	名稱	主持者		備考
1912—1927（即民國元年至民國十六年）	國立北京大學	校長	嚴復 馬良 何燏時 胡仁源 蔡元培	蔡先生於民國五年來校，中間曾由蔣夢麟代理兩次，余文燦陳大齊各代理一次
1927—1928（民國十六年至民國十七年）	國立京師大學校文科理科法科	文科學長 理科學長 法科學長	胡仁源 江瀚 秦汾 林修竹	第三院歸併法政大學稱京大法科
1928—1929（即民國十七年至民國十八年）	國立北平大學北大學院	院長	陳大齊	
1929——（即民國十八年）——	國立北京大學	校長	蔡元培 蔣夢麟	1.代理校長陳大齊 2.蔣校長於十九年十二月到校

編後

姚廷芳

在許多出版品中，差不多都要有一個編後的話，我們編了同學錄，也要照例的來幾段。

一，關於編輯方面，大部分是孫君丕顯負責任，我個人至多盡了百分之一的責任，所以編輯的好壞，不管同學們滿意不滿意，都應該原諒一個人的力量有限，原諒這是一件勞苦而不功高的事件。

一，在剛剛編輯之先，我們本來有一個預定的計劃，就是內容務求豐富，印刷務求精良，排列務求整齊，編輯務求完善，現在看起來，可以說相差極遠，最顯明的，各系名稱的題字和贈言，原來都決定由各系主任親題，由各班代表負責，但是結果交來的極少，我們不得不改由他人代題，贈言只好付之缺如了。

一，關於排列方面，以系別為標準，其先後次序，是按往年的慣例，為什麼？我們却不知道。在教員方面的像片，有幾位先生交來的銅版大小不同，我們為整齊雅觀起見，祇好排在後面，不按系別來排列，這是很抱歉的。有兩位同學，因為交到的遲，和照像館的遺漏，也只好列在後面，不按姓氏筆畫來排列，我們是同樣的抱歉。

一，有幾個題字，預定是蔣校長題的，但蔣校長事務特別的忙，在平時間極少，找了幾次，毫無結果，現在因為一切都印好了，蔣校長的題字和贈言，仍然沒有交來，也祇好不要了，這是我們所認為遺憾的。

一，今年的同學錄，內容的充實，排列的整齊，分類的清楚，雖然說沒有達到我們預定的計劃，但同往年比較，尚可强差人意。此外孫君又作七個統計表，更為本同學錄增光不少。不過過去畢業同學數目的統計：有點不確實，因為在光緒三十三年以前的數目，現在沒有存根，所以只好自光緒三十三年起。

本同學錄的題字，蒙諸位先生的熱誠贊助，編輯同人謹表十二分的謝意。

一九三二，七，二二。

本刊籌備會全體委員

國立北京大學一九三三年畢業同學録（一九三三）

本册封面題爲「國立北京大學一九三三年畢業同學録」，因此也是當年畢業紀念册，而非當年在校同學録。

從目録看，本册内容主要包括：校史、校旗、文化之鐘、紀念章、校長題字、校長院長及職員、各組主任、各學系主任、各學系教員及講師、各學系教員及畢業同學全體師生合影、畢業同學、校舍、學生生活、學生軍、學生軍之歷史、附録（包括本校主要職員及教員姓名録、本届畢業未交像片同學姓名録、各種統計表、本校現行行政組織大綱、本校名稱沿革表）等。

與 1932 年畢業同學録相比，可知本册内容與之大致相同，只是將上年的「本科略史」提到最前，改稱爲「校史」，並略補充最近之情況。文末對蔣夢麟任校長兩年多的成績進行了總結：「蔣校長重長北大，本抱有整頓決心，無奈國難叢生，經費不繼，現狀之維持，亦云幸矣。迨至念（廿）二年春，學校大致恢復舊觀，較之數年前已明顯然之進步，若圖書之充實，研究所之擴充，課業之整頓等皆有迅速之發展，本校前途大有復興之勢。」此外，本册删去了上年的「學術團體」部分。

本册校旗頁分别鈐有「江澤涵圖書印」「北京大學圖書館藏印」和「北京大學文庫」印，仍爲江澤涵子女捐贈給北京大學圖書館北大文庫的江澤涵舊藏。

本年畢業同學録多數臨别贈言爲題詞，如校長蔣夢麟、文學院院長胡適、理學院院長劉樹杞、軍事訓練組主任白雄遠，皆有題詞手迹影印，也算是一種紀念。本年有研究院副院長兼國學研究所主任、國文系教授劉復的臨别贈言手迹，係抄録劉氏於「九一八」事變後第十日所作《反日救國的一條正路》一文的一段，文中説：「要救國，先該救我們自己，先該救我們自己的事業。自己不肯救，只是呼號着救！救！救！其結果必至於不救。」

本册刊登的校長蔣夢麟、前校長蔡元培，文理法三院院長胡適、劉樹杞、周炳琳，秘書長王烈照片基本與上年相同，只是排序略有不同，蔡元培先生换了一張早年任北大校長時的照片。本年無教務長照片，註册部主任兼心理系主任樊際昌，改稱課業長兼心理系主任，並調至各組主任之前。

「各組主任」部分，出版、軍事訓練、體育各部改稱組，人選不變，庶務部改稱事務組，增加了儀器組、文牘組、衛生組主任的照片。

「各系主任」與上年基本一致，只是增加了生物系主任張景鉞的照片。説明蔣夢麟任校長後各系主任人選已基本穩定。

「各學系教員」部分，收録講師及以上教員88人，較上年減少16人。較上年增加的教員有：地質系教授謝家榮、心理系教授陳雪屏、國文系講師黄文弼、哲學系教授湯用彤。

本册刊登的「國立北京大學一九三三畢業同學全體師生合影」，是民國期間北京大學畢業同學録首次刊登全體畢業生與教員的合影，照片幅面很大，印刷也比較清楚，可以看到校長蔣夢麟前排居中，左邊爲文學院院長胡適，右邊爲理學院院長劉樹杞。

「畢業同學」仍由馬衡題寫，但是改篆書爲隸書，應爲重新題寫。「理學院」爲院長劉樹杞重新題寫，「文學院」爲院長胡適重新題寫。各系題名多數沿用上年，據「編後」，「當同學録籌編之日，正日本進攻平津之時」，故「各學系主任及教授率多離平，以致贈言減少，而題字又不得不多用舊版」。各系名題寫主要更新爲：心理學系改由系主任樊際昌題寫，外國文學系改由馬衡題寫，外國文學系之法文組改由錢玄同題寫，哲學系由錢玄同重新題寫，經濟學系改由系主任趙迺摶題寫。本册同學録收録畢業生照片，數學系8人，物理系9人，化學系6人，地質學系4人，生物系2人，心理學系2人，國文學系24人，外國文學系英文組17人、法文組2人，哲學系6人，史學系10人，教育系11人，法律系16人，政治系10人，經濟學系34人，共計161人。加上附録裏所列未交照片畢業生26人，共計187人，比附録統計表多3人，較上年減少63人，減少較多，其原因不詳。

本年畢業生中後來最有名的當屬英文系的卞之琳了。其他留待讀者查考。

「校舍」部分，刊登照片與上年基本相同，除了保存資料外，乏善可陳，僅增加「煤氣廠外觀」一張。

「學生生活」部分，刊登照片僅18張，且不少沿用上年，應與編輯時日軍進攻平津的時局有關。

「學生軍」部分，刊登照片18張，多數沿用上年，另新增5張。軍事訓練組主任白雄遠撰寫的《北大學生軍之過去及現在》，補充了本年的相關内容。

「附録」部分，「國立北京大學職員目録」收録教職員360人的姓名、别字、籍貫、通訊處、電話、任務等基本信息，較上年增加118人，主要原因是較上年增加了圖書館、庶務組、註册組、出版組等一般職員。本年的統計表主要包括：「各省本届畢業人數與歷年畢業總數表」「本届畢業同學年齡比較表」「本校歷年畢業人數統計表」「本校各科人數比較表」。此後是「國立北京大學組織大綱」和「本校名稱沿革表」。

本册最後是「編後」和「同學録委員會」合影。

國立北京大學一九三三年畢業同學録（一九三三）

目錄

校史

本校原名京師大學堂,創辦于前清光緒二十四年,自成立至今計三十四載。茲略述其歷史於下:

甲午中日之役,吾國戰敗,士大夫恫於國恥,漸知重新學新政。光緒二十二年,康有爲首以公車上書請變法興學,梁起超又爲侍郎李瑞棻草疏請立大學於京師,御史王鵬運亦疏請興學。于是是年五月得旨允行,但因樞臣之陰厄,遂遷延凡三稔而未果。後清廷銳意變法,迭加督促,始于二十四年五月由軍機處及總理衙門擬具章程八十餘條,呈鵬開辦。乃命孫家鼐爲管學大臣,京師大學堂遂由茲成立。以景山下馬神廟四公主府爲大學基址,即今之第二院也。當時僅將原設官書局及新設譯書局併入,置仕學院,令舉人進士出身之各京曹入院學習。二十六年義和團肇變,繼孫爲管學大臣之許景澄,因極諫清廷勿妄信該團而遭寃殺,遂致生徒紛散,校舍封閉,藏書盡失,本校因此停辦凡二年。至二十七年十二月辦學之議復興,張百熙被任爲管學大臣,本校遂復活。但進行方法,與前不同,先設高等學堂爲開辦分科大學之預備。一.當時擬設之分科大學有八:即經學科,法學科,文學科,醫學科,格致學,農科,工科,商科是也。二.並設速成科,分仕學,師範兩館。外交部之同文館亦歸併本校,並改爲繙譯科。京外各學堂亦皆直隸本校。二十九年本校更增立三館:(一)進士館,令新進士皆入館肄業。(二)譯學館,將原繙譯科併入,其地址即今第三院也。(三)醫學實業館,教授中西醫學。是年張之洞等奉清廷之命,改訂學堂章程並頒行管理通則,於是管學大臣改爲學務大臣,統轄全國學務。至本校事宜則另設大學總監督專管之。三十年仕學館併入進士館,後該館學生或畢業或被資送出洋留學,遂於二十二年停辦。將原有堂舍改設法政學堂,即今之平大法學院是也。三十一年醫學實業館改稱爲醫學館,與施醫局合併,即今之平大醫學院也。是年開辦預備科。三十二年本校爲師範生實地練習起見,開辦附屬高等小學堂一所。三十三年三十四年師範生先後畢業。師範科及此小學校委任經科,法科,文科,醫科,格致科,（民國成立後改稱理科）農科,工科,商科八科大學監督,爲開辦各該大學之籌備。又改預備科爲京師高等學堂。次年二月舉行分科大學開學禮式,其中僅醫科大學未能開辦。民國成立,本校改稱北京大學,後又冠以「國立」二字,遂有今稱。至學科方面,除經科歸併文科暫設經學一門外,其他各科大學及預科(即高等學堂之改稱)仍照舊辦理。民國三年農科大學改爲農業專門學校,遂離本校獨立。五年十二月任命前校長蔡元培先生爲校長。六年教育部改訂學制,大學預科二年畢業,本科四年畢業。本校各科課程,均從新改訂。廢預科學長,文理法工各預科事宜,改歸各科學長辦理。文科增設史學門,理科增設地質學門。是年大學評議會成立,大學日刊出版。七年各科各門研究所均成立,月增學費四千五百元。又於研究所附設編譯處,月增經費二千元。英文法文德文國文哲學數學物理化學法律政治經濟商業各教授會次第成立。先是民國五年借比國儀品公司二十萬元建築預科寄宿舍,是年秋落成,以不合宿舍之用,改爲文法科教室,即今之第一院也。八年採用選科制,廢去文科法科理科之名目,用分系法:置全校教務處,由各校教授會主任推舉教務長一人掌之。五月四日北京學生爲山東問題,發生「五四」運動,本校學生被捕者十餘人。蔡校長因政府對學生無適當之處置,並將危及大學,不得已於同月九日離校出京。於是評議會與教授會特開聯席會議,組織委員會維持大學。是時政府對山東問題迄無拒簽之表示,民氣沸騰,全國洶洶。六月三日,本校第三院被軍警圍佔,幽囚各校講演學生千餘人者三日。七月蔡校長以政府再三挽留電促及社會屬望之殷,應允回校,並先派蔣夢麟博士爲代表,到校執行校長職務,辦理招生事宜。九月蔡校長回校改定評議員選舉法,不分科亦不分系,但綜合全校教授互選五分之一。十一月第三屆評議會成立,應協助校長調查策畫大學內部組織事務起見,議决設立一組織委員會。十二月新定試行章程,產出事務部份機關之總務處及各行政委員會均成立,委蔣夢麟教授爲總務長。九年夏本校始招女生。八月,本校授予班樂衞,儒班兩氏名譽博士學位,在第二院舉行授與典禮。九月,註冊部成立,預科俄文班畢業,本科增設俄文學系。十月,蔡校長爲籌畫里昂大學事赴法,呈部請委蔣夢麟教授爲代理校長。十年三月因政府積欠京師教育經費過多,國立八校教職員罷課請願,本校因而停頓。至秋後經費問題解决,始恢復原狀。蔡校長亦於此時歸國,九月底到校。十月預科委員會成立。自上年冬議决改組研究所,歸併爲四門,至是國學門成立。十一年三月設立學生事業委員會。秋後開學,本校附設音樂傳習所成立。十一月設立體育部。十二月評議會議决各系各組及教務會議之組織大綱,設立財務部及財務委員會,而預算審計兩委員會即行取消。本年一月蔡校長以教育當局干涉司法獨立,痛心於政治清明之無望,憤而辭職。本校自蔡校長任事以來,組織日臻完善,各教授亦均熱心於擁護教育,故本校無校長而得維持不墜者半載。旋經政府及本校教職員及學生迭次挽勸,蔡校長允不辭職,惟仍請假遊歐校務由評議會援照前例推舉總務長蔣夢麟教授代理校長職務。十月本屆評議會議決裁撤財務部,仍照舊制設會計課辦理出納事宜。十三十四兩年校內組織毫無變更,惟因經費困難,教職員欠薪太多,雖於功課未受影響,然精神上實稍欠緊湊。十五年代理校長蔣夢麟去職南下,由評議會公推余文燦爲代理校長。十六年四月教務長徐炳昶代表本校赴新疆考察古物。五月改選陳大齊爲教務長。十月教育部合併國立九校,稱爲國立京師大學,將原有之第一院稱爲京大文科;第二院稱爲京大理科;第三院與原有之法政大學合併,稱爲京大法科第二院。其校長一職,以教育總長兼之,委胡仁源爲文科學長,秦汾爲理科學長,林修竹爲法科學長,十七年二月,又易江瀚爲文科學長。校內一切組織,大異從前,一年來學校之受摧殘,學生之受壓迫,幾不可以言喻。六月初,黨軍入京,奉系鼠竄,而我久負最高學府盛名之北京大學亦同時恢復。學生方面,設復校運動委員會,推舊教務長陳大齊及教職員臨時接收,並設臨時保管會,保管校中一切圖書及儀器。秋後,本校又改隸北平大學,李石曾爲校長,原意文理二學並立,法科合併於法學院,經同學武力護校,未被接受。停課半載,犧牲頗鉅,遷延至十八年春,卒獲名亡實存,北大學院乃得獨立,仍隸屬於北平大學,陳大齊爲院長。十八年夏,本校師生,以大學組緊法有三院即可稱大學之原則,遂派代表赴京進行復大,卒達目的。蔡先生仍爲校長,因在京不克到校,又派陳大齊爲代理校長,維持年餘。十九年冬蔡先生陳大齊相繼辭職,以蔣夢麟先生繼任。十二月蔣校長到校視事,竭力整頓,舊教授返校者頗不乏人,舊日規模,恢復大半。並購松公府爲本校圖書館及國學門研究所二十年暑期中,即行遷入。同時中華教育文化基金委員會,亦每年補助二十萬元,補助本校聘請研究教授,以圖發展。二十年秋,蔣校長根據大學組織法,採校長治校,教授治學,職員治事三大原則,將校權集中,評議會取消,設院長三人以分理校事。聘劉樹杞爲理學院院長,周炳琳爲法學院院長,文學院院長由校長自兼。本年春,又改聘胡適之爲文學院院長。近數年來,政局不定,校款支拙,未能盡量發展,僅求恢復舊觀。蔣校長重長北大,本抱有整頓決心,無奈國難叢生,經費不繼,現狀之維持,亦云幸矣。迨至念二年春,學校大致恢復舊觀,較之數年前已明顯然之進步,若圖書之充實,研究所之擴充,課業之整頓等皆有迅速之發展,本校前途大有復興之勢。惟自倭寇內侵,華北垂危,大局動搖,學校亦受影響,學生多數去平,教授亦多離校,因之無形停課,學校爲保存珍貴圖書儀器起見,分批裝箱運往滬杭。未幾停戰協定告成,平津得以幸免,大局粗安,人心始定。圖書儀器又皆運回,學校當局爲救濟同學學業起見,復提前開學,以補上季之失。近正進行建築大規模之書庫,擴充閱覽室,添購儀器以備充實內部,則將來之發展當更未可量也。

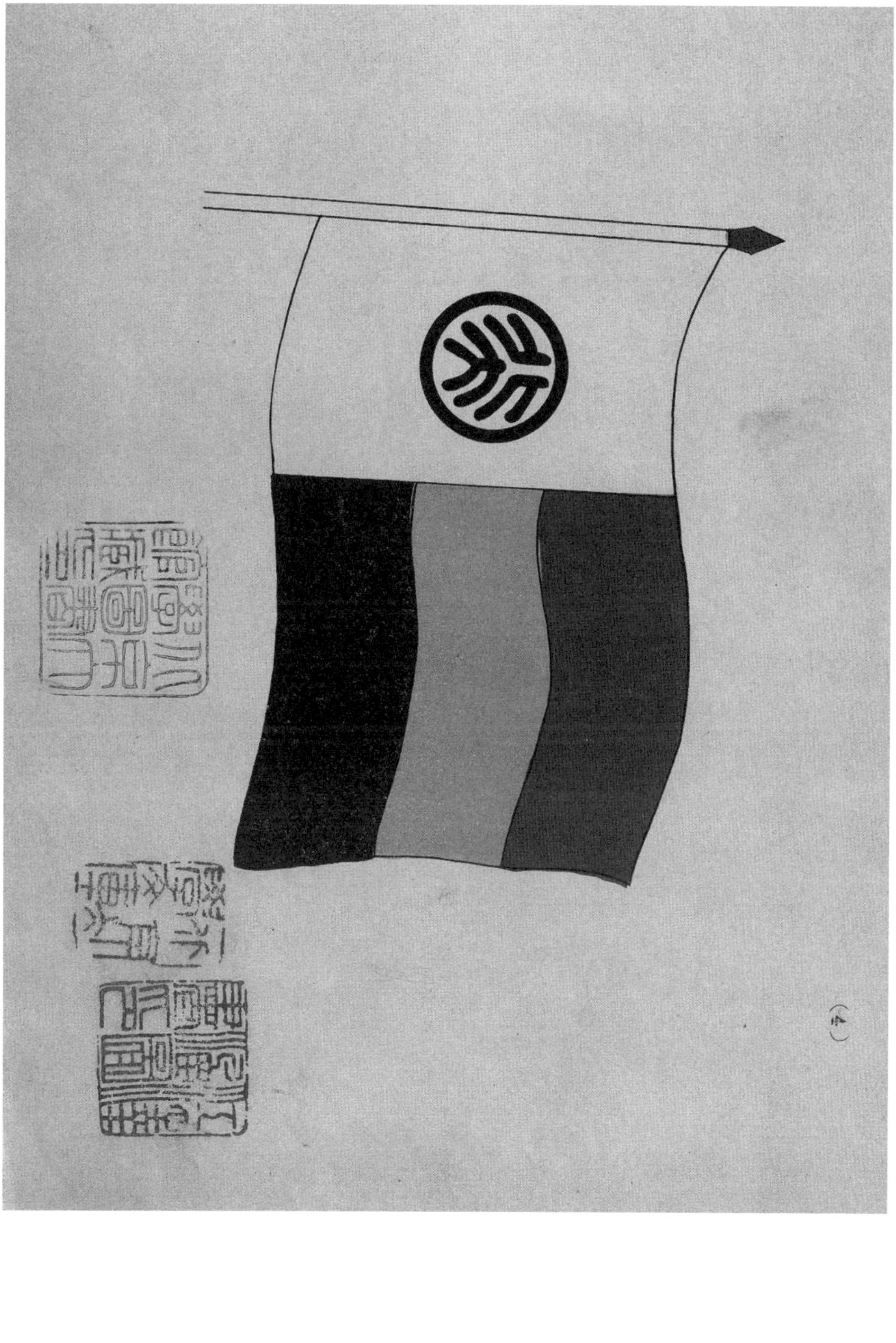

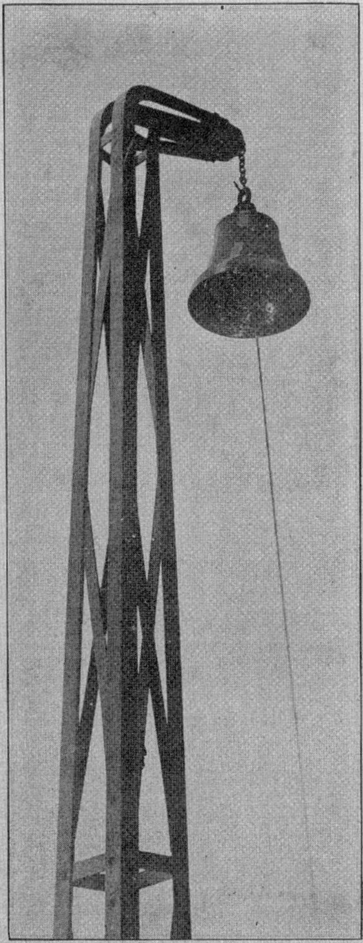

文 化 之 鐘

（5）

(9)

畢業紀念章

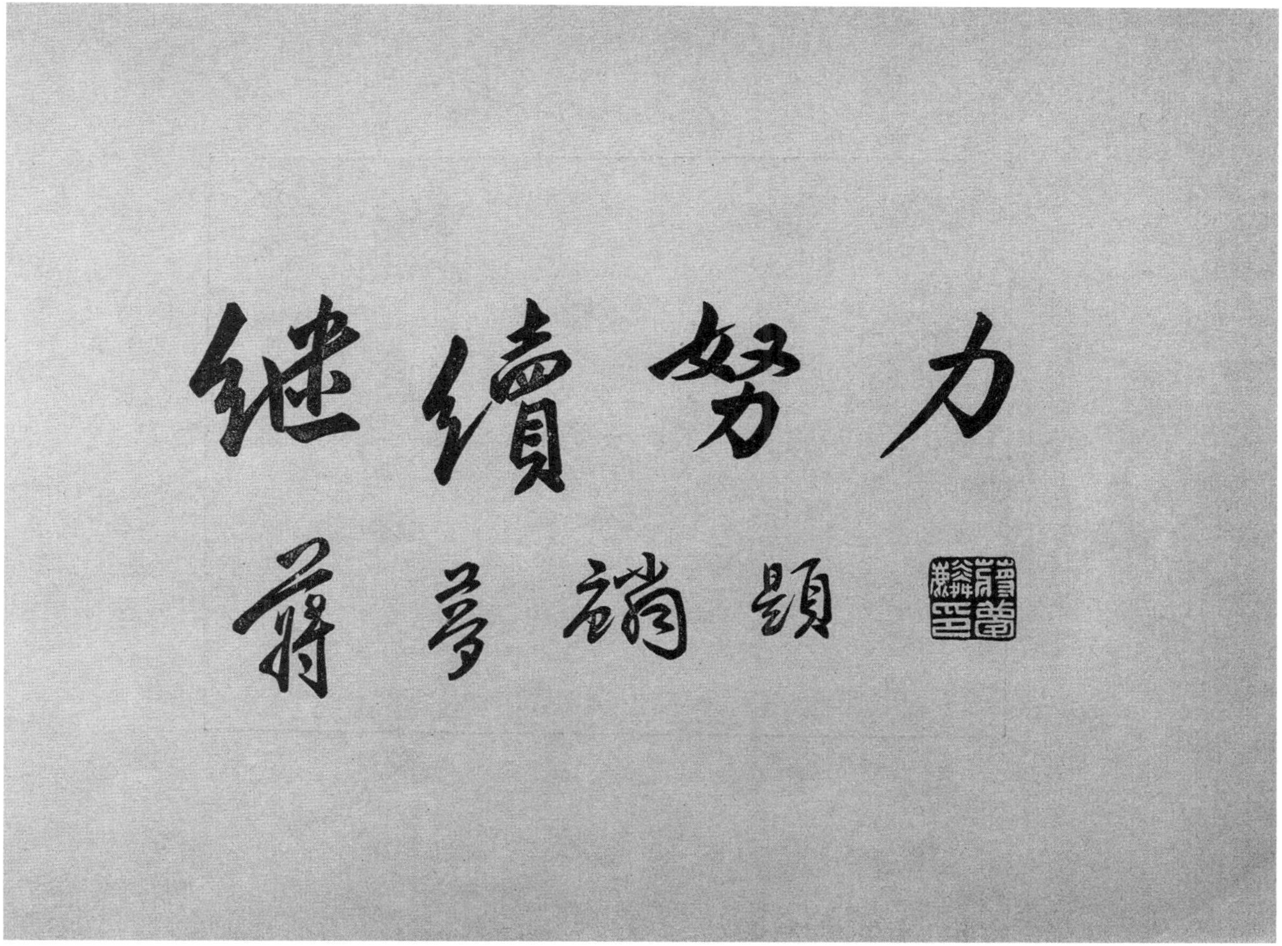
繼續努力
蔣夢麟題

校長
蔣夢麟先生

前校長
蔡元培先生

文學院院長兼教育
系主任哲學系教授
胡　適　先　生

理學院院長
兼化學系教授
劉樹杞先生

法學院院長
兼經濟系敎授
周炳琳先生

秘書長

王烈先生

課業長兼心理系主任
樊際昌先生像

各組生活

圖書館主任兼
史學系教授
毛準先生

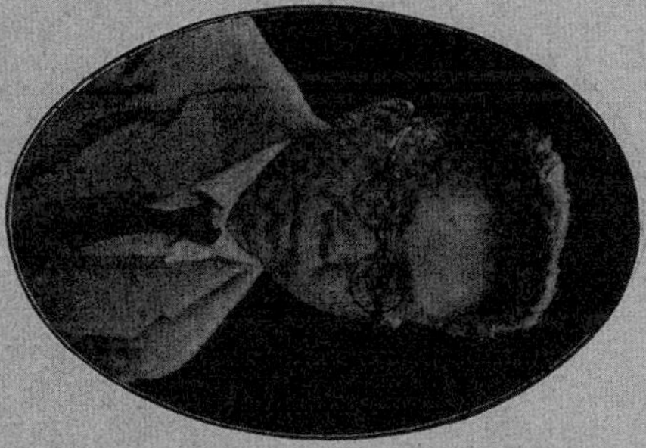

出版組主任兼
地質系講師
楊鐘先生

（15）

事務組主任
沈肅文先生

軍事訓練組主任
白雄遠先生

體育組主任
王榮春先生

儀器組主任
唐景和先生

文牘組主任
朱洪先生

衛生組主任
鄭河先先生

研究院副院長
兼國學研究所主任
又兼國文系教授
劉復先生

怎樣救國？國是个有機物，並不是呆板的一大塊。現在的中國，並不像歐戰後的德國一樣只受了些硬傷，乃是每一个細胞，每一个組織，都在腐爛，都在出膿。細胞就是我們自己，組織就是我們自己的事業。所以，要救國，先該救我們自己，先該救我們自己的事業。自己不肯救，只是呼號着救！！！其結果必至於不救。

此九一八後第十日余所作『反日救國的一条正路』一文中之一節。今時賢亦倡本位救國之說矣，乃益自信當日所見為不謬，敢以書奉

廿二年北大畢業諸兄，藉作臨別之贈。

是年八月廿五日，劉復。

各系主任

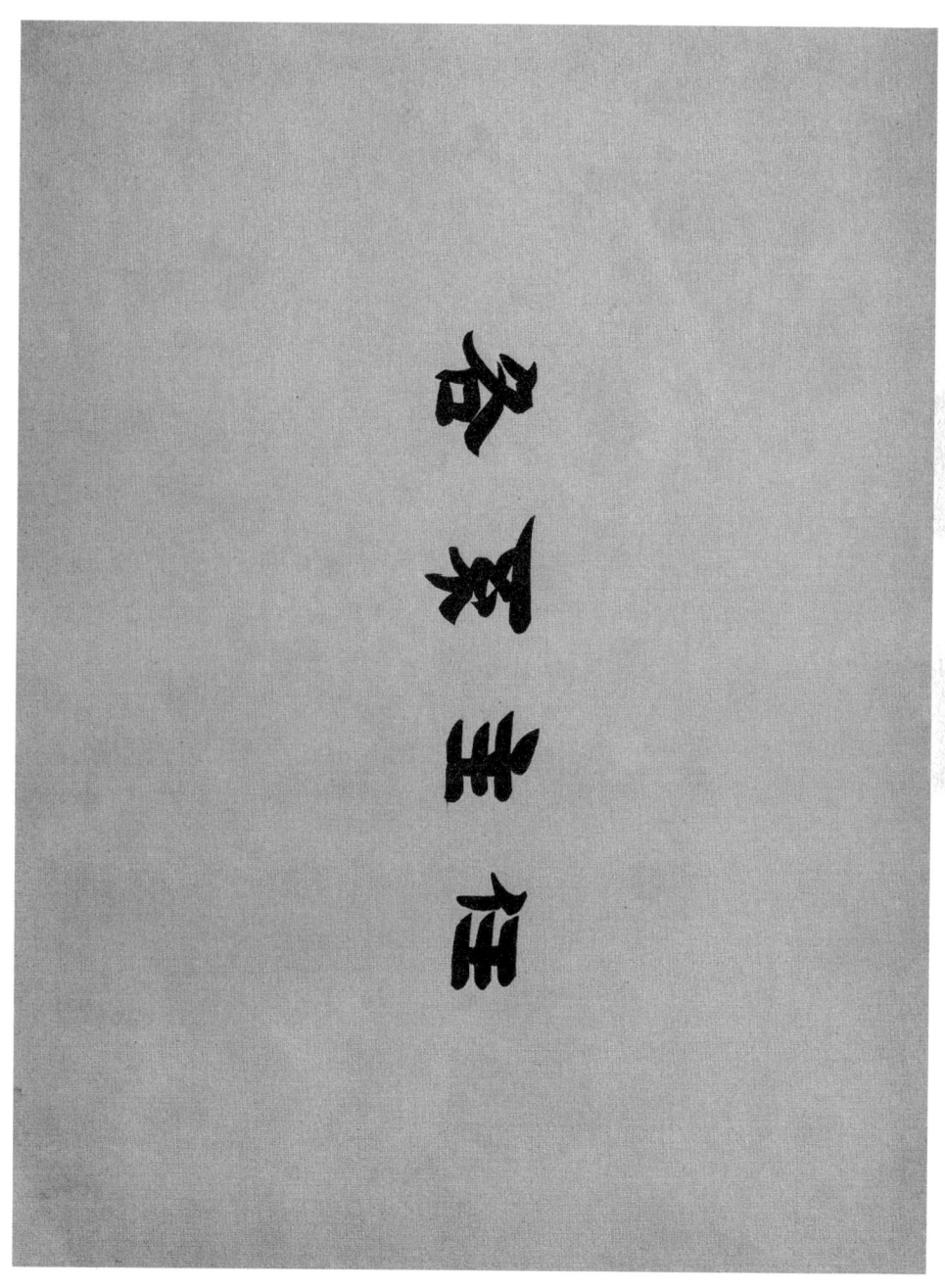

數學系主任
馮祖荀先生

物理系主任
王守競先生

化學系主任
曾昭倫先生

地質系主任
李四光先生

生物系主任
張景鉞先生

國文系主任
兼國學研究所導師國語組主任
馬裕藻先生

外國語文學系主任兼英文組主任
溫源寧先生

外國語文學系法文組主任
梁宗岱先生

外國文學系德文組主任
楊震文先生

外國文學系日文組主任
周作人先生

哲學系主任
張頤先生

史學系主任
陳受頤先生

法律系主任
戴修瓚先生

政治系主任
邱昌渭先生

經濟系主任
趙迺摶先生

名譽系教員

胡適題

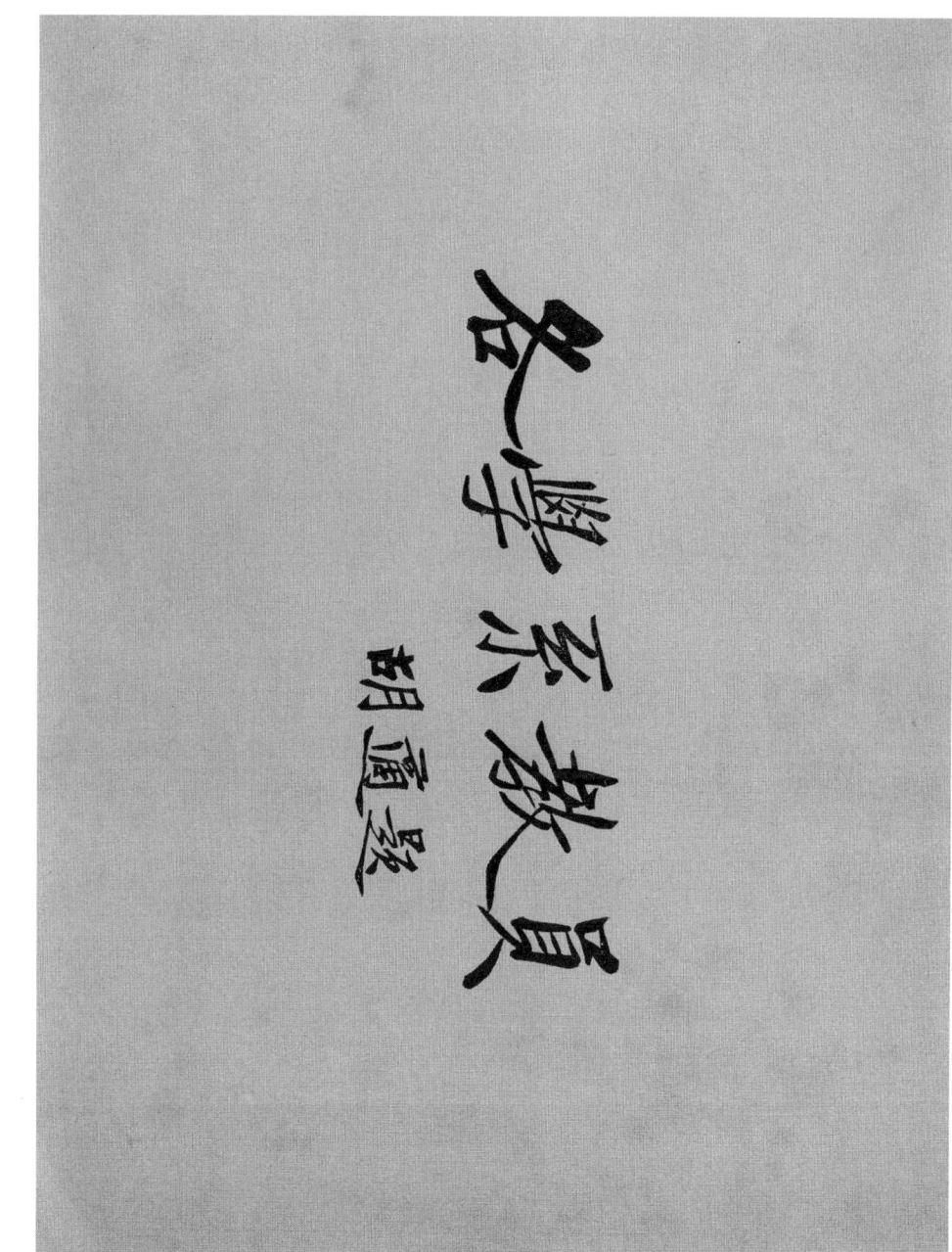

數學系教授
江澤涵先生

數學系教授
斯伯納先生

數學系教授
胡濬濟先生

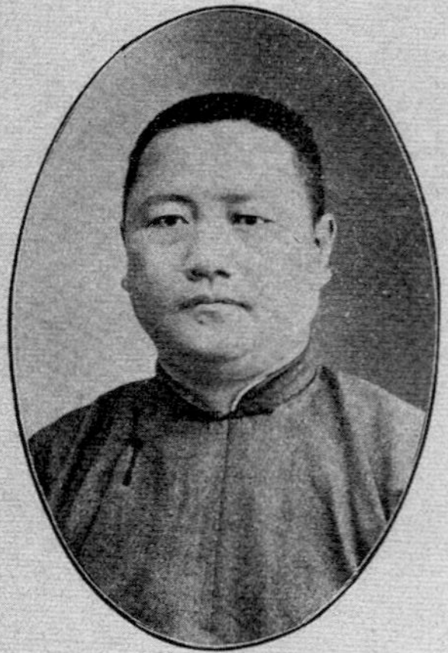

數學系副教授
趙淞先生

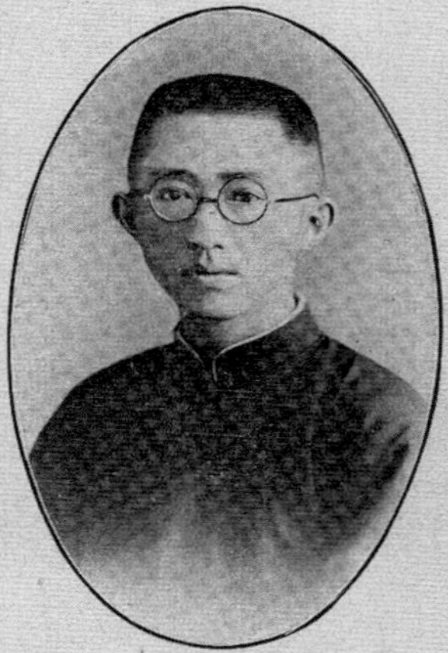

數學系講師
傅種孫先生

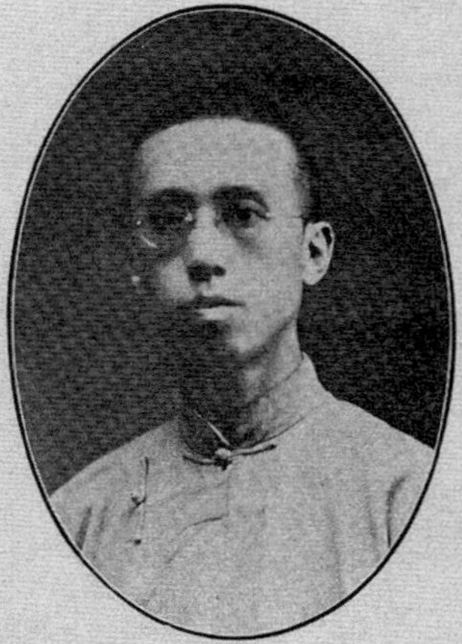

物理系副教授
龍際雲先生

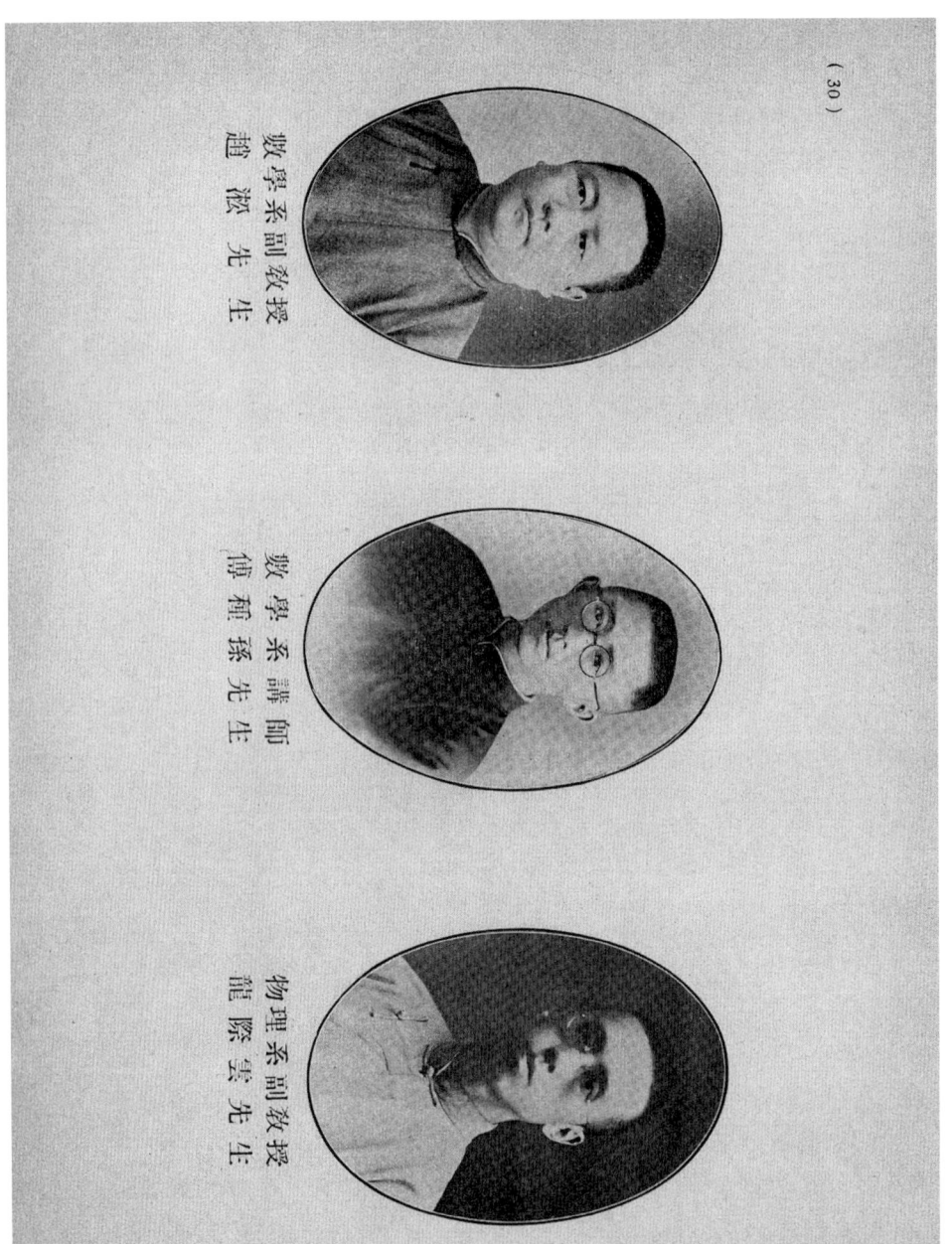

物理系副教授
林曉先生

物理系講師
周培源先生

物理系講師
張佩瑚先生

化學系教授
胡壯猷先生

化學系講師
周振禹先生

化學系講師
吳屏先生

地質系教授
葛利普先生

地質系教授
孫雲鑄先生

地質系教授
謝家榮先生

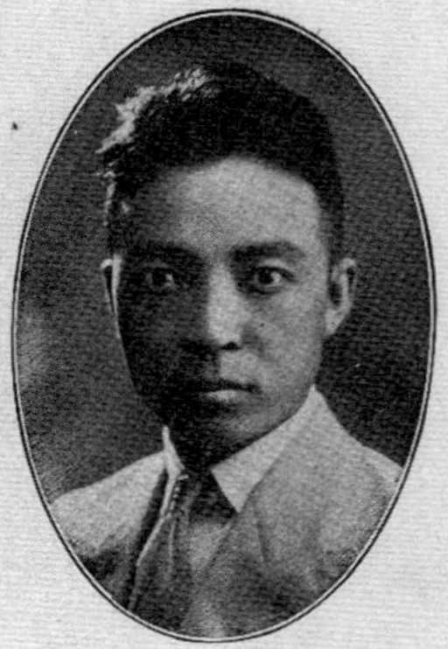

地質系講師
何爾民先生

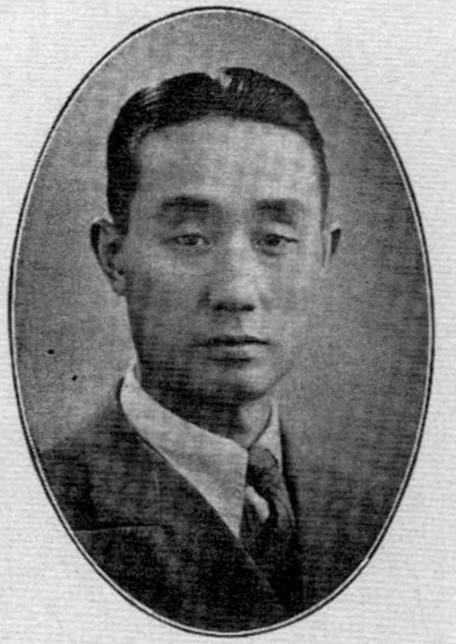

生物系教授
雍克昌先生

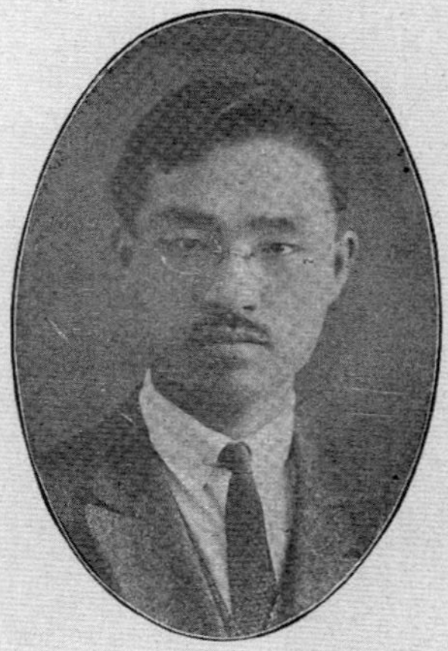

生物系講師
胡先驌先生

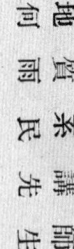

生物系講師
張春霖先生

心理系教授
汪敬熙先生

心理系教授
陳雪屏先生

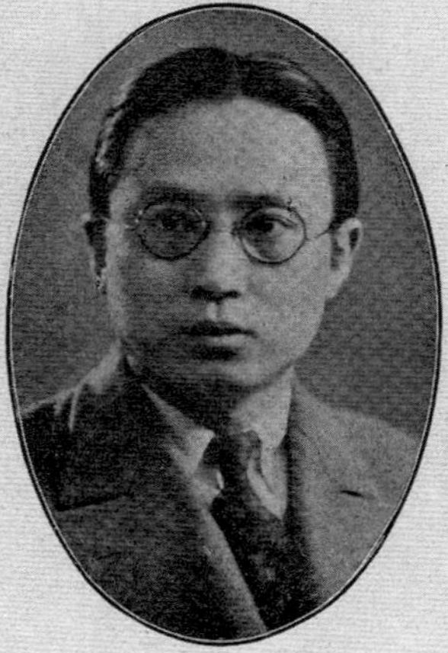

心理系講師
孫國華先生

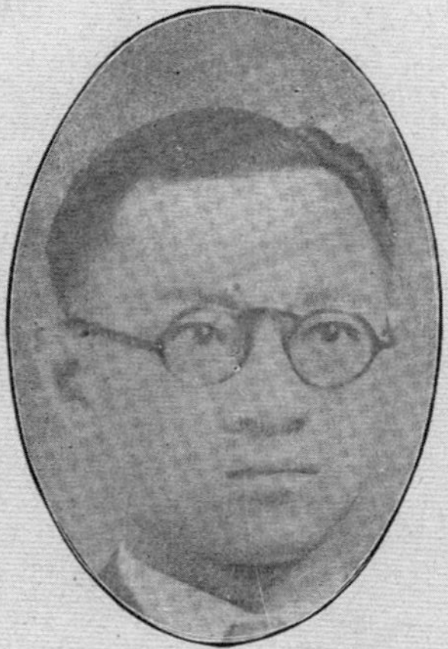

心理系講師
周先庚先生

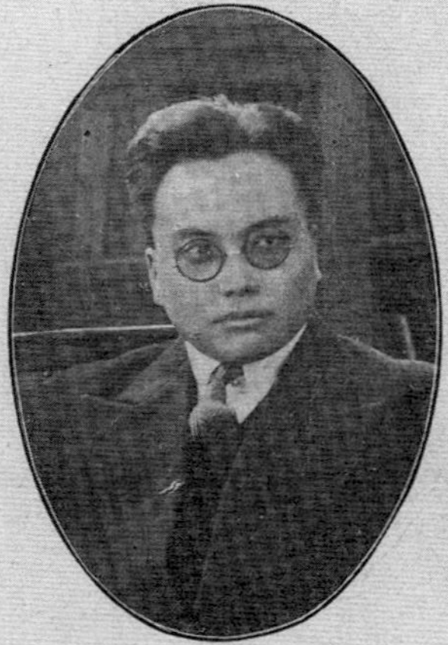

心理系講師
葉麐先生

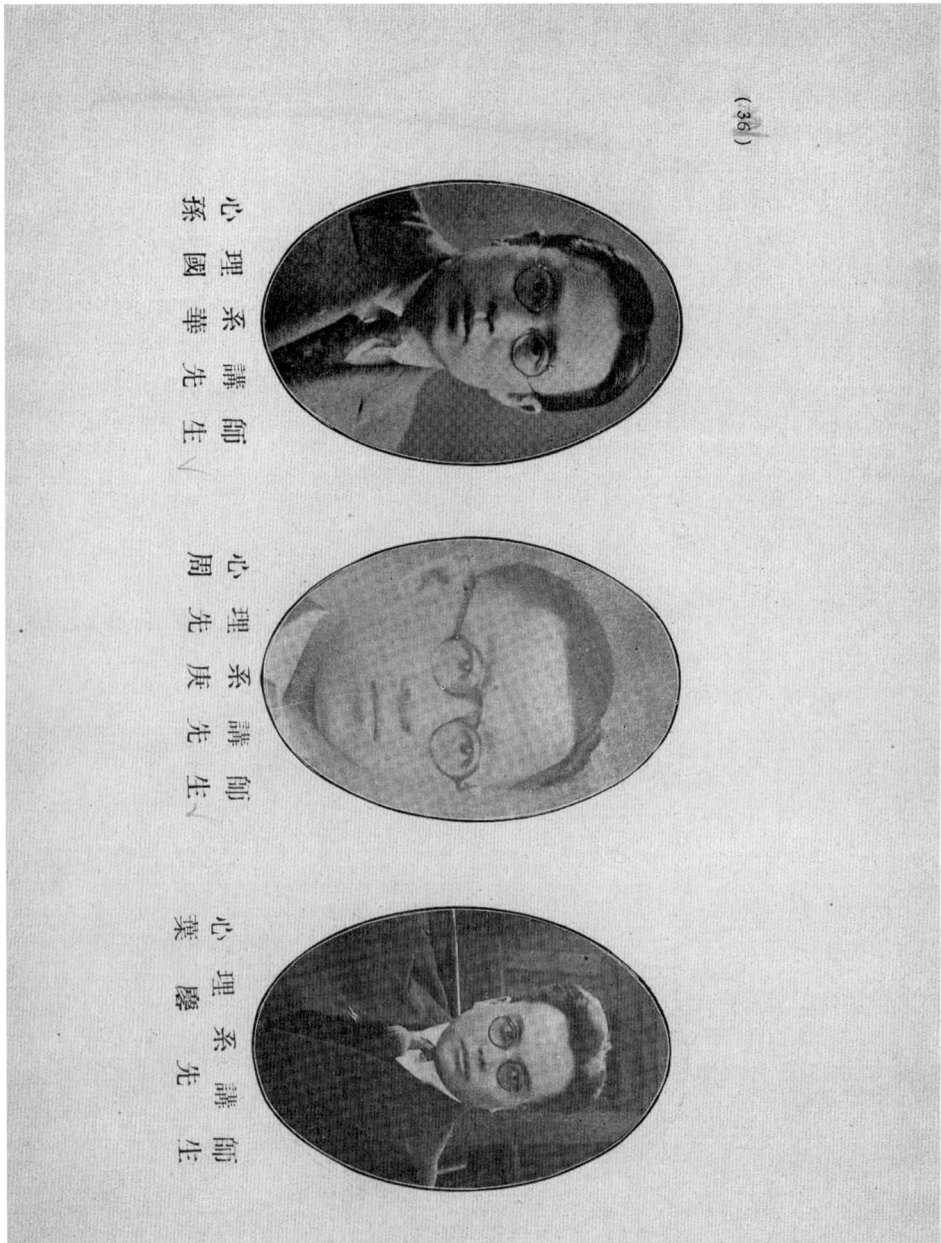

國文系教授
林損先生

國文系教授兼國學研究所導師
黃節先生

國文系教授兼國學研究所導師
許之衡先生

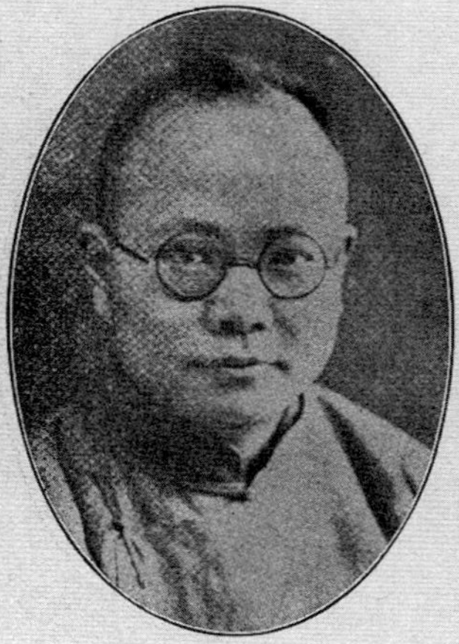

國文系教授
鄭奠先生

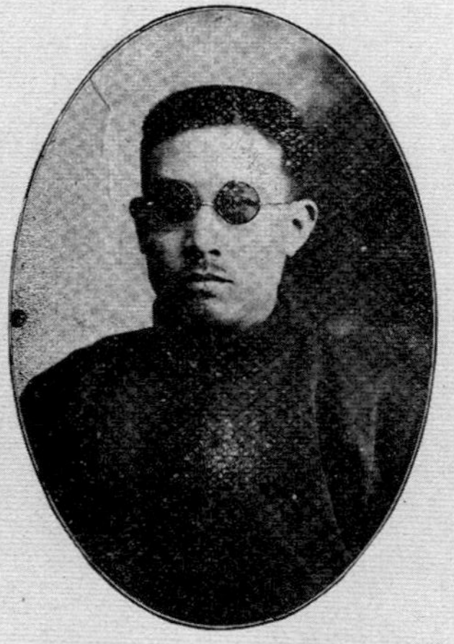

國文系名譽教授
兼國學研究所導師
沈兼士先生

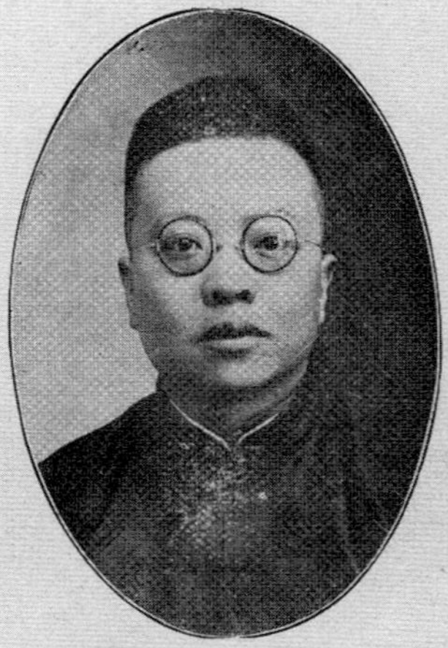

國文系名譽教授
錢玄同先生

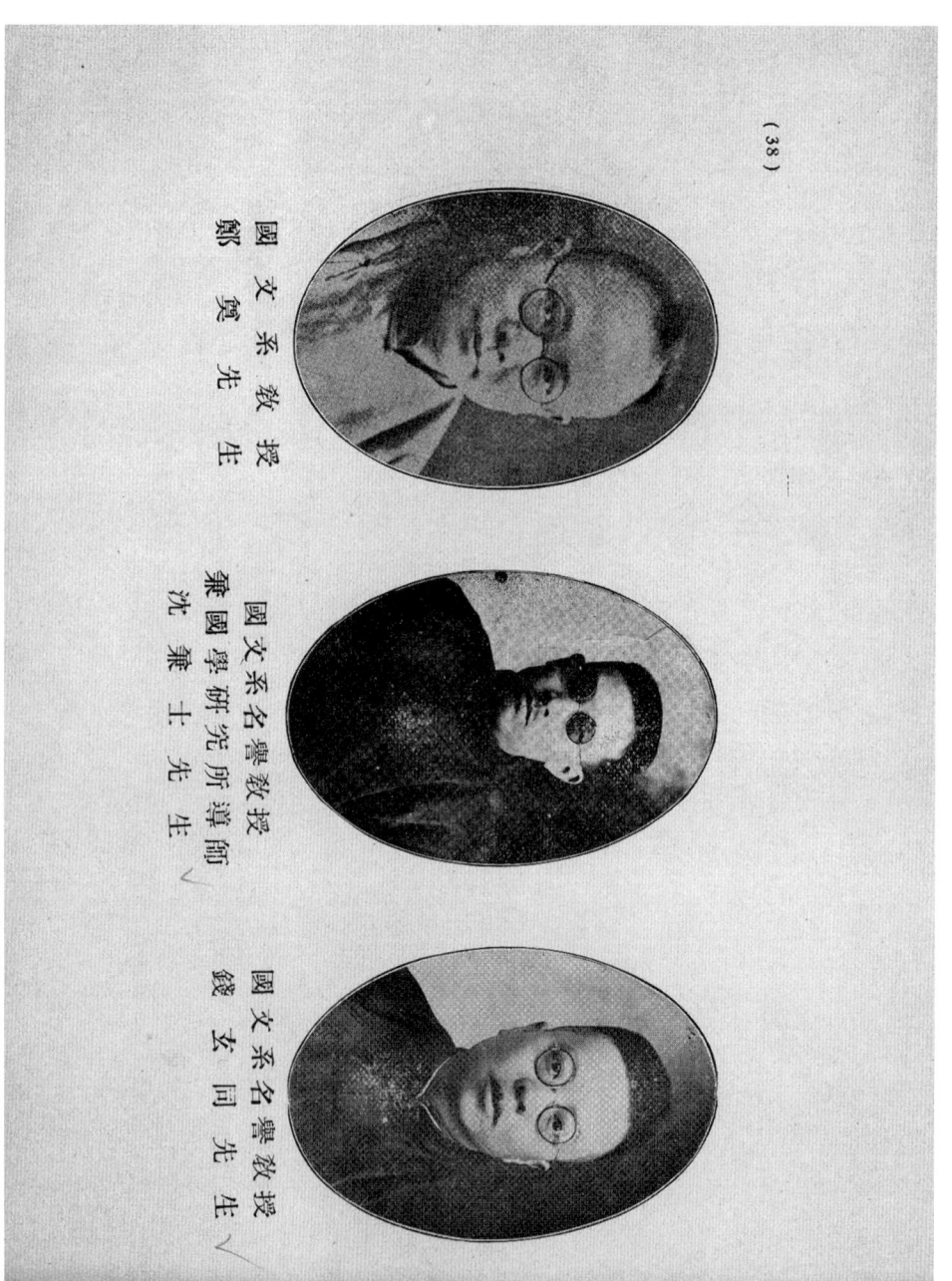

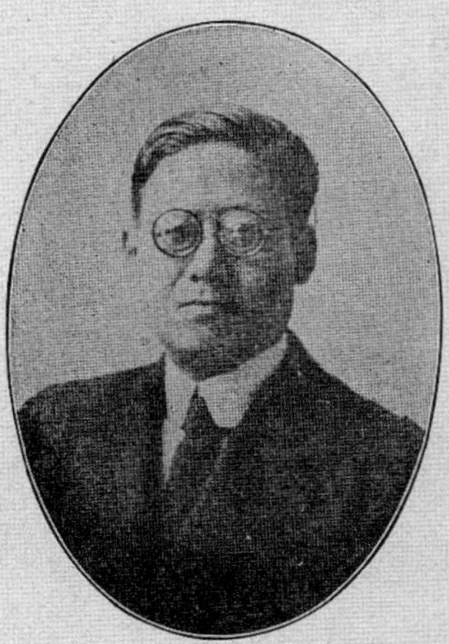

國文系名譽教授
兼國學研究所導師
沈尹默先生

國文系名譽教授
兼國學研究所導師
陳垣先生

國文系副教授
魏建功先生

國文系講師
余嘉錫先生

國文系講師
趙蔭棠先生

國文系講師
黃文弼先生

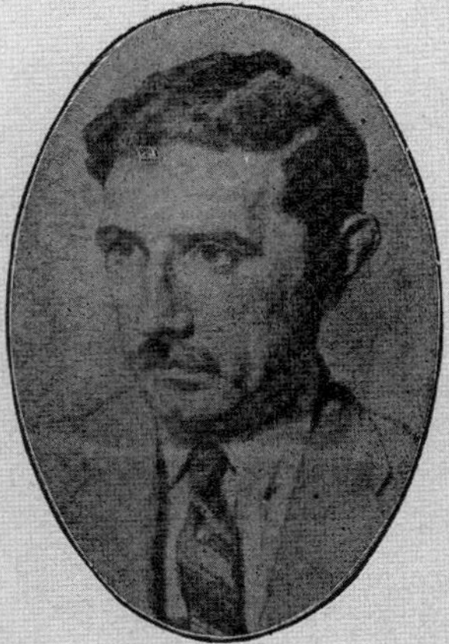

法文組教授
邵可侶先生

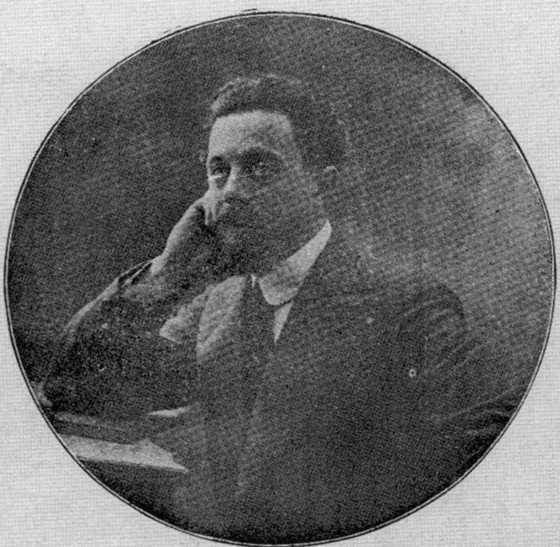

法文組教授
鐸爾孟先生

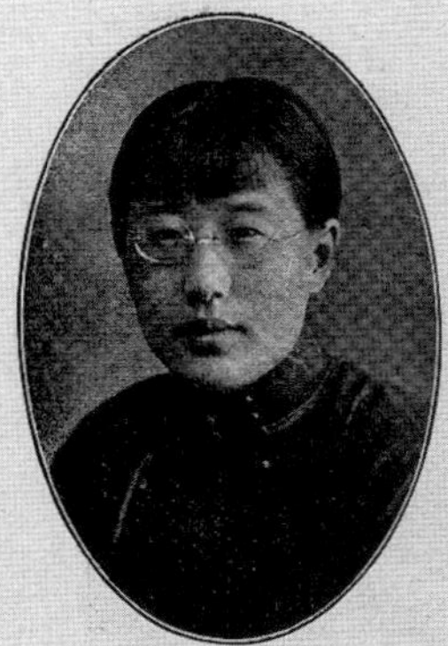

外國語系英文組教授
蒯淑平先生

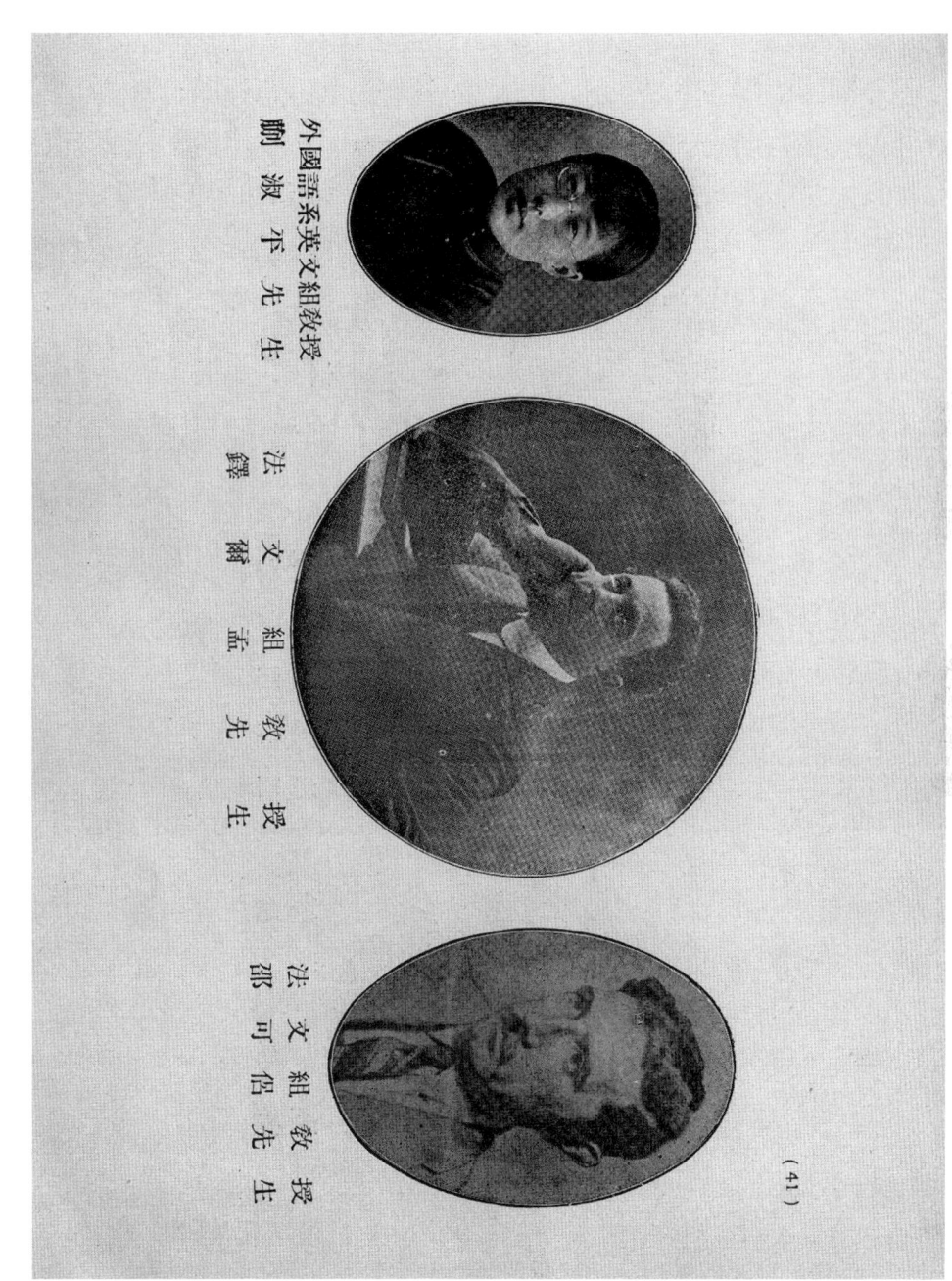

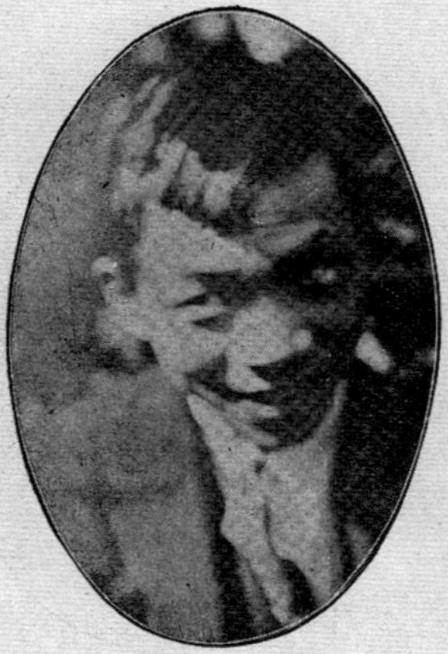

法文組講師
盛成先生

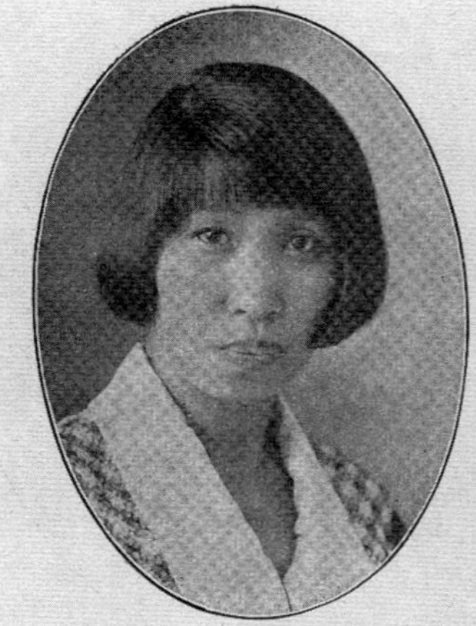

法文組講師
張若明女士

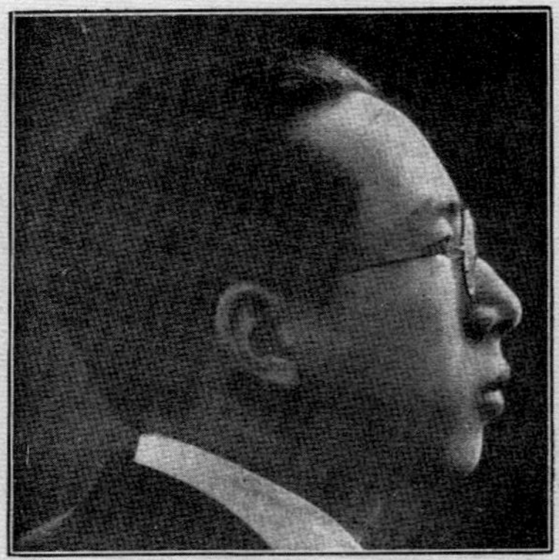

德文組講師
陳伯早先生

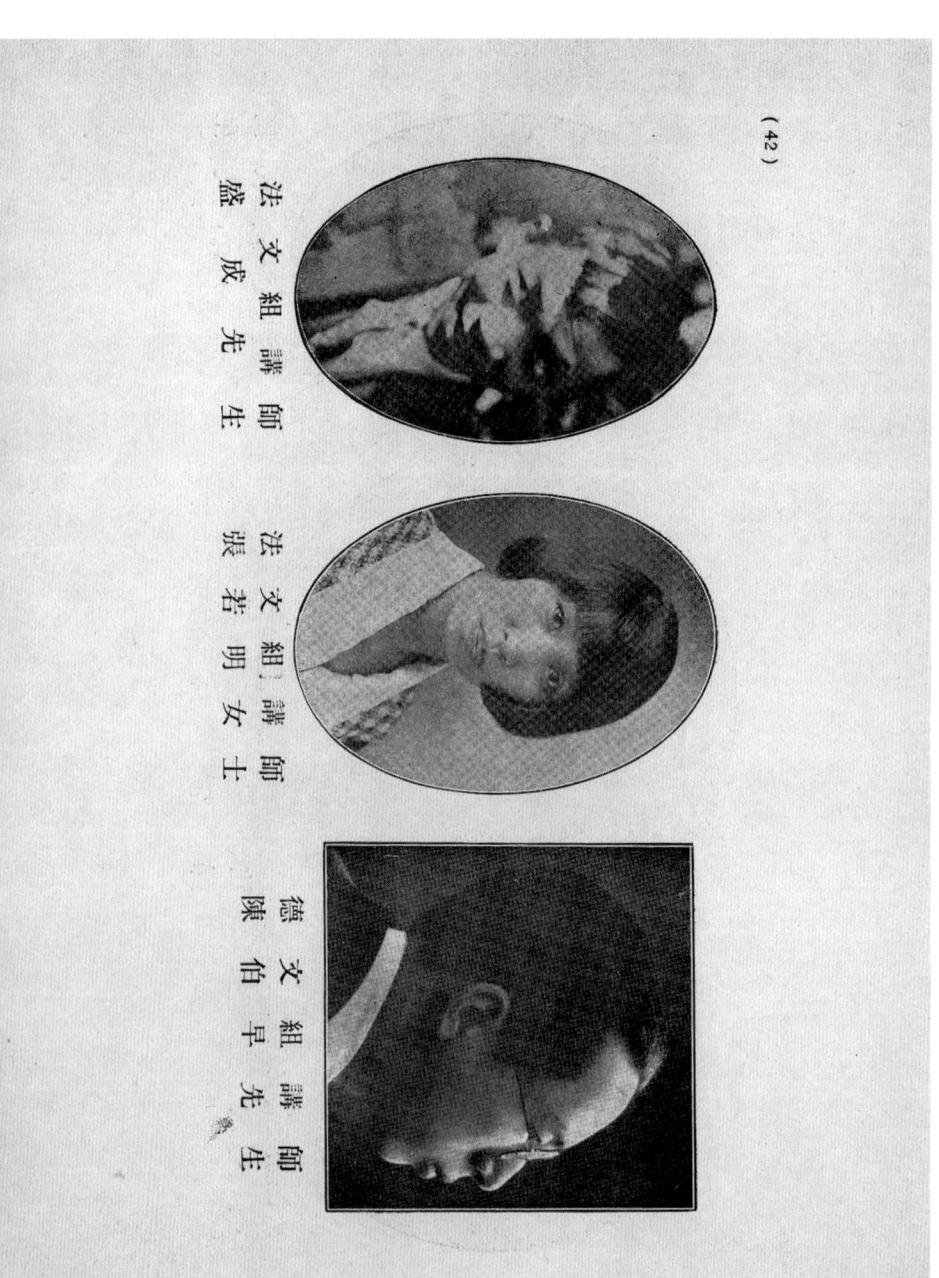

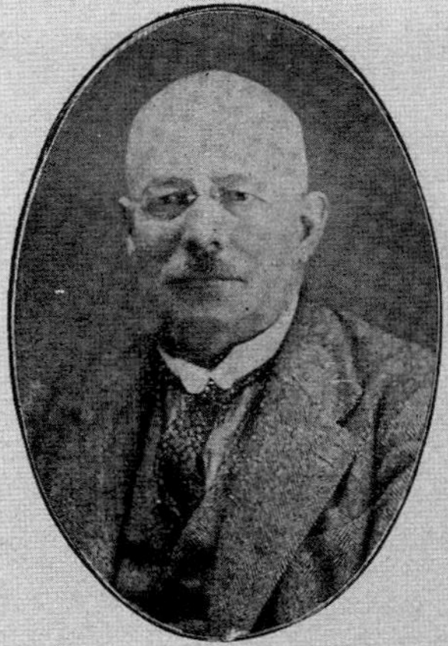

德文組教授
洪濤生先生

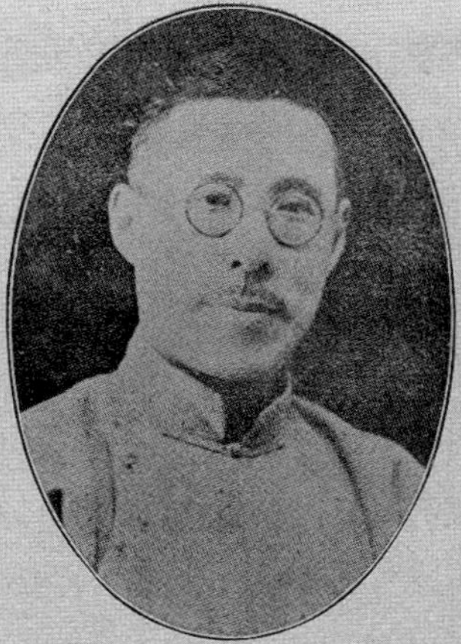

哲學系教授
馬叙倫先生

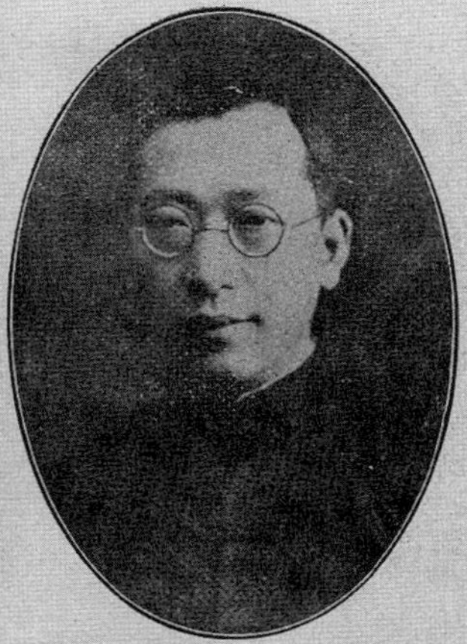

哲學系名譽教授
陳大齊先生

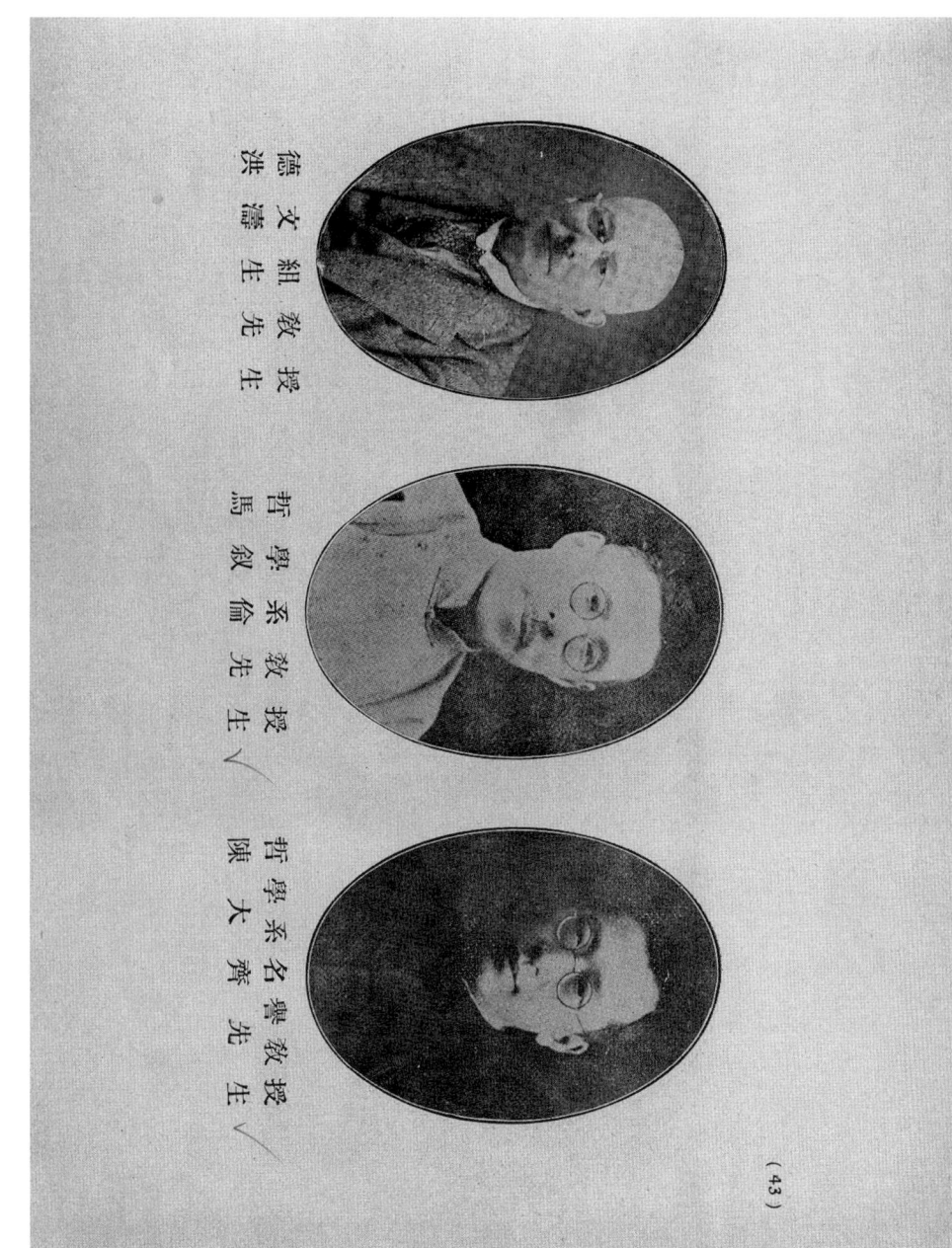

哲學系副教授
賀 麟 先 生

哲學系講師
張崧年先生

哲學系講師
周叔迦先生

哲學系講師
嵇文甫先生

史學系教授
兼國學研究所導師
馬衡先生

史學系教授
孟森先生

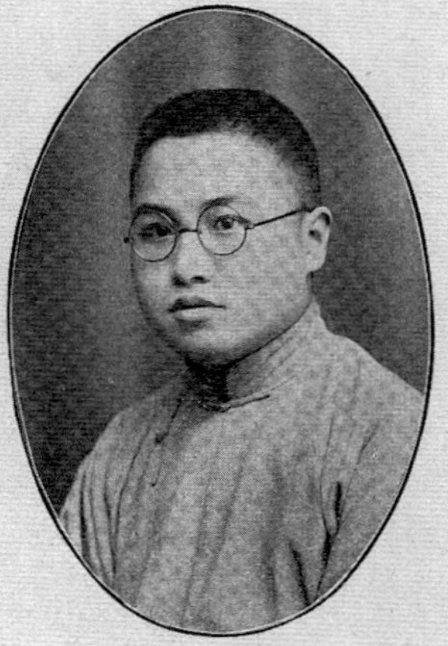

史學系副教授
趙萬里先生

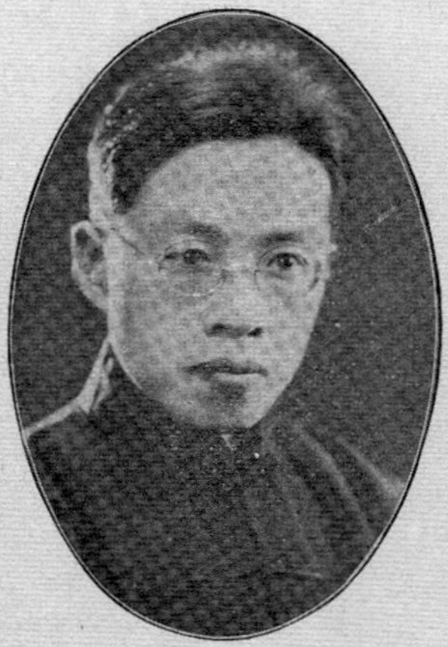

史學系副教授
錢穆先生

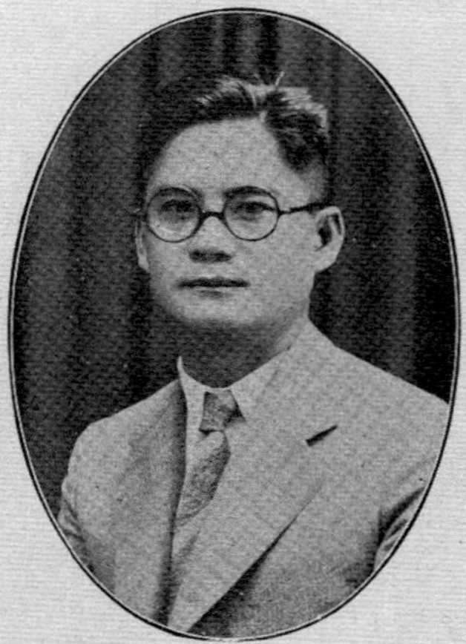

史學系副教授
陳同燮先生

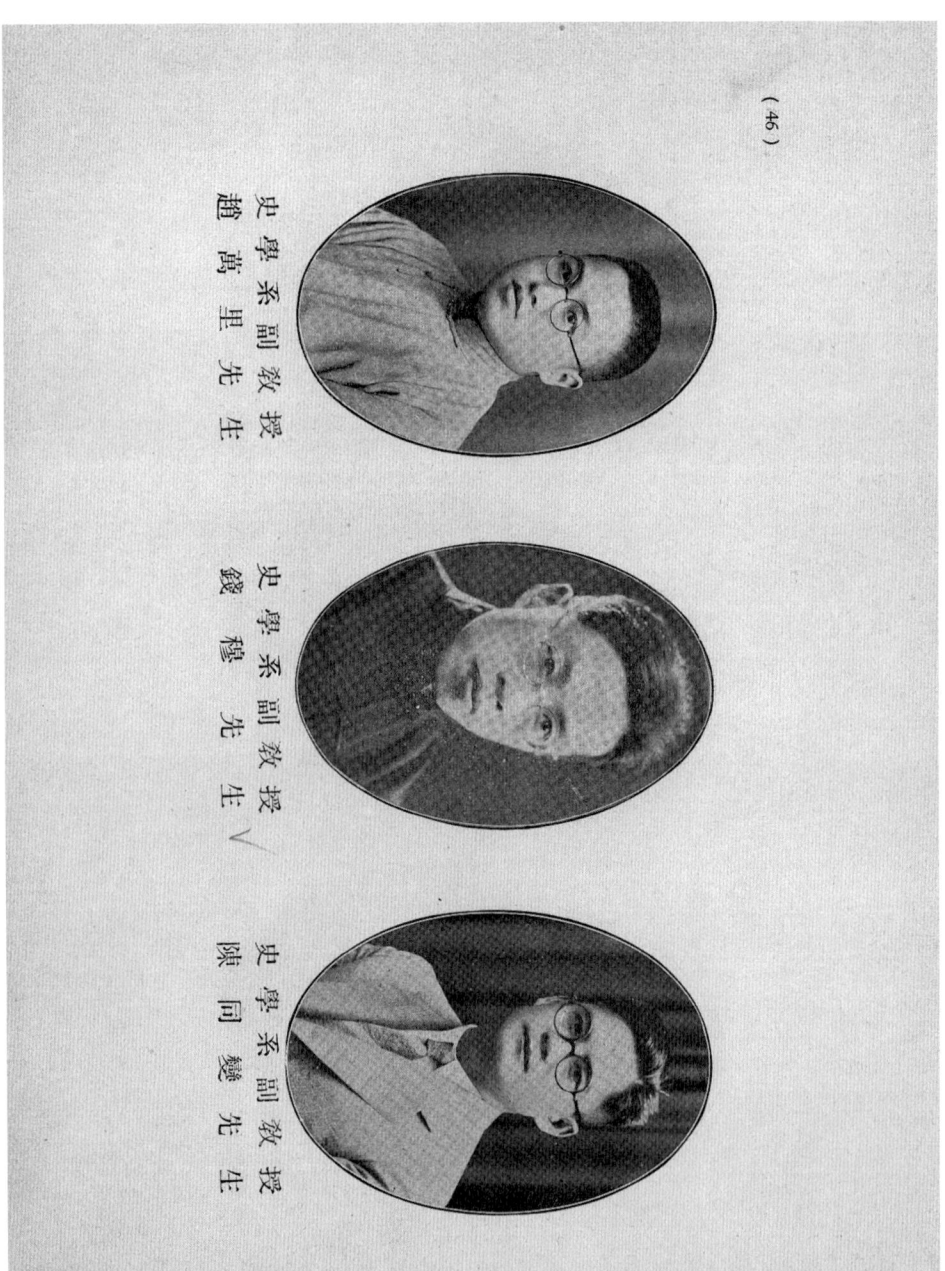

史學系講師
李宗武先生

史學系講師
張星烺先生

史學系講師
蔣廷黻先生

史學系講師
白眉初先生

史學系講師
吳燕紹先生

教育系教授
楊亮功先生

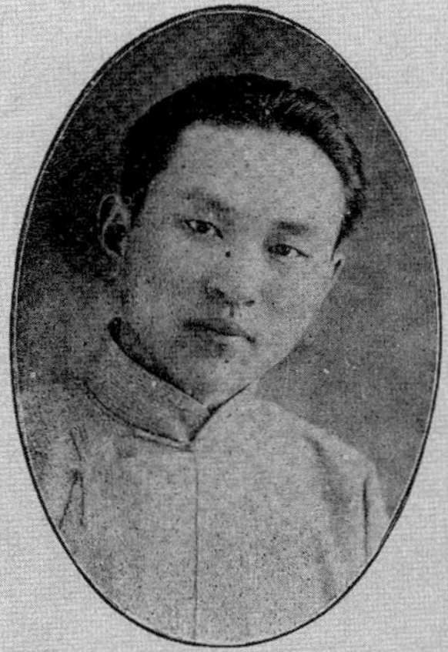
教育系教授
吳俊升先生

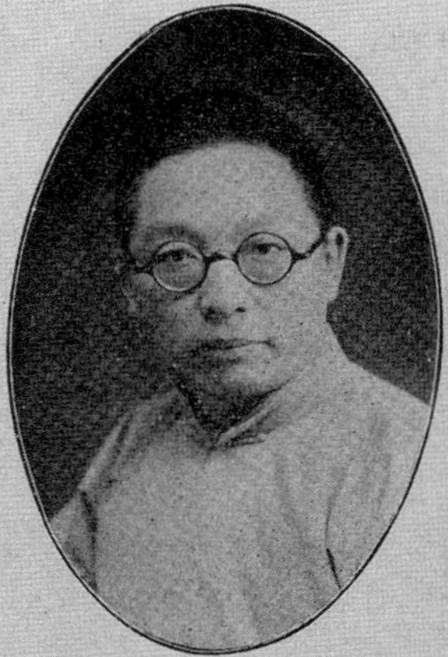
教育系教授
楊廉先生

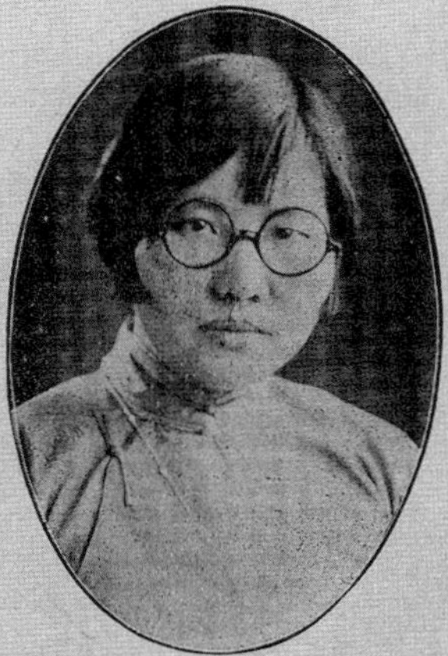
教育系講師
劉吳卓生先生

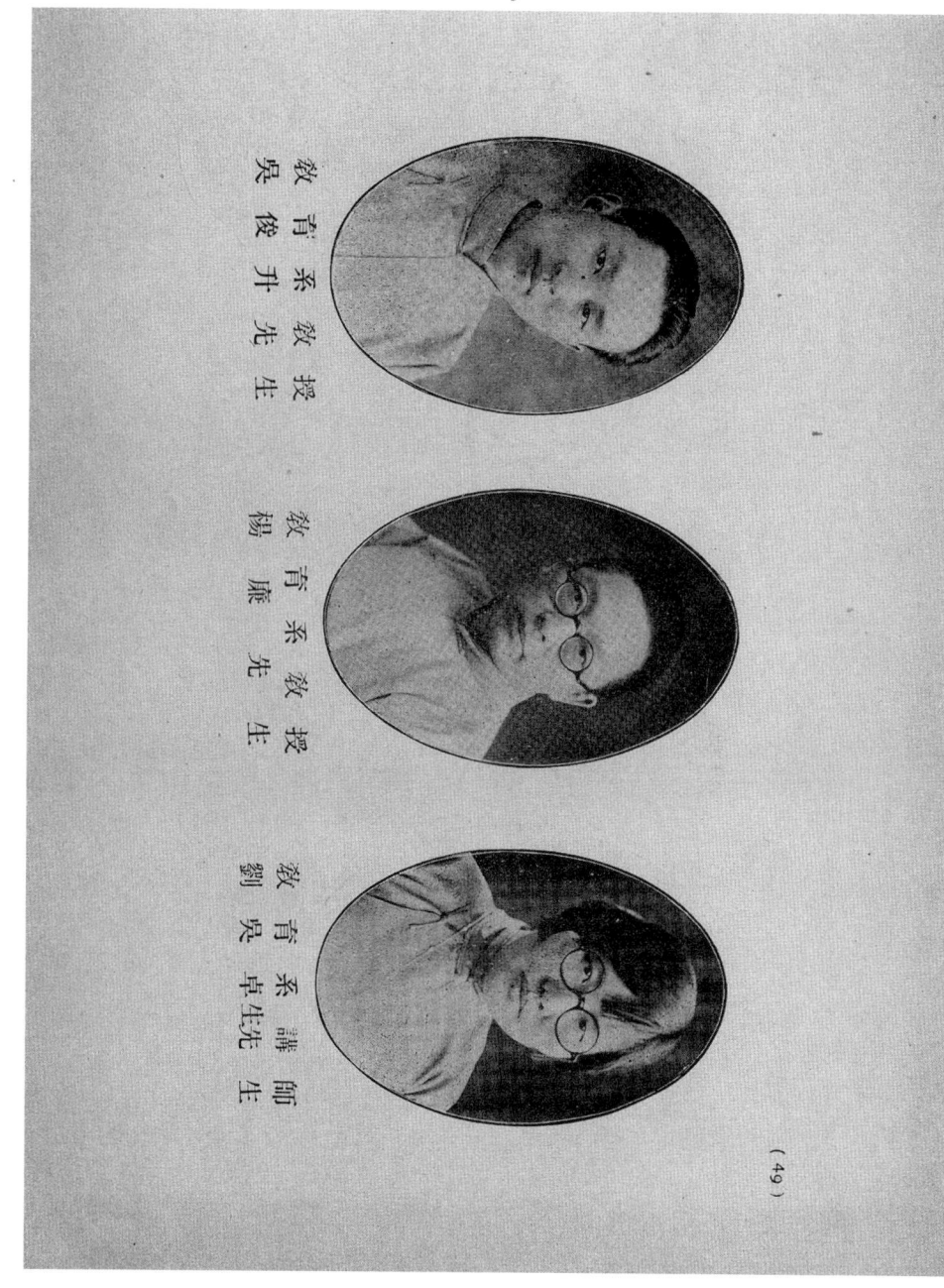

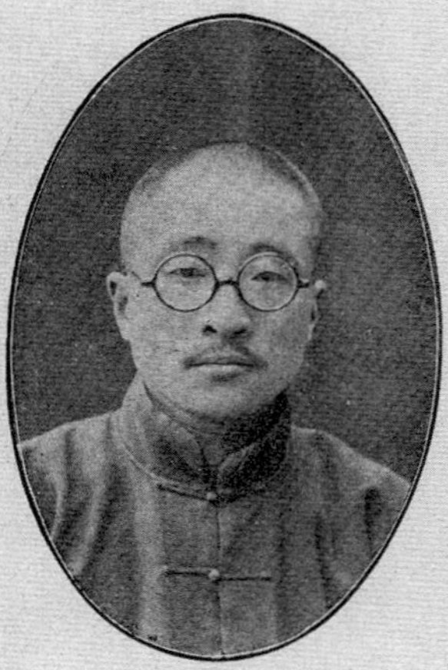

教育系講師
吳家鎮先生

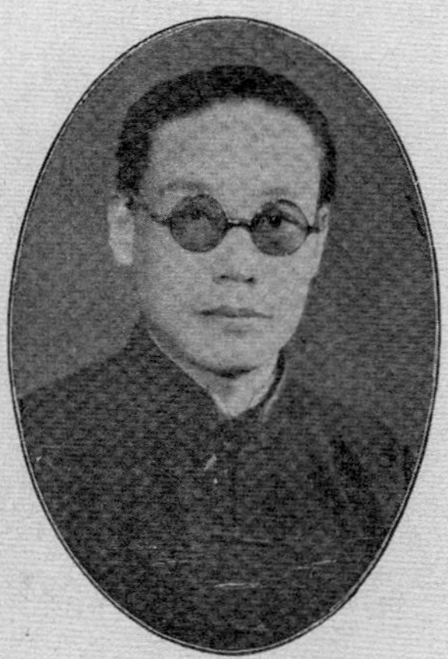

法律系教授
劉志敭先生

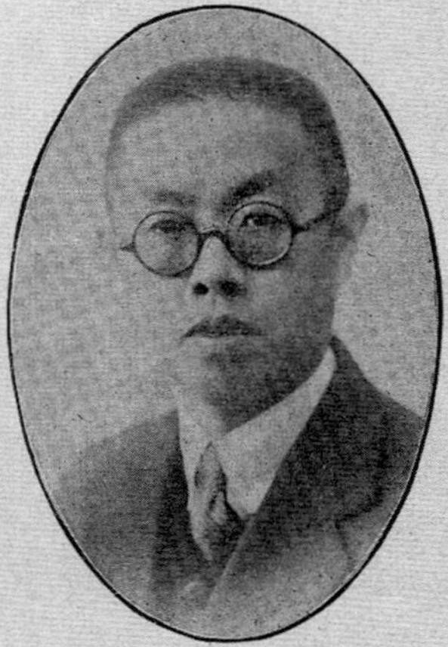

法律系名譽教授
燕樹棠先生

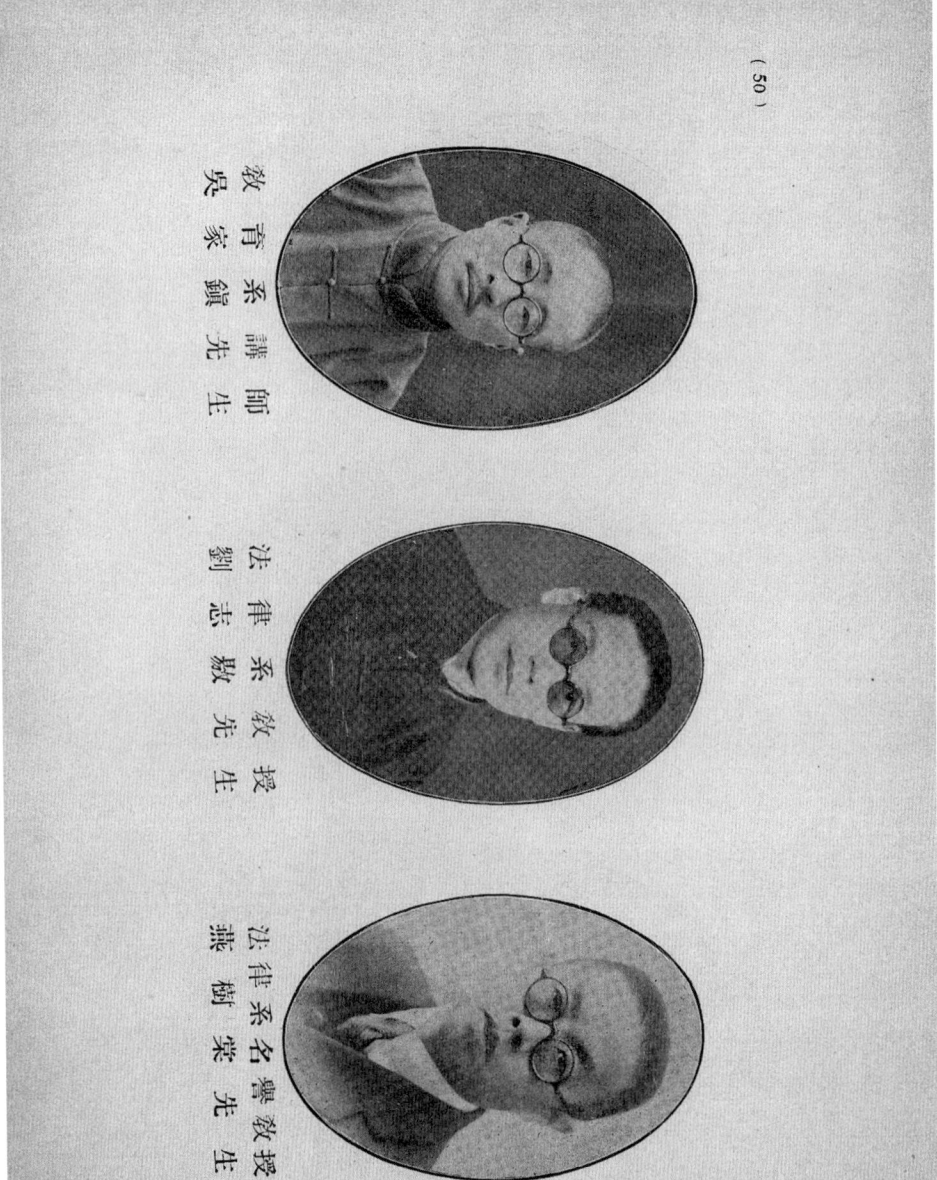

法律系教授
何基鴻先生

法律系講師
程樹德先生

法律系講師
郁　嶷　先生

法律系講師
李浦先生

法律系講師
王覲先生

政治系教授
陶希聖先生

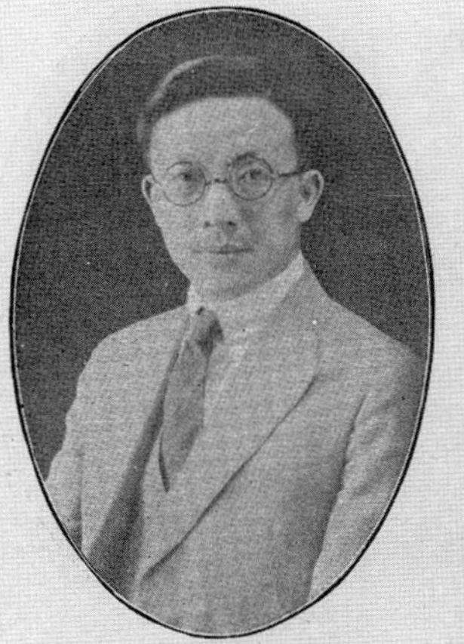

政治系教授
許德珩先生

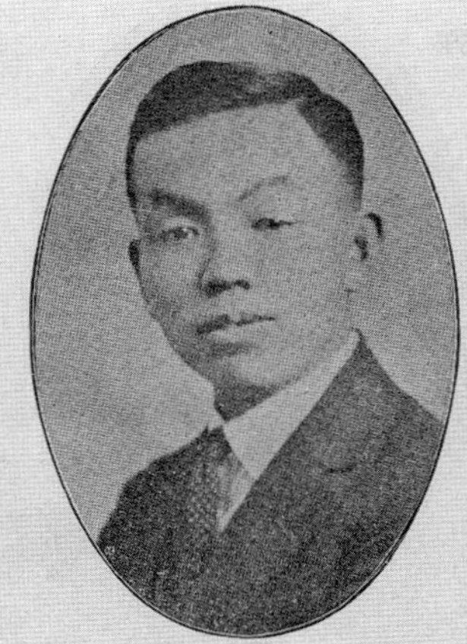

政治系教授
張忠紱先生

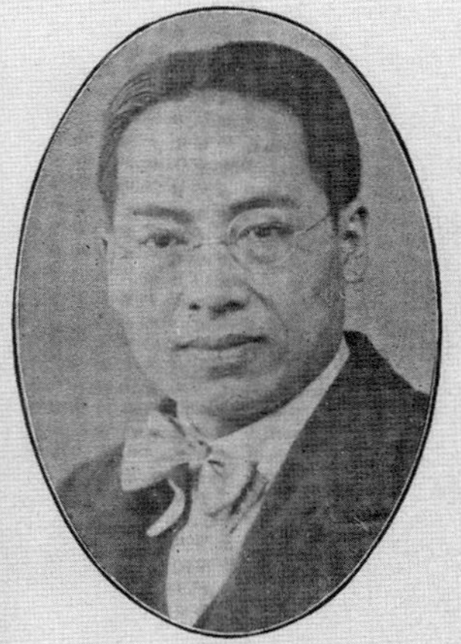

政治系教授
何永佶先生

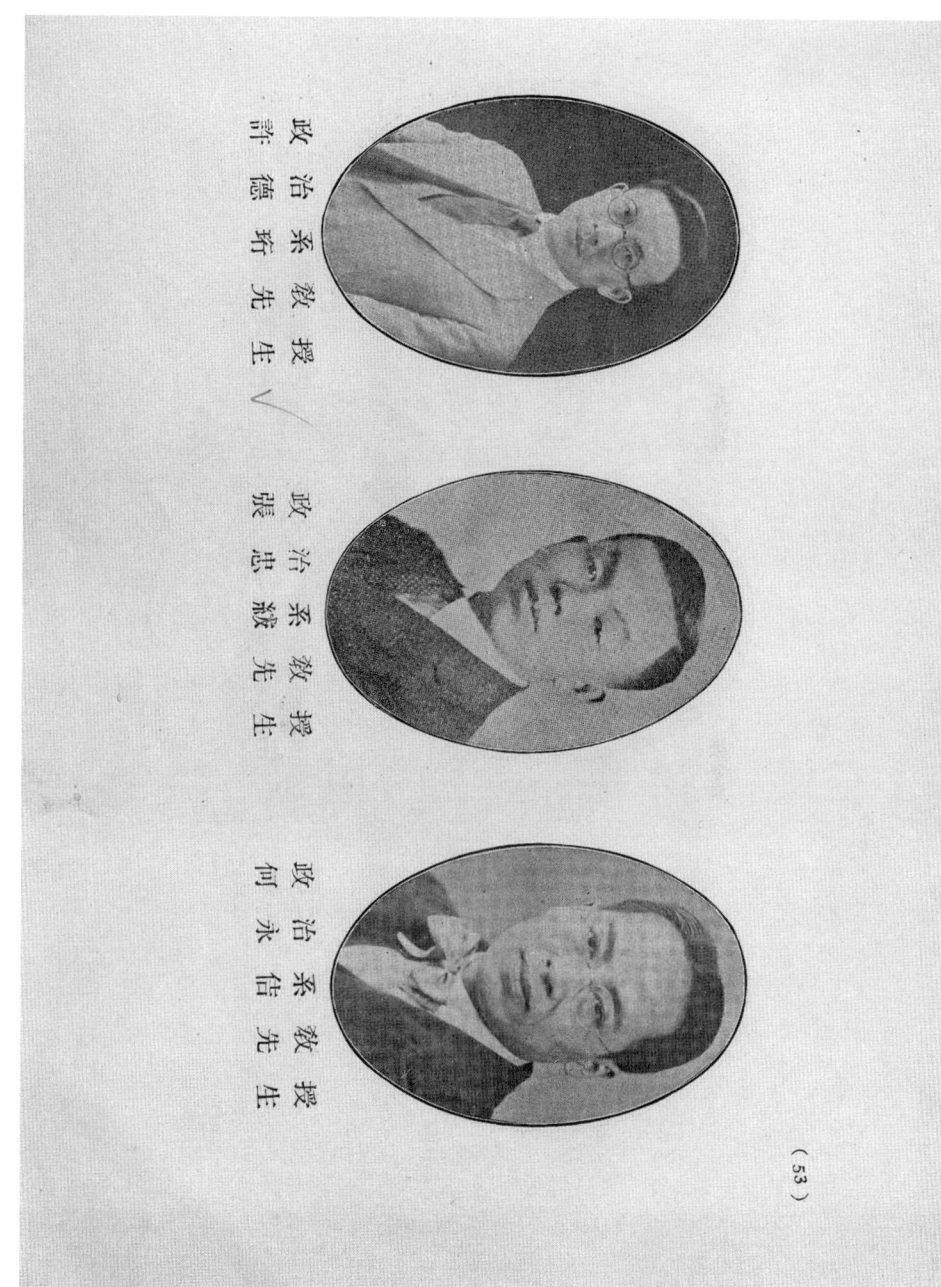

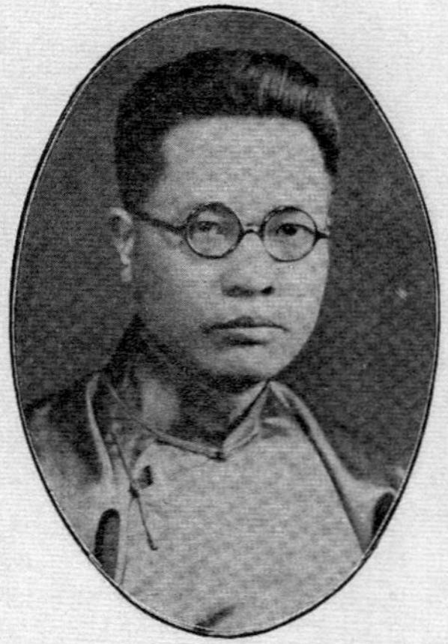

政治系講師
張映南先生

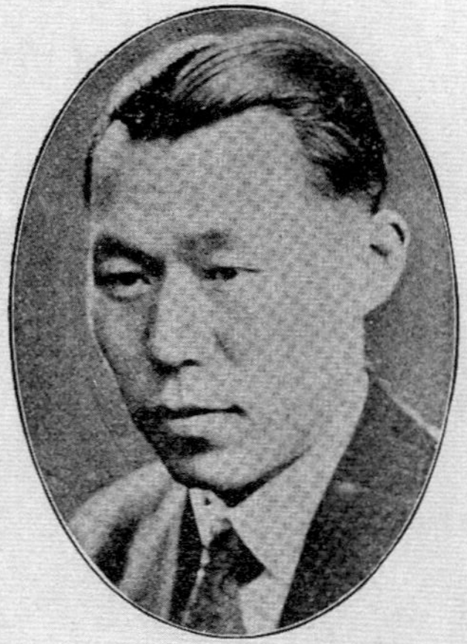

經濟系教授
秦瓚先生

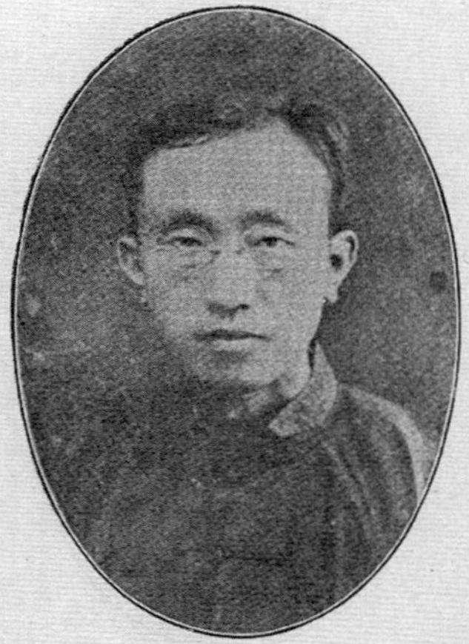

經濟系教授
周作仁先生

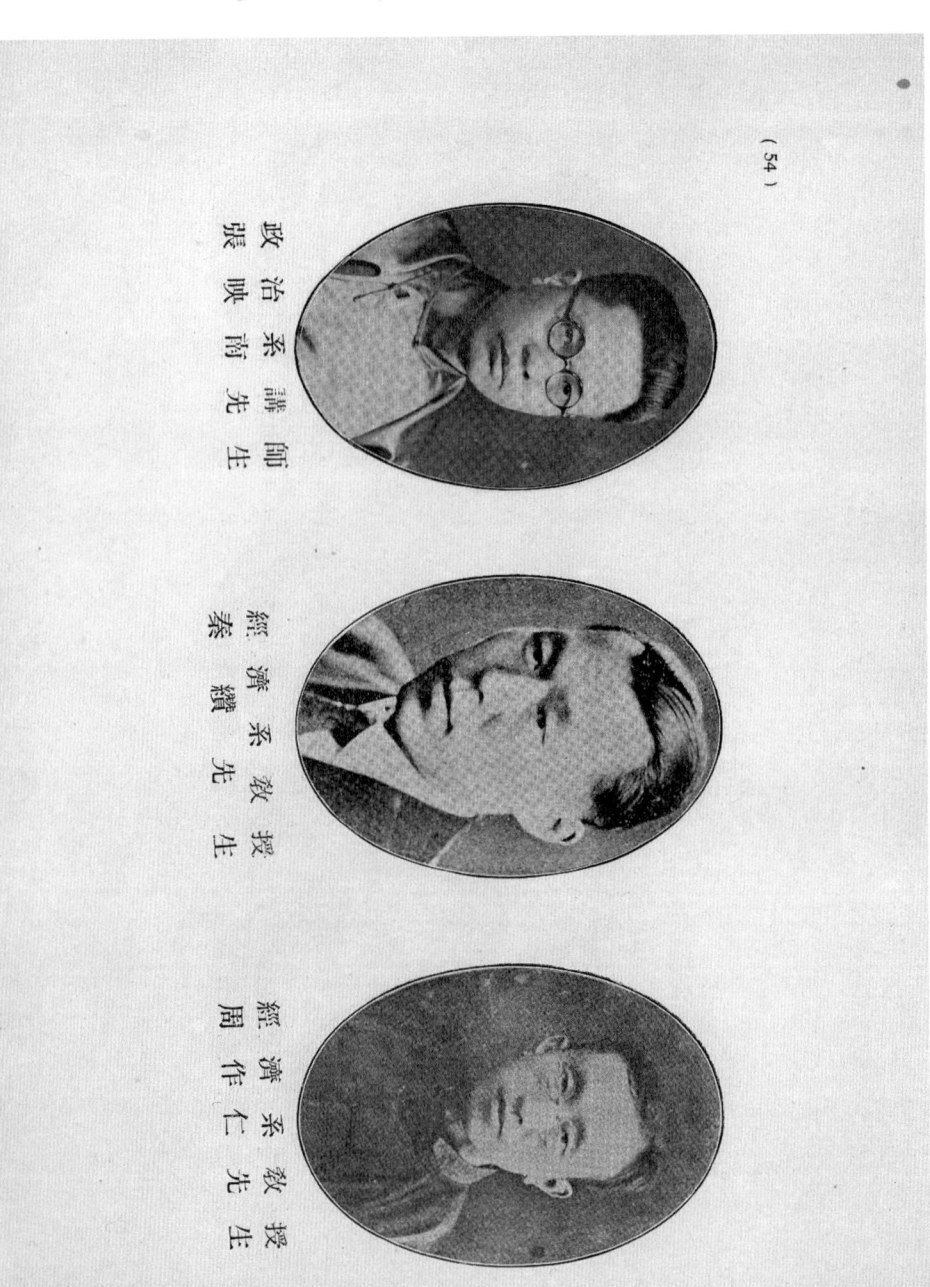

經濟系講師
董時進先生

經濟系講師
盧郁文先生

經濟系講師
余肇池先生

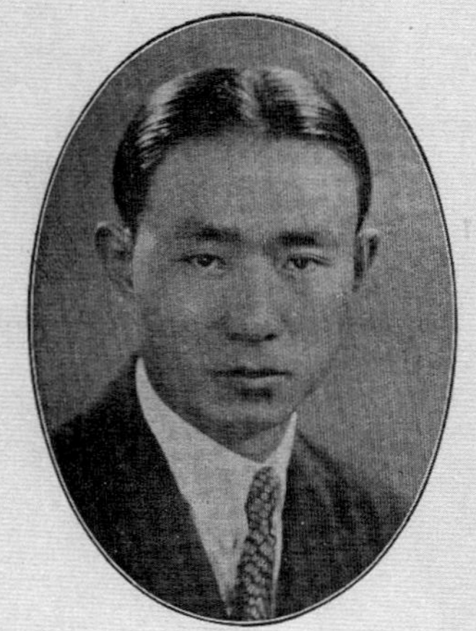

經濟系講師
劉心銓先生

經濟系講師
張春林先生

黨義教師
王宣先生

特約講師
布拉希克先生

特約講師
郎之萬先生

外國文學系法文組教授
屠木蘭先生

哲學系教授
湯用彤先生

國立北京大學一九三三畢業同學全體師生合影

三畢業同學全體師生合影

國立北京大學一九三三畢業

畢業同學
馬衡題

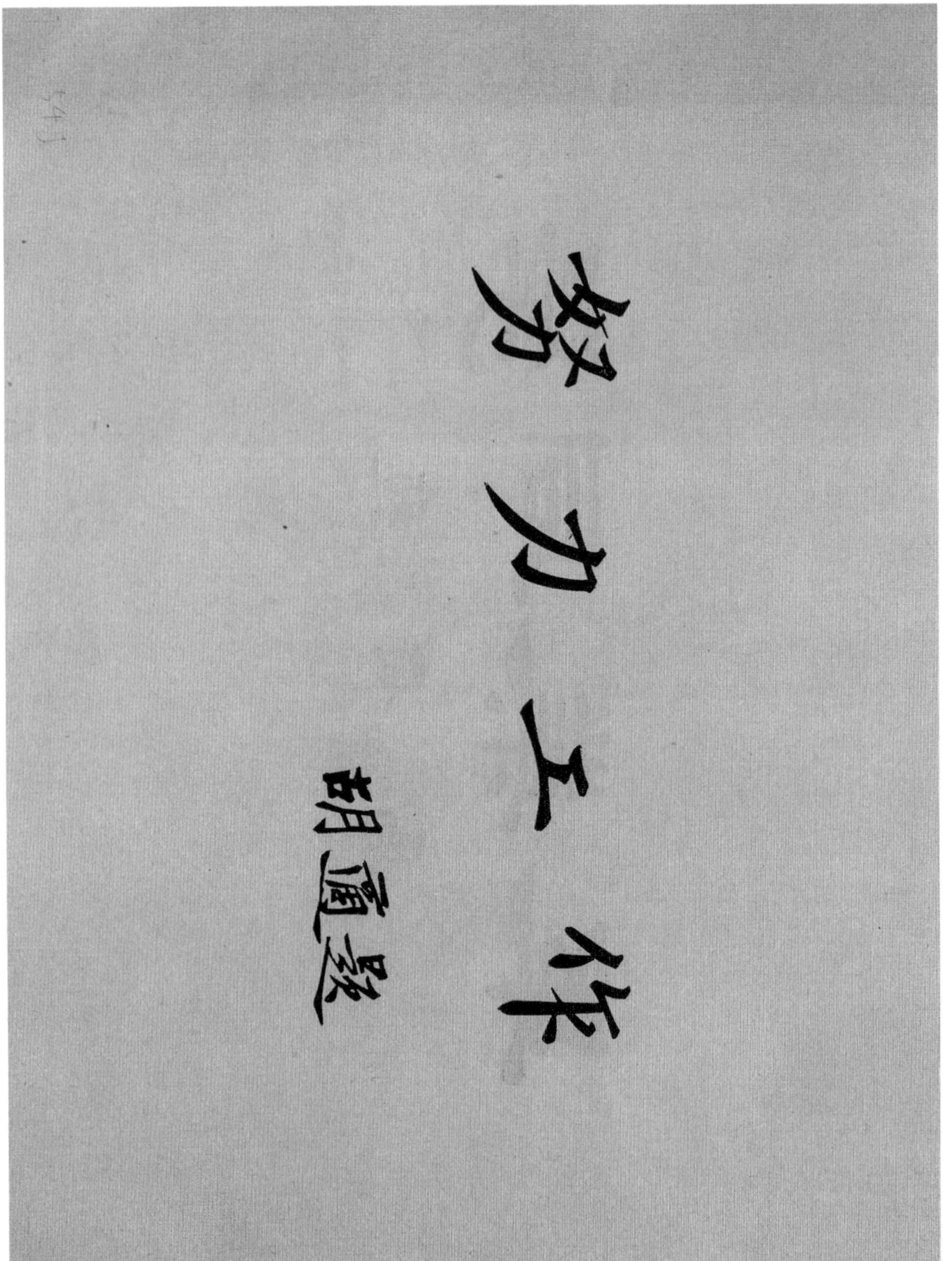
努力工作
胡適題

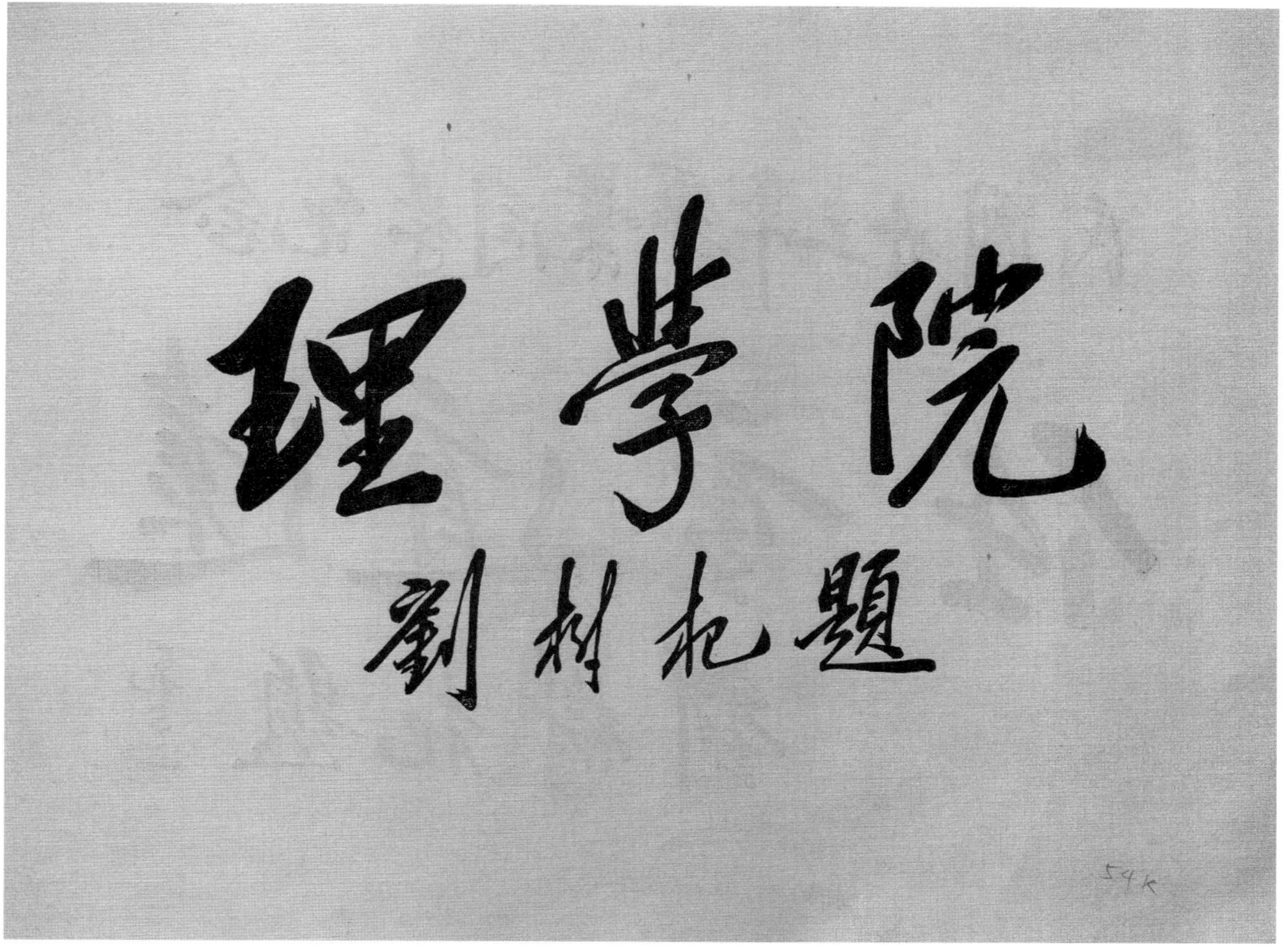
理學院
劉樹杞題

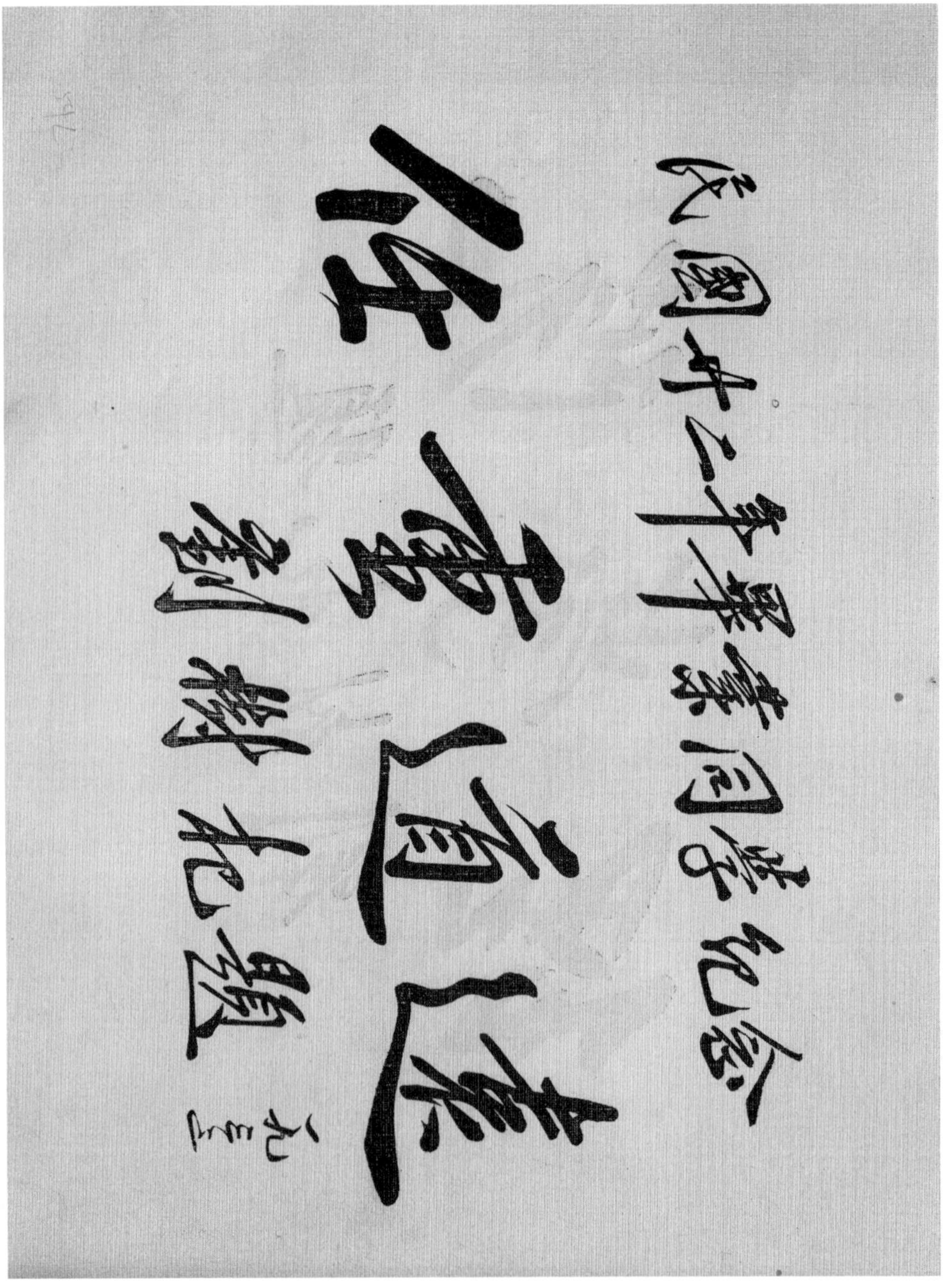
民國廿二年畢業同學紀念
任重道遠
劉樹杞題

數學系

疑古玄同題

王　存　貞

別　號　貞人
籍　貫　河南濬縣
通信處　洪縣河東趙閣村

石　祚　琦

別　號　效涵
籍　貫　山東桓台
通信處　山東張店鎮慶和永轉

汪　全　義

別　號　集生
籍　貫　河南葉縣
通信處　葉縣北大街五十二號

吳英東

別號 靖方

籍貫 吉林伊通

通信處 伊通小孤山街通順德

孟昭廩

別號 養齋

籍貫 山東夏津

通信處 夏津城東淡官屯

張國棟

別號 雲從

籍貫 四川彭山

通信處 本校西齋

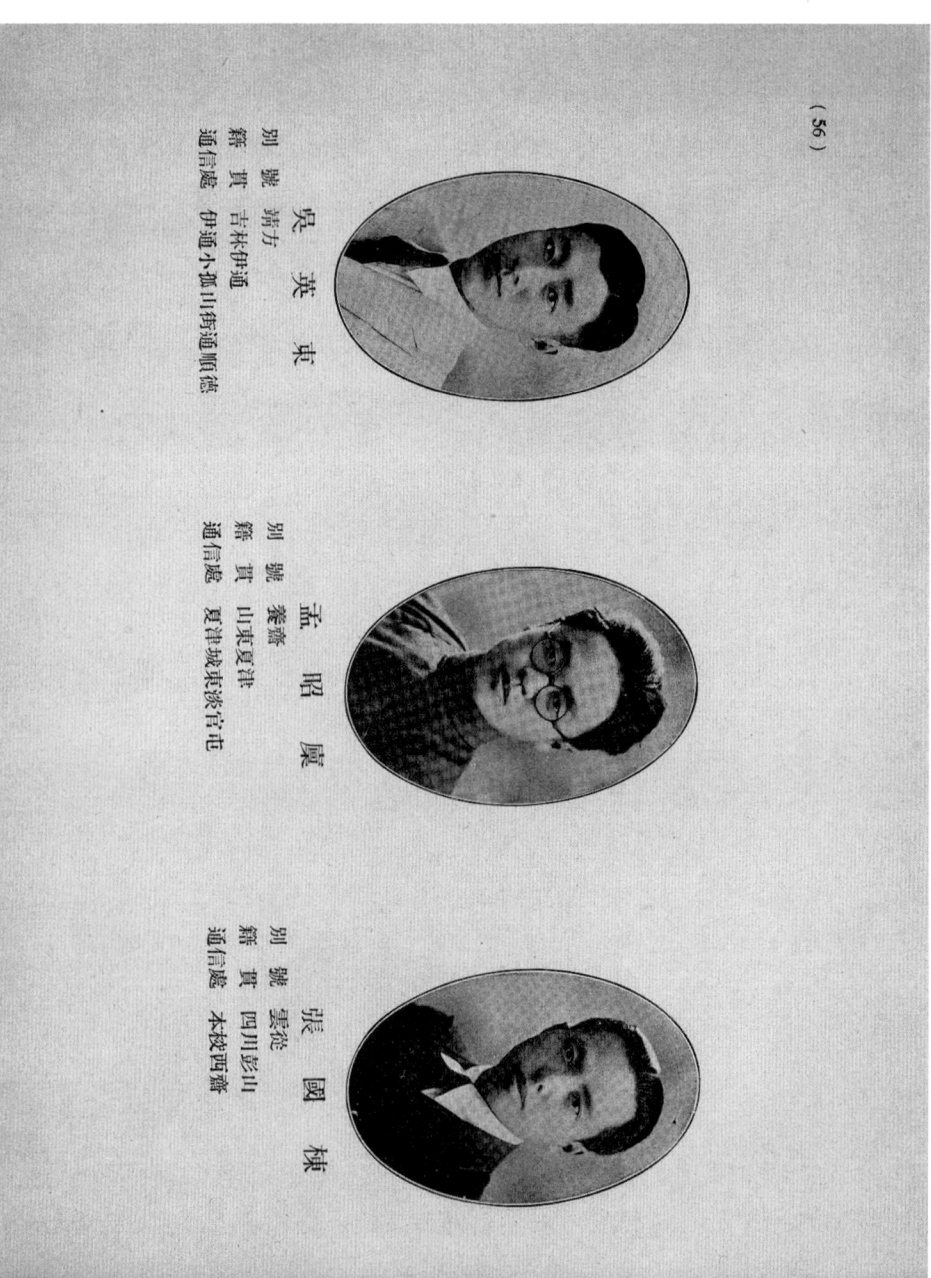

曹國彥

別號 俊亭

籍貫 河南郾城

通信處 河南西平五溝營

嘉康佐

別號 顏才

籍貫 山西夏縣

通信處 夏縣尉都鎮月盛和

物理系

黄節題

王瑞秋

别號　漂蒨
籍貫　河北正定
通信處　正定華北書社

尹以瑩

别號
籍貫　湖北恩施
通信處　恩施薛家巷十三號

江安才

别號
籍貫　廣西桂平
通信處　桂平白沙郵務信箱轉

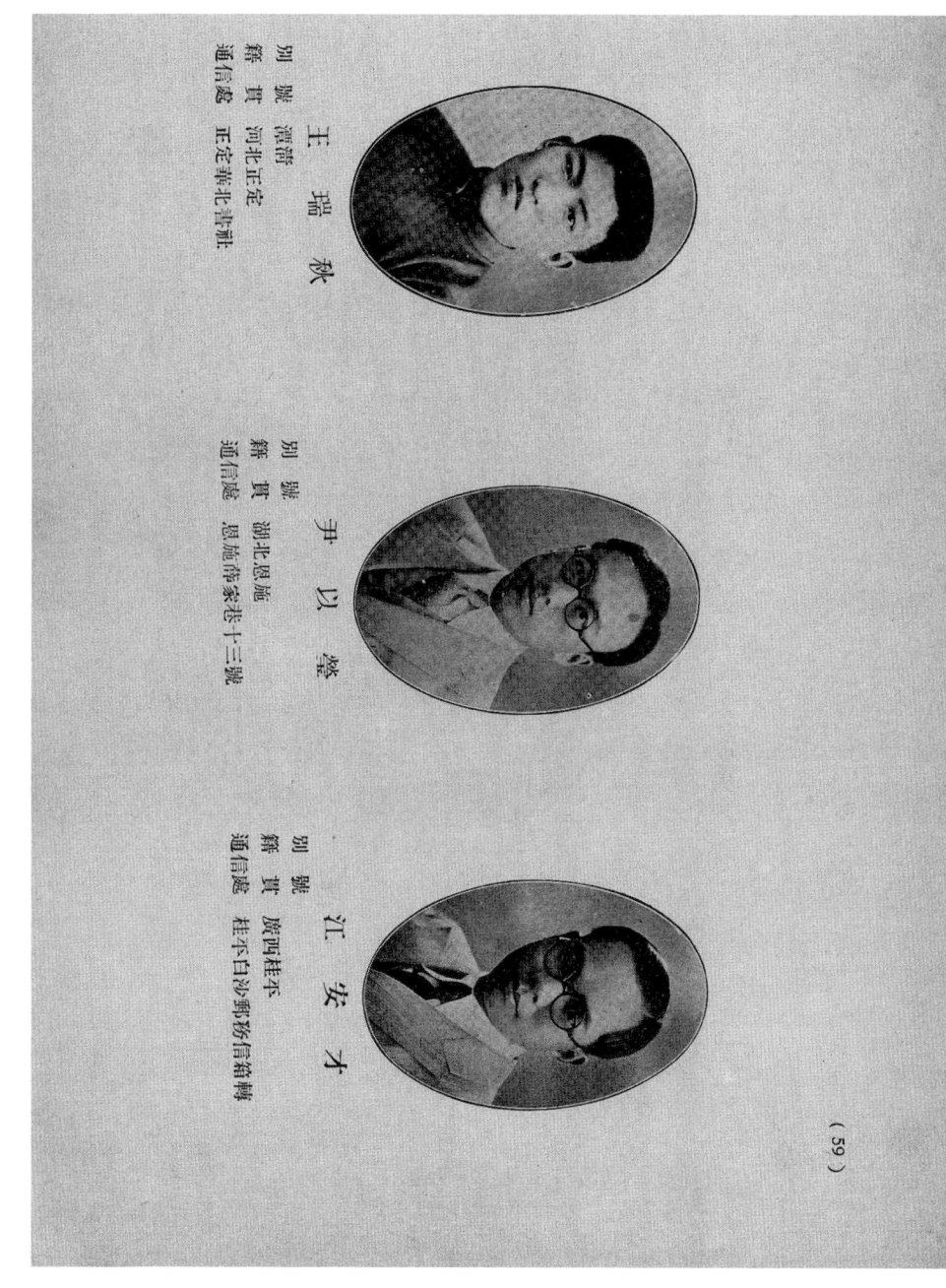

李 志 健

別 號 乾生

籍 貫 廣東瓊山

通信處 瓊州府城繡衣坊李宅

沈 壽 春

別 號

籍 貫 浙江蕭山

通信處 杭州大學路燕子弄

周 昌 壽

別 號

籍 貫 江蘇江陰

通信處 江蘇無錫顧山華豐號

林 詒 盛

別　號

籍　貫　廣東揭陽

通信處　揭陽新新亭鄒健華轉

梁 國 弼

別　號　輔庭

籍　貫　河北天津

通信處　北平西城南魏兒胡同十六號

蔡 陛 龢

別　號　企平

籍　貫　河北薊縣

通信處　安定門內條胡同五十九號

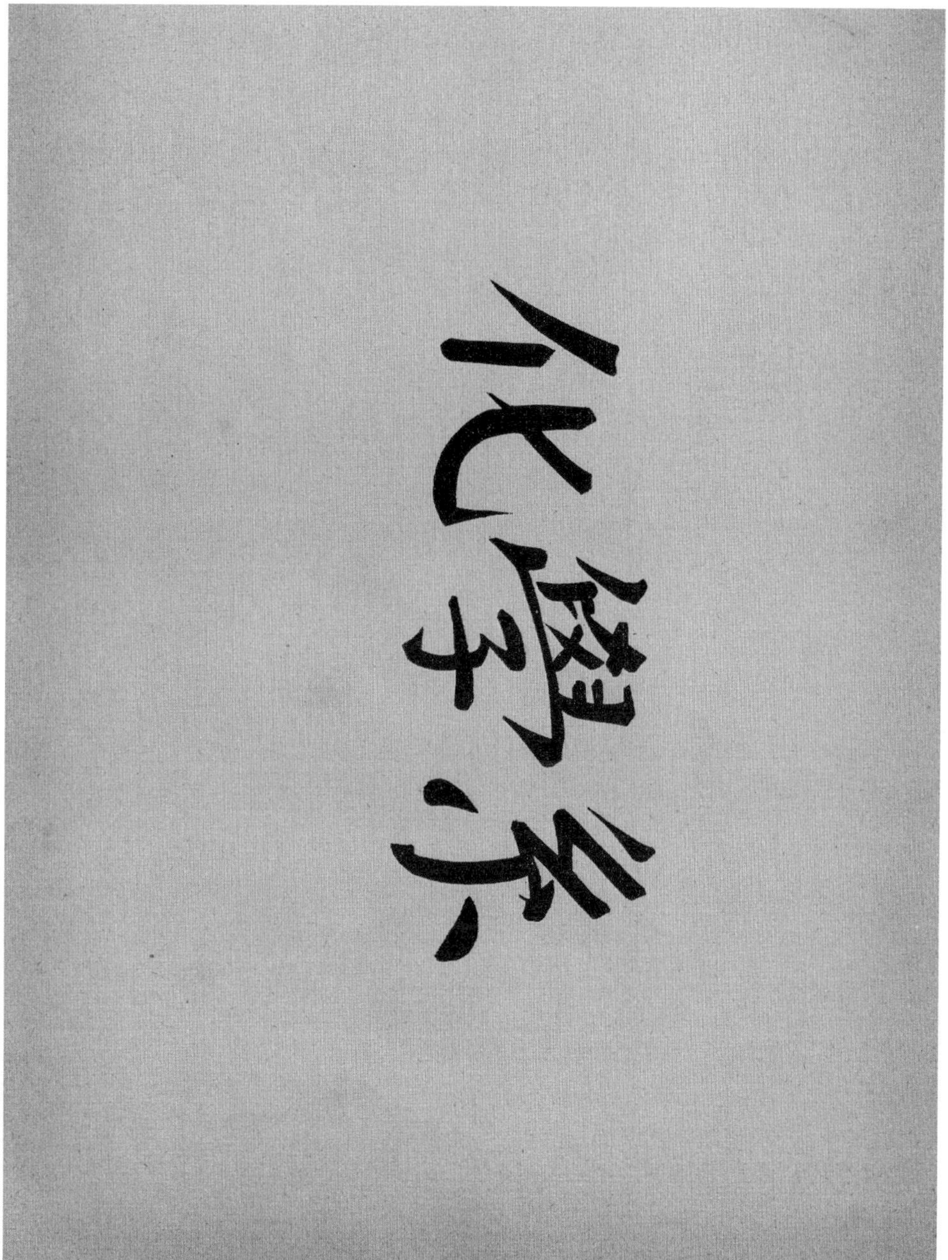
化學系

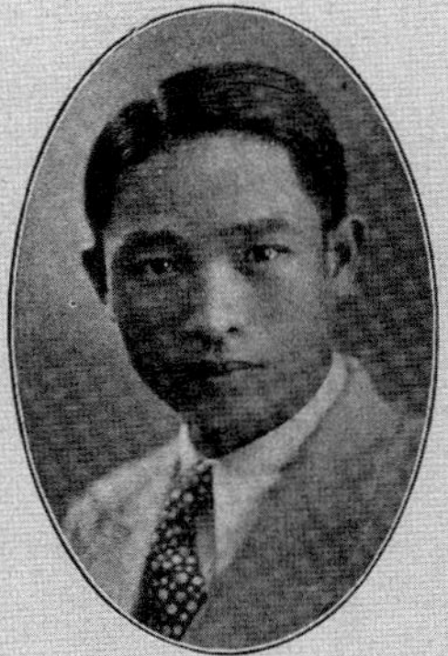

向　理　達

別　號

籍　貫　四川金堂

通信處　成都東大街向氏祠

李　芳　之

別　號　鄂邨

籍　貫　河北定縣

通信處　定縣同合裕

胡　美

別　號　君美

籍　貫　安徽桐城

通信處　蔴狀元胡同十五號

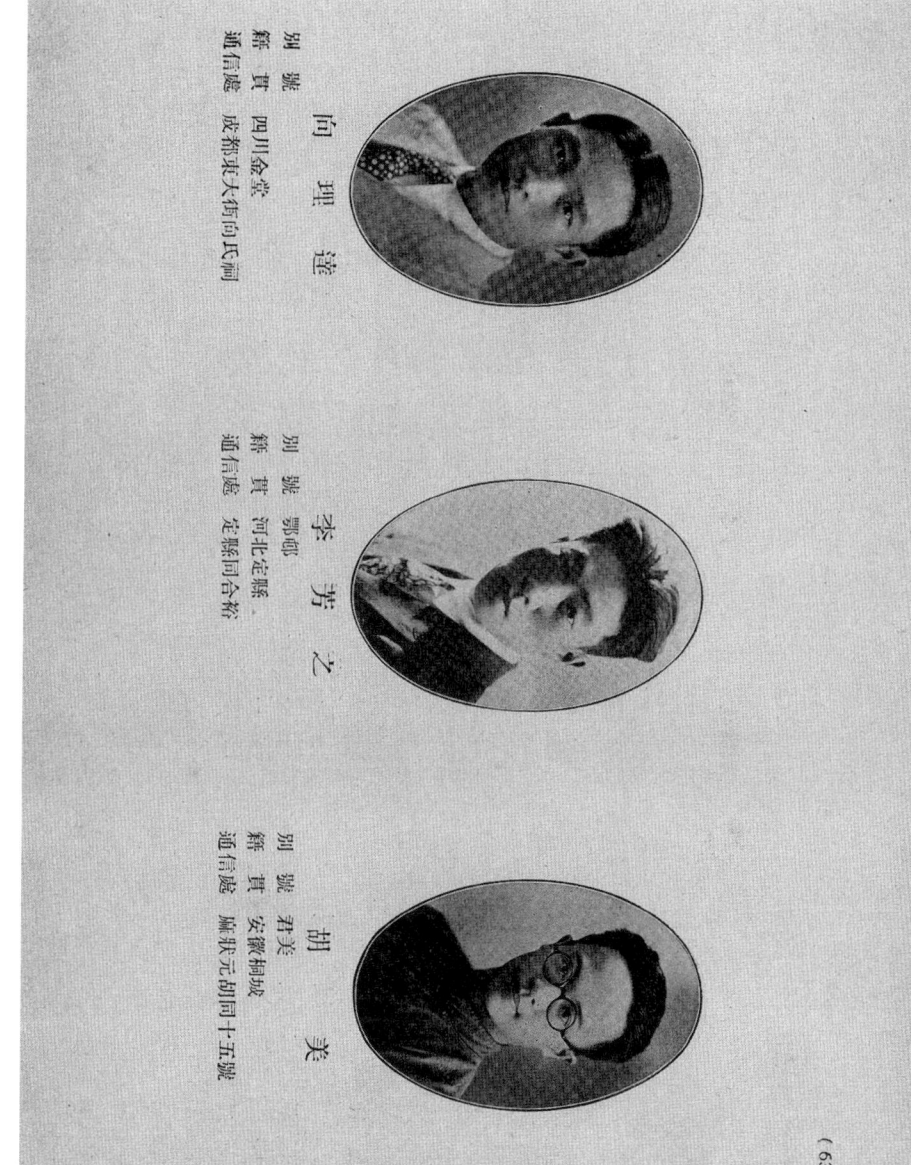

孫典禮

別號 節文

籍貫 河北正定

通信處 正定西北高平村

黃宗安

別號 子敬

籍貫 浙江松陽

通信處 松陽集成布店

符綬璽

別號 琴仿

籍貫 廣東文昌

通信處 文昌文教市廣合號

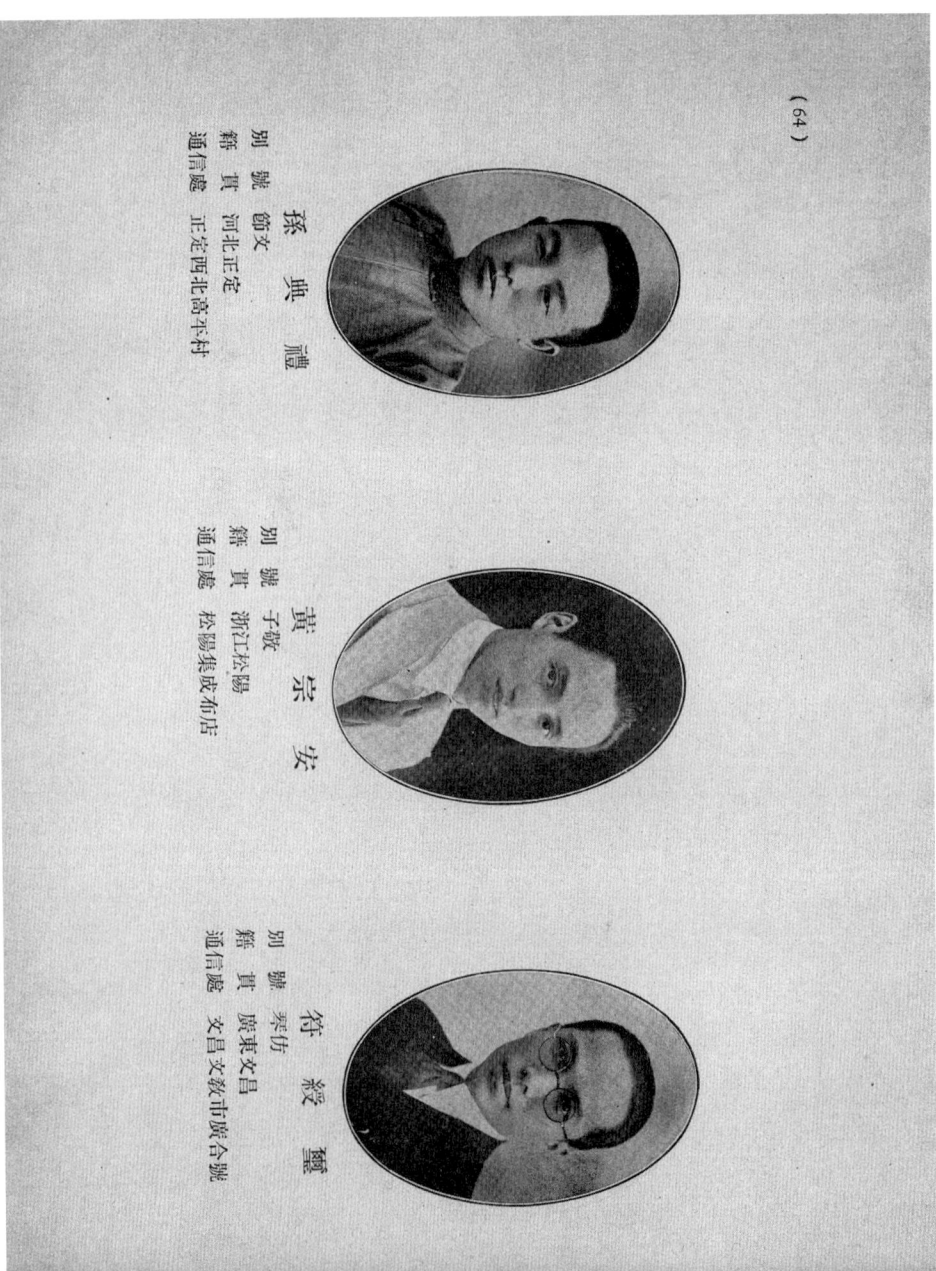

地質學系

李四光題

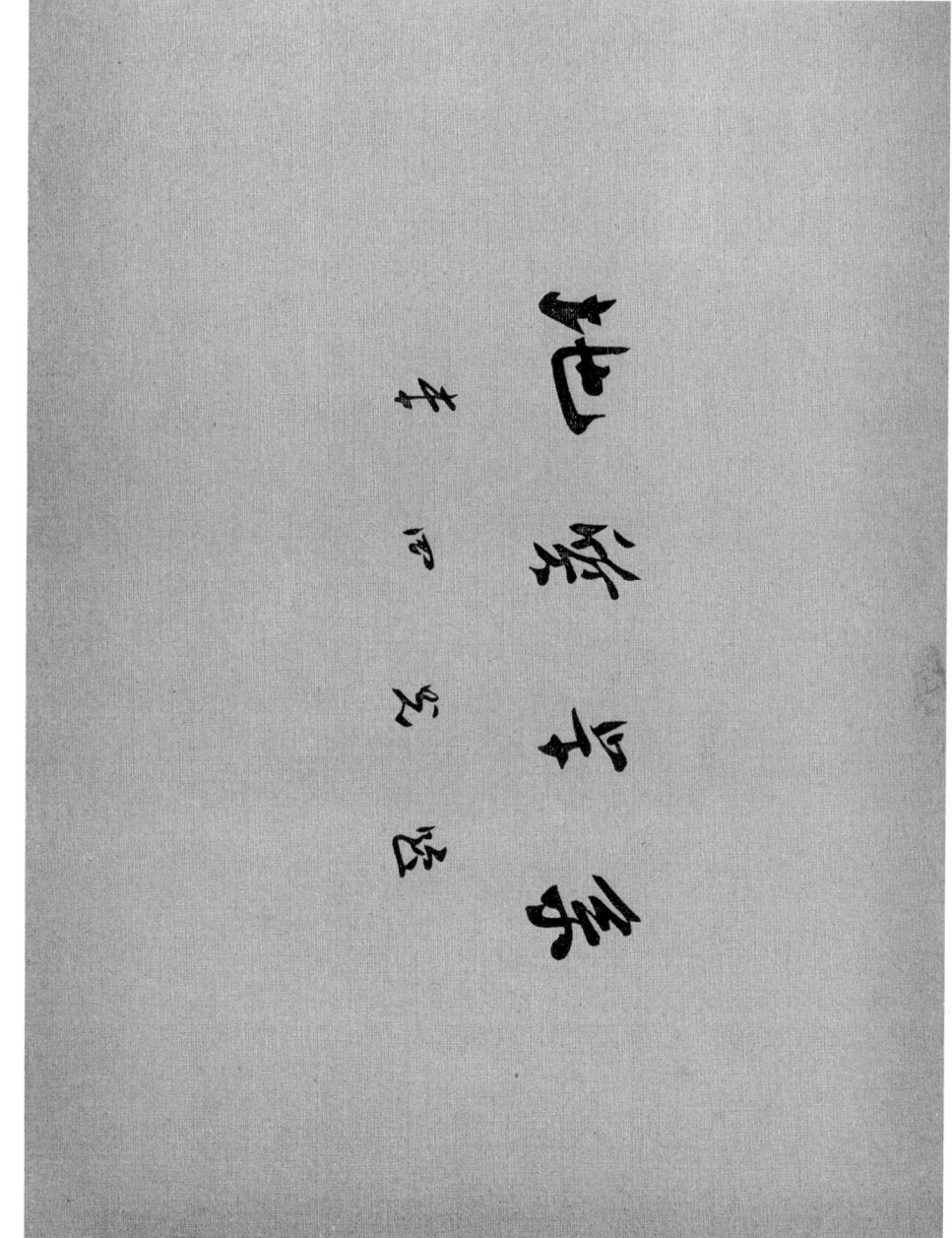

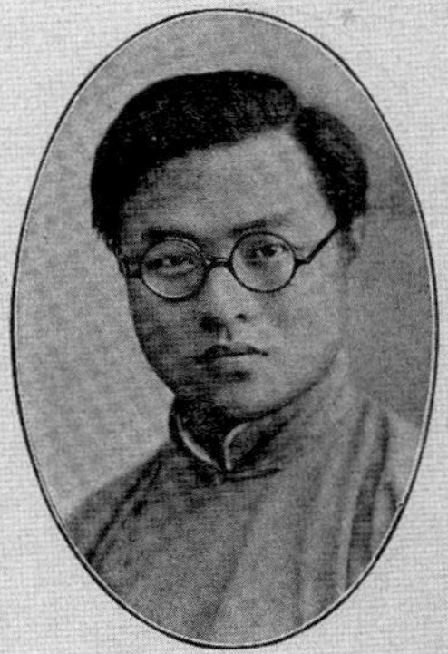

王　鈺

別　號　勿齋

籍　貫　河北深澤

通信處　深澤西街

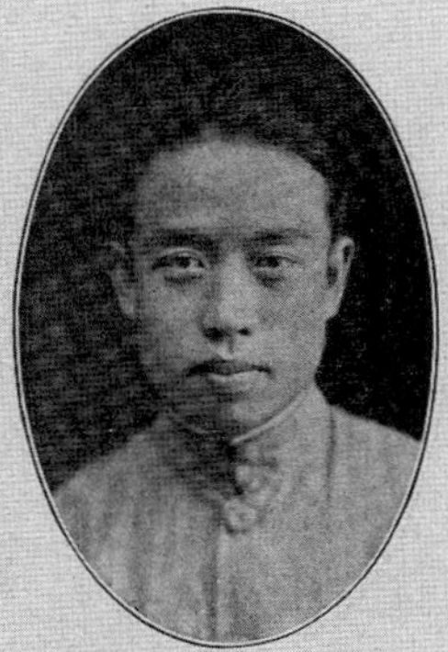

周　宗　浚

別　號　啓源

籍　貫　山東膠縣

通信處　膠縣城內西南關小校場周宅

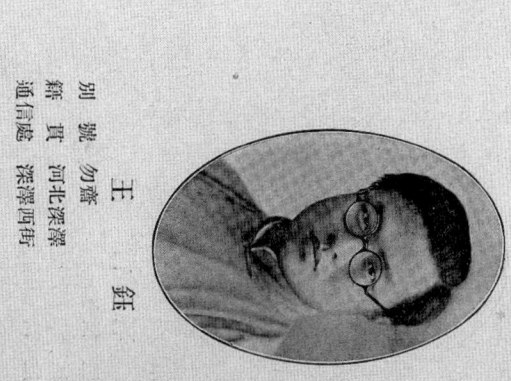

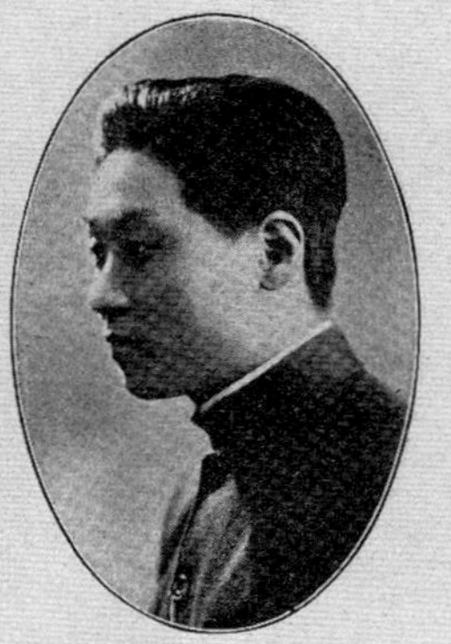

馬　振　圖

別　號　龍先
籍　貫　吉林楡樹
通信處　長春轉務字大八號鎮

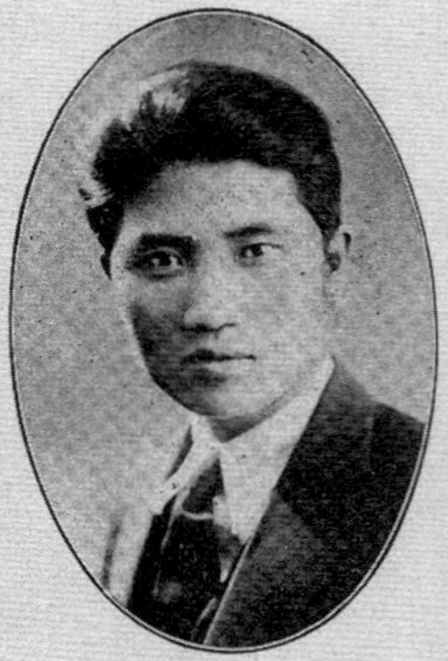

靳　古　訓

別　號　徵今
籍　貫　河南沁陽
通信處　河南焦作憑心公司

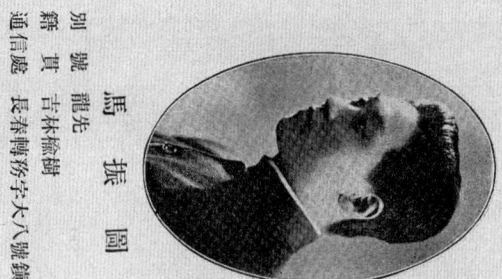

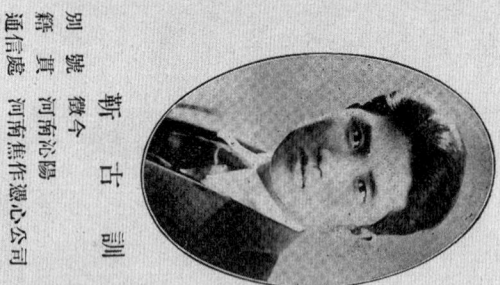

生物系
黃節題

顧　東　岳

別　號　鍾秀

籍　貫　河北任邱

通信處　天津馬廠西臥佛堂鎮滿堂村

熊　懋　楨

別　號　幹周

籍　貫　安徽鳳陽

通信處　蚌埠南劉府鎮

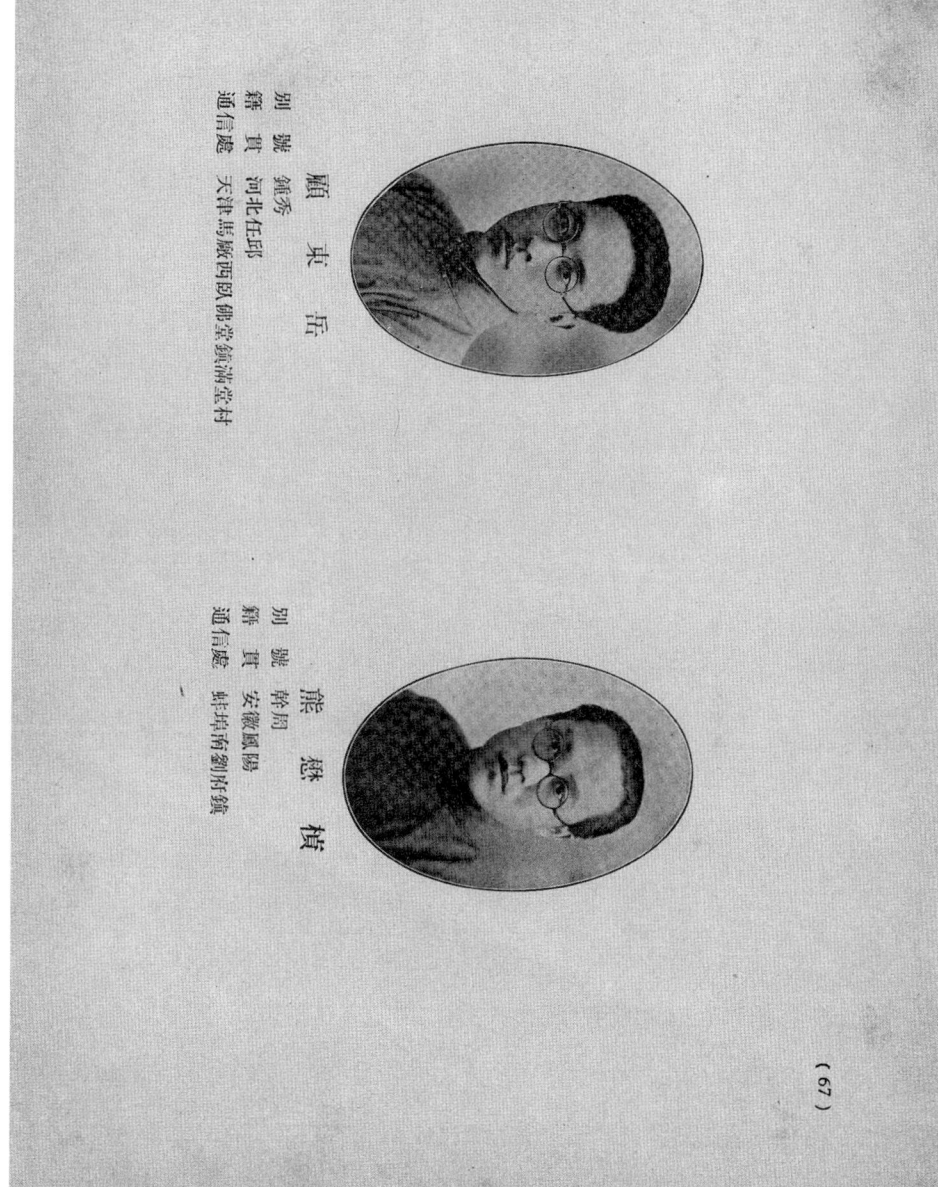

(89)

心理學系

樊際昌題

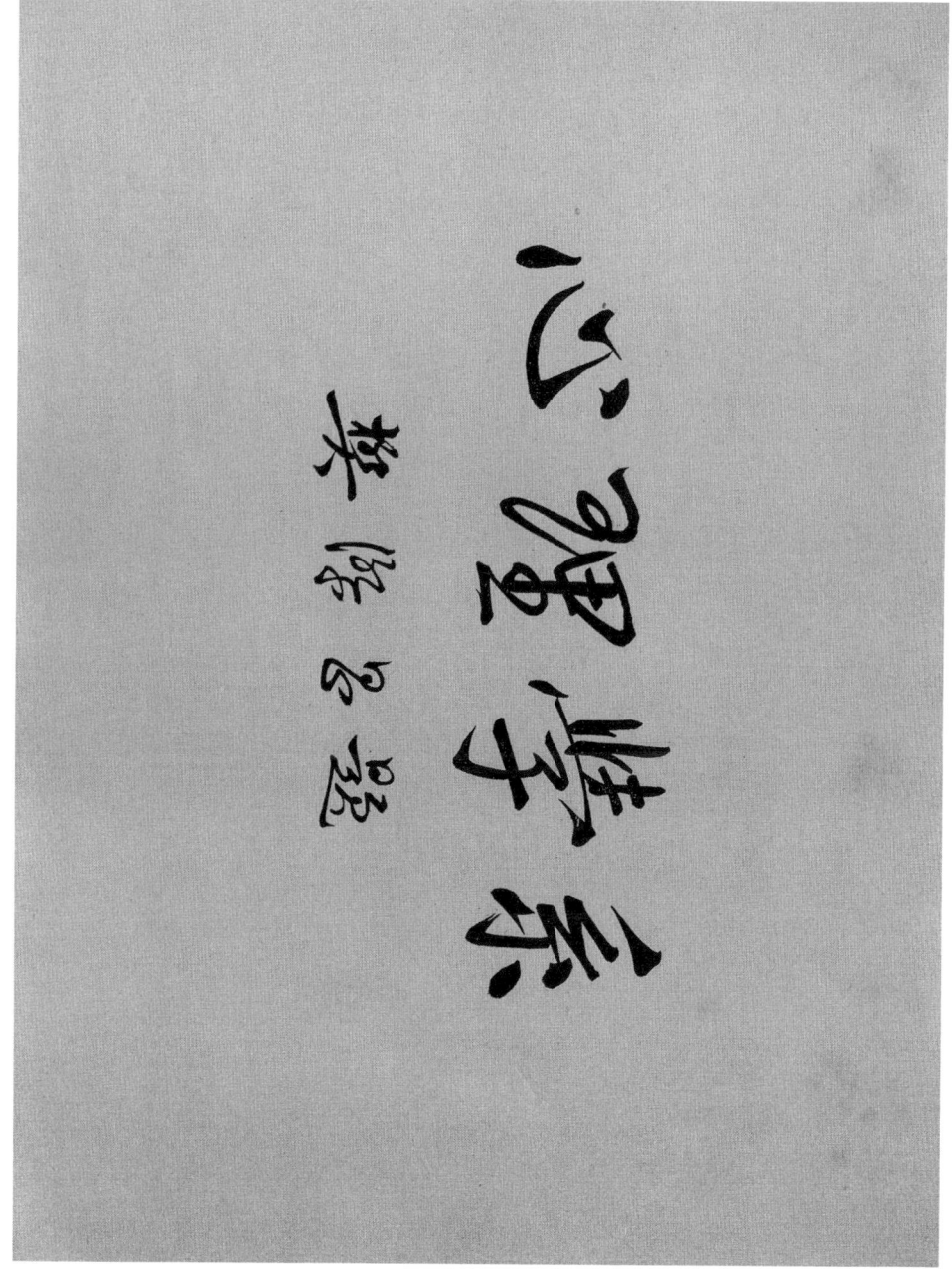

徐　秉　經

別　號　正甫
籍　貫　山東曹縣
通信處　曹縣城西南徐樓

張　香　桐

別　號　一梨
籍　貫　河北獲鹿
通信處　河北獲鹿

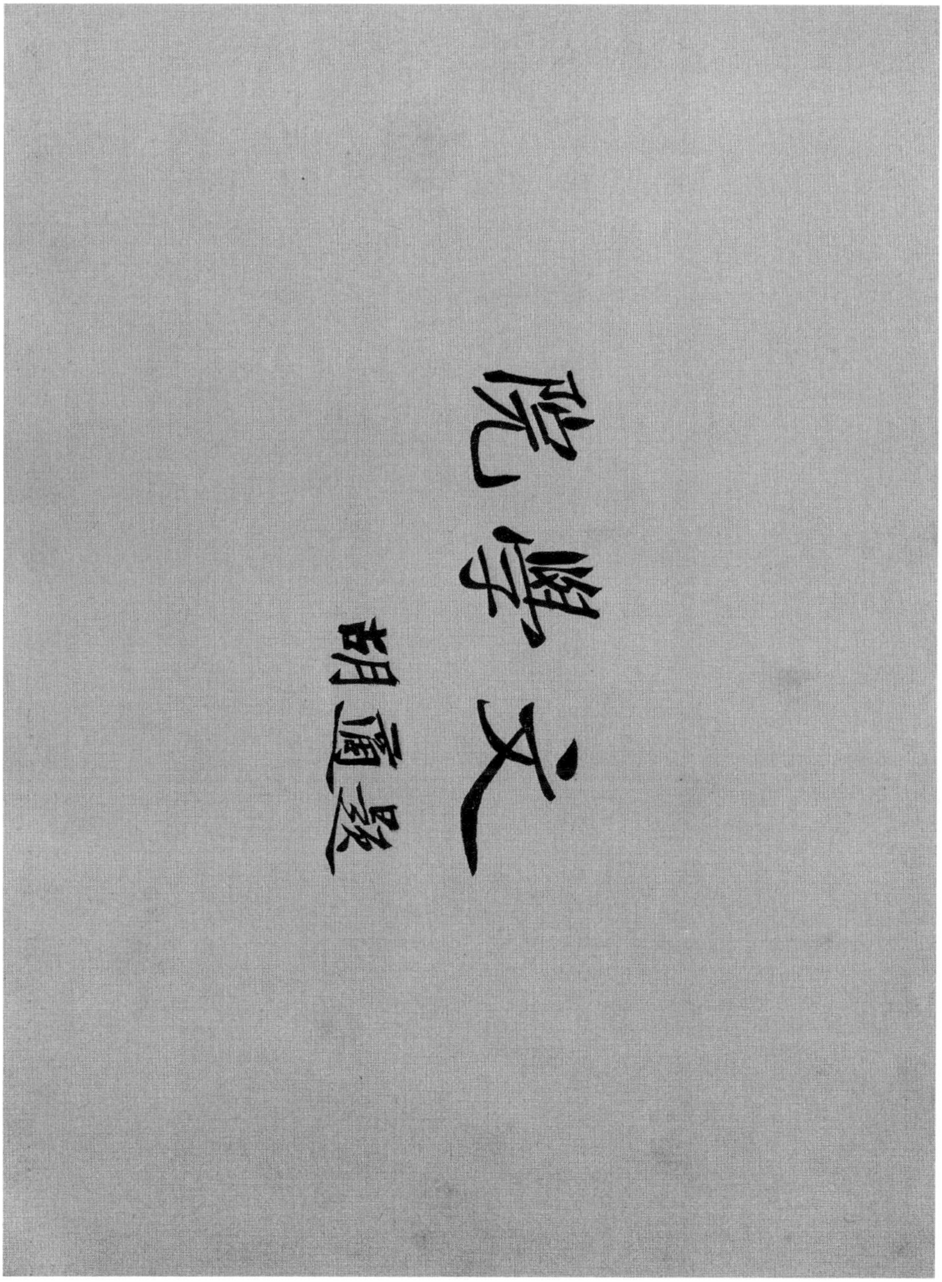
文學院
胡適題

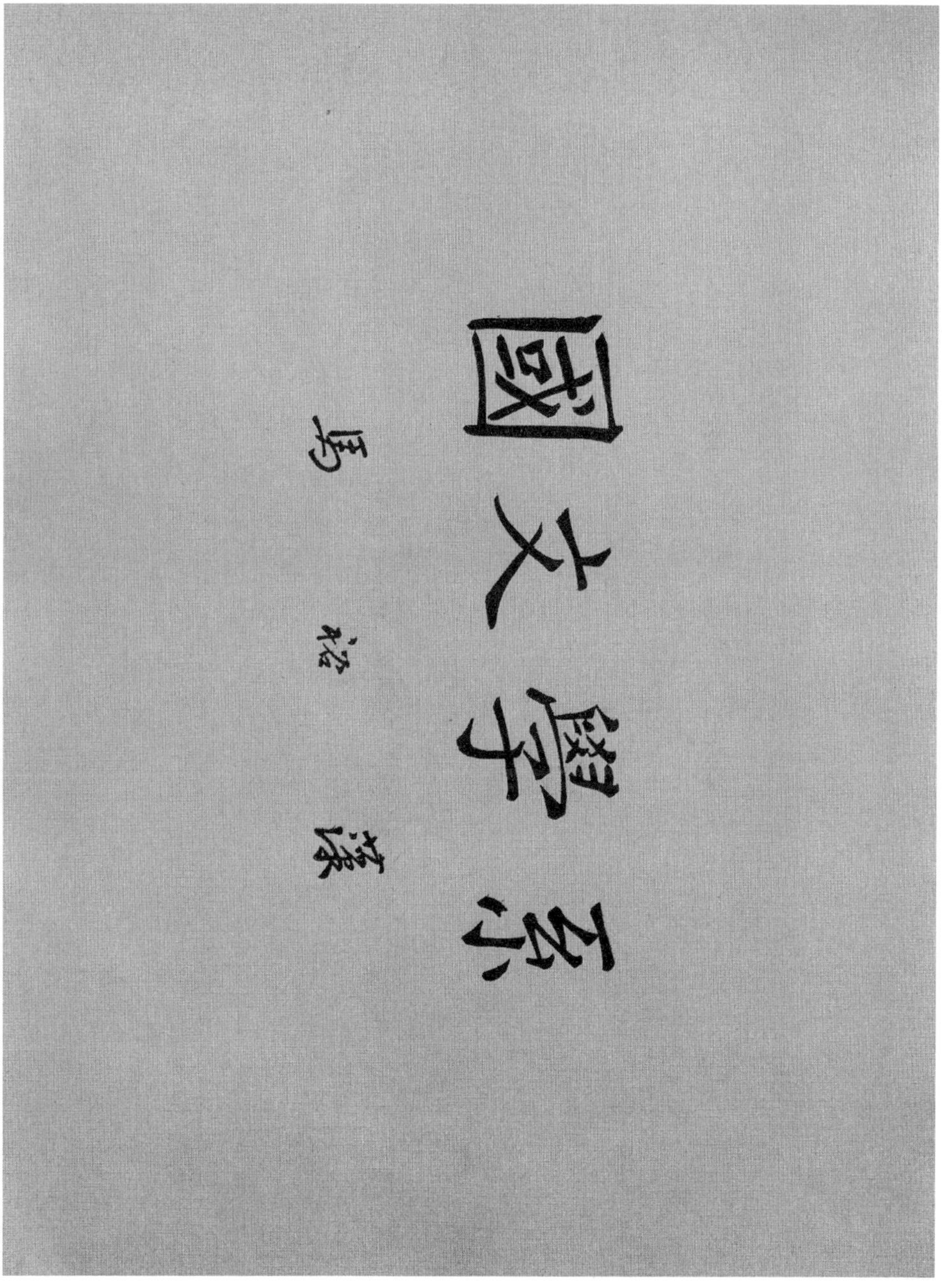
國文學系
馬裕藻

王孔武

別號

籍貫 陝西鄠縣

通信處 陝西省城西大街王三錫號收

王炎生

別號 煥宇

籍貫 吉林濱江

通信處 吉林省城德勝門內憲兵營胡同七號

王輝曾

別號 蔭濃

籍貫 河北天津

通信處 天津宜興埠

呂存心

別號 正源

籍貫 山東高苑

通信處 高苑呂家寨

白淵

別號 雲僧

籍貫 四川涪陵

通信處 涪陵鶴遊鎮白家場

白傑

別號 希三

籍貫 河北平山

通信處 平山北關慶豐棧轉

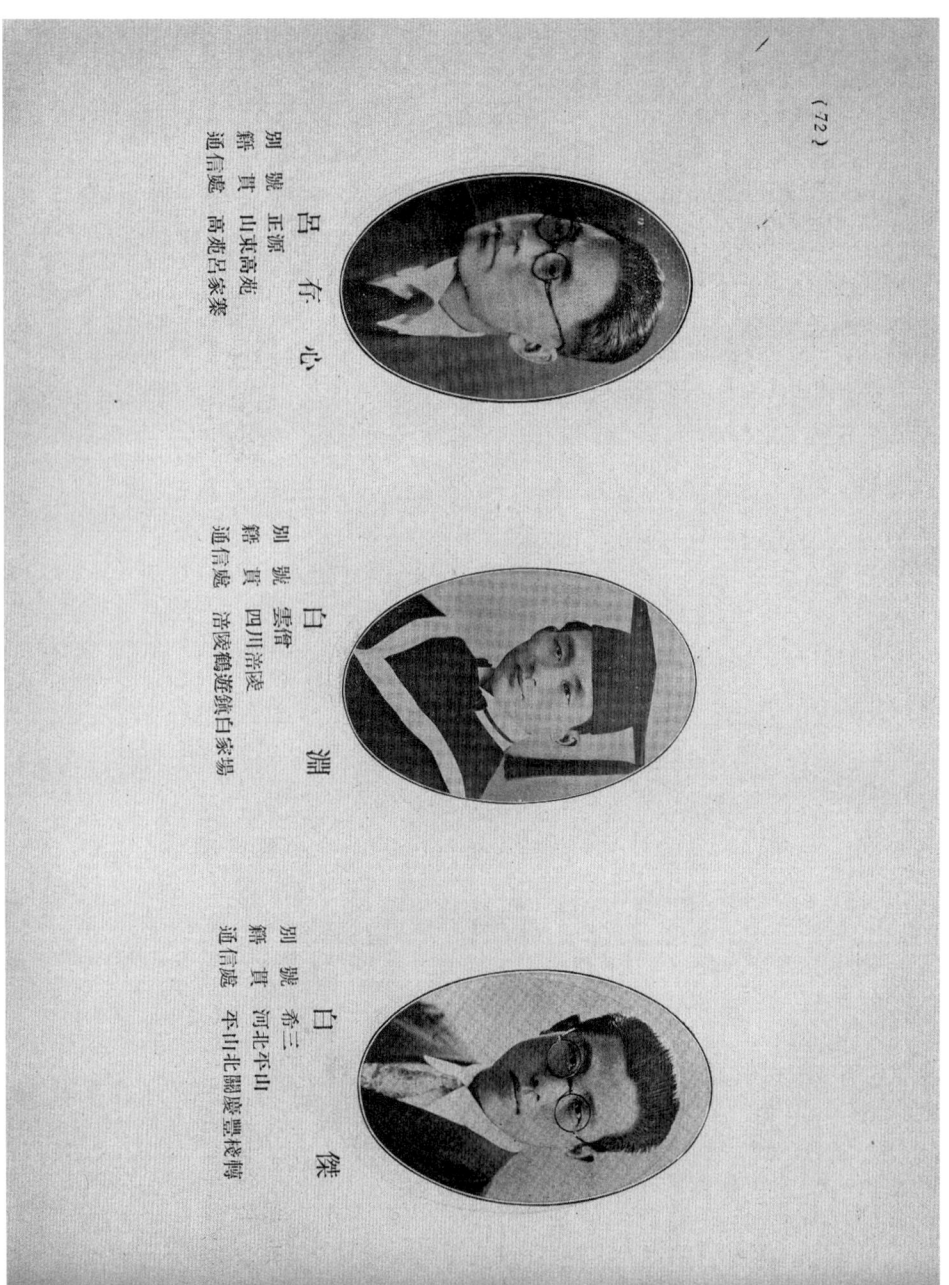

李本貫

別號 重山

籍貫 察哈爾宣化

通信處 宣化南鄉嘒村

李滋華

別號 棣生

籍貫 山東博山

通信處 博山太河

李長山

別號

籍貫 河北唐縣

通信處 唐縣白沙村

朱 植 華

別 號 仲潁

籍 貫 廣東萬甯

通信處 瓊州萬甯城內張起蛟轉

朱 滋 萃

別 號 聚之

籍 貫 浙江嘉興

通信處 嘉興新塍西柵

任 今 才

別 號 幹忱

籍 貫 山東平原

通信處 平原城東任莊

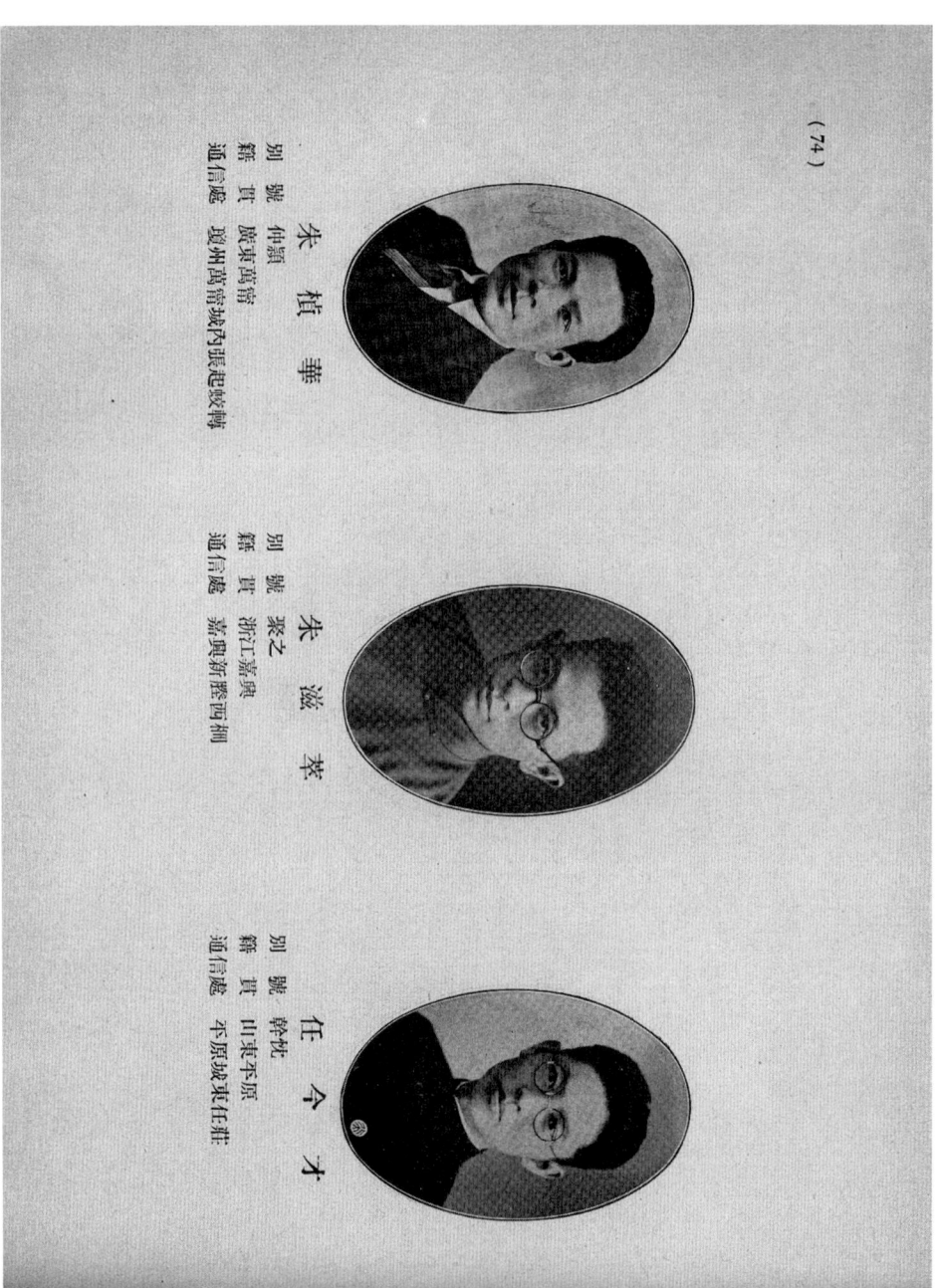

劉芳勳

別號　香山
籍貫　河南濬縣
通信處　淇縣河東趙崗村

劉繼曾

別號　仲興
籍貫　河北徐水
通信處　徐水蘆草灣

彭榮棠

別號　景召
籍貫　河北靈壽
通信處　靈壽東關萬順德

侯 宗 魯

別 號 于東

籍 貫 四川營山

通信處 營山迴龍場郵轉

崔 新 民

別 號 聖吾

籍 貫 河北遵化

通信處 遵化平安城鎮聚泉棧

郭 光 華

別 號 景宇

籍 貫 河北大名

通信處 大名金灘鎮協和坊

趙　士　煒

別　號　孟彤
籍　貫　貴州貴陽
通信處　太平湖五道廟甲五號

華　連　圃

別　號　鍾彥
籍　貫　遼甯瀋陽
通信處　遼甯省城小東關東昌北棧

婁　幻

別　號　幻影
籍　貫　吉林敦化
通信處　敦化東關婁宅

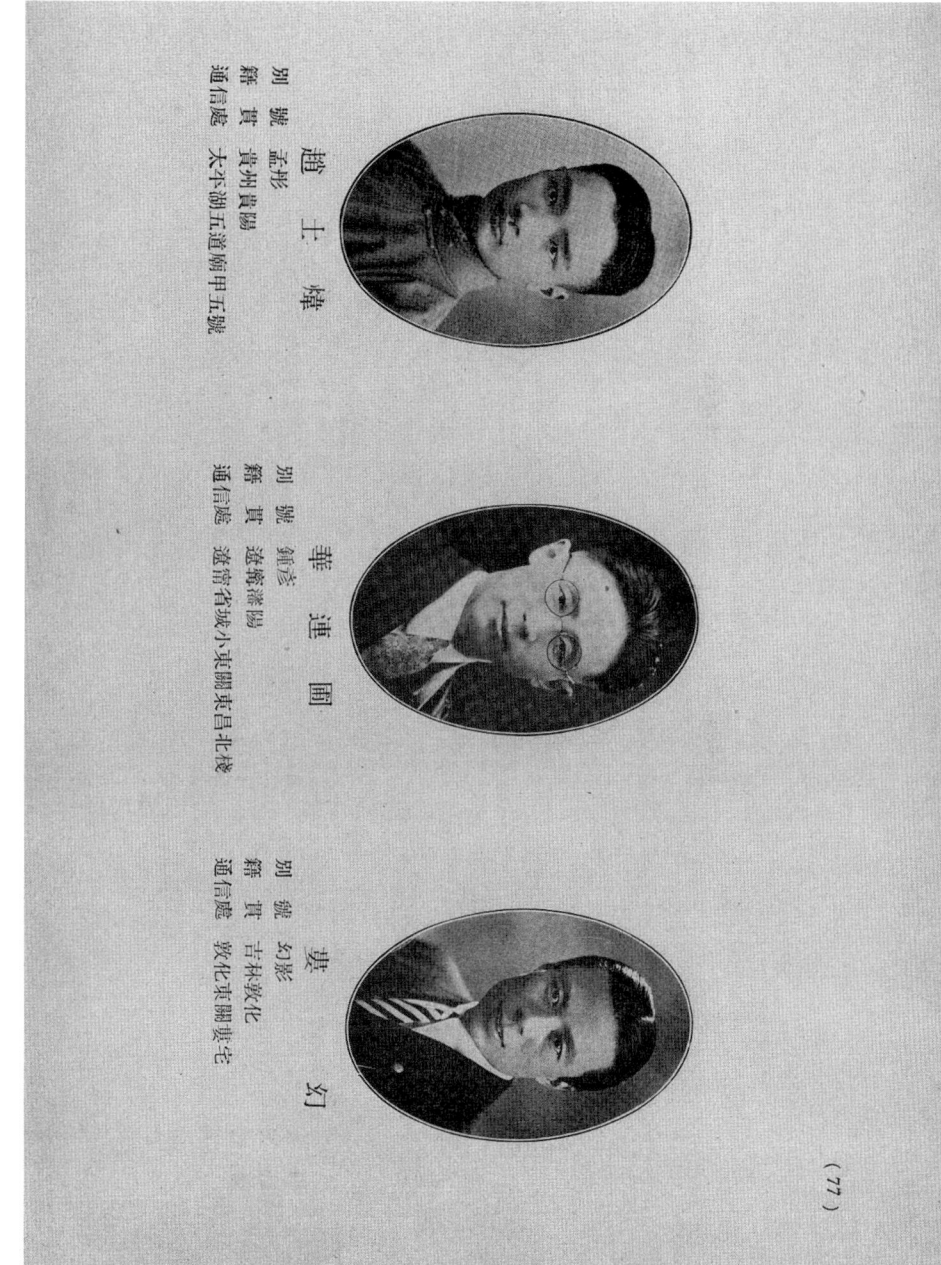

韓士傑

別號

籍貫 河北饒陽

通信處 饒陽南韓村

魏紹謙

別號 仲撝

籍貫 山東萊蕪

通信處 萊蕪教育局

姚樹崢

別號 述隱

籍貫 河北沙河

通信處 平漢褡褳鎮車站轉

外國文學系

馬衡題

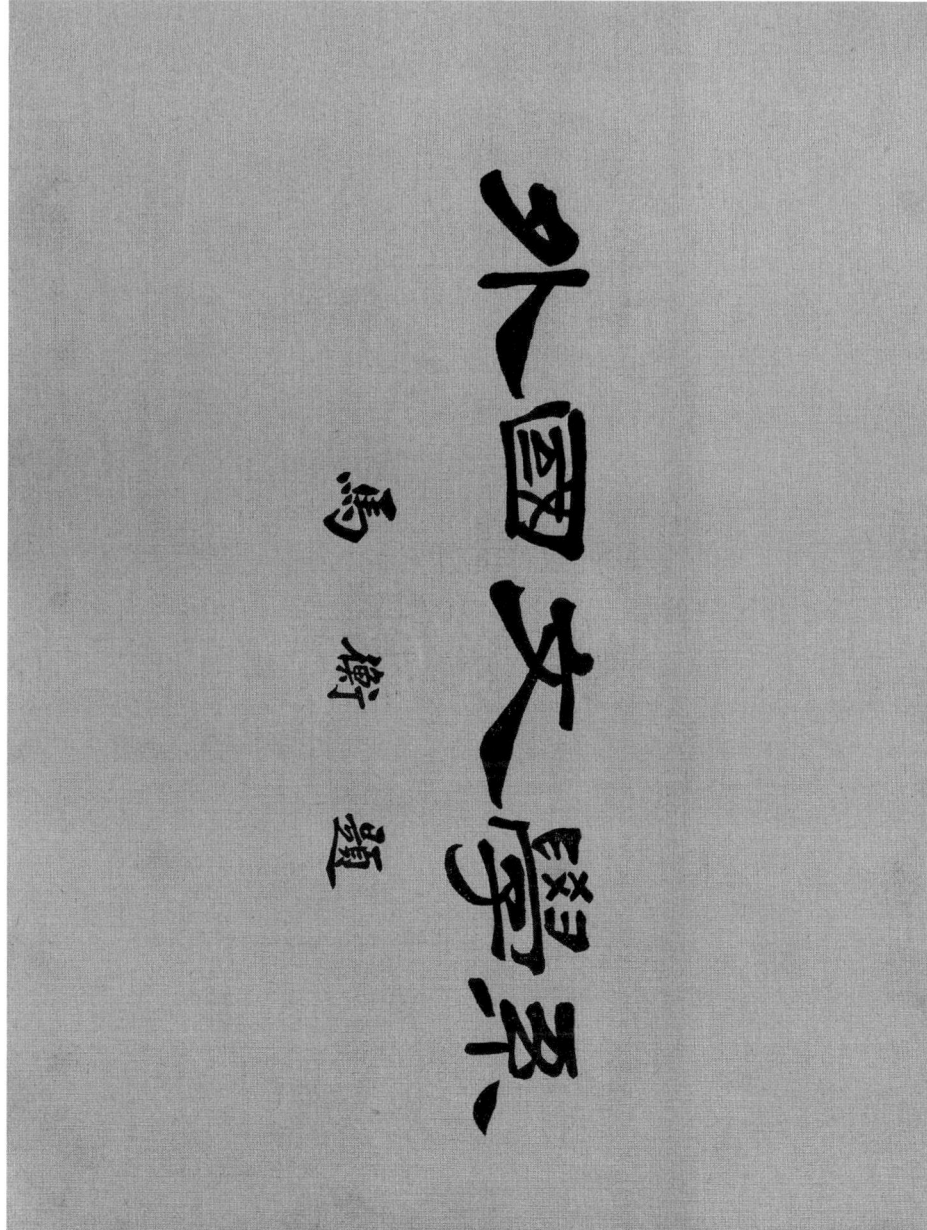

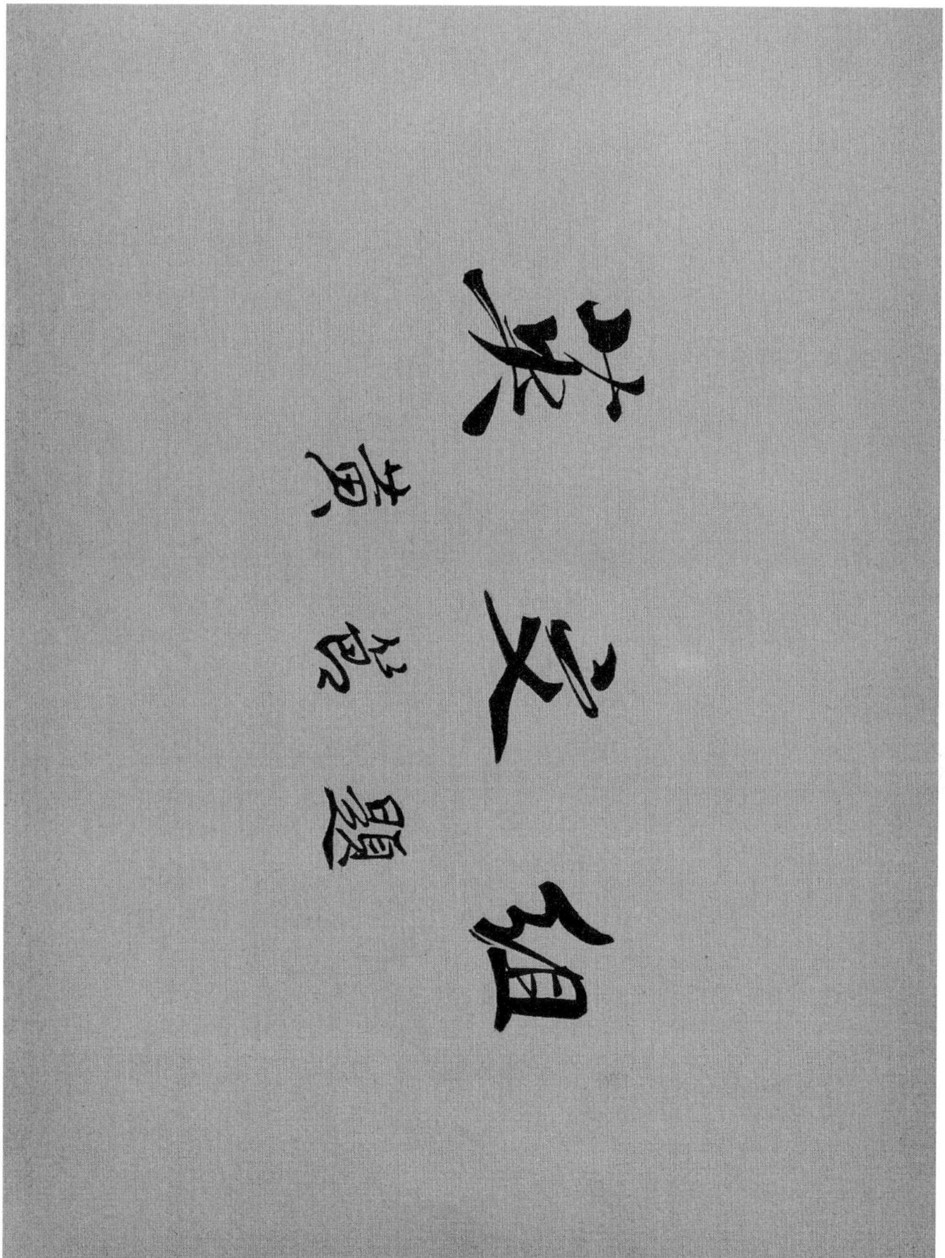
英文組
黃節題

張建中

別號

籍貫　陝西清澗

通訊處　綏德南門同一心收

荞俊魁

別號　荞荞

籍貫　吉林吉林

通信處　吉林城尚儀街荞宅

卞之琳

別號

籍貫　江蘇海門

通信處　海門湯家鎮

于傳曾

別號 笑予

籍貫 山東招遠

通信處 龍口錦長春

秦宗堯

別號 宗堯

籍貫 廣西桂林

通信處 北平和平門外西河沿一四八號

孔憲書

別號

籍貫 雲南通海

通訊處 江西南昌寶靈女子中學

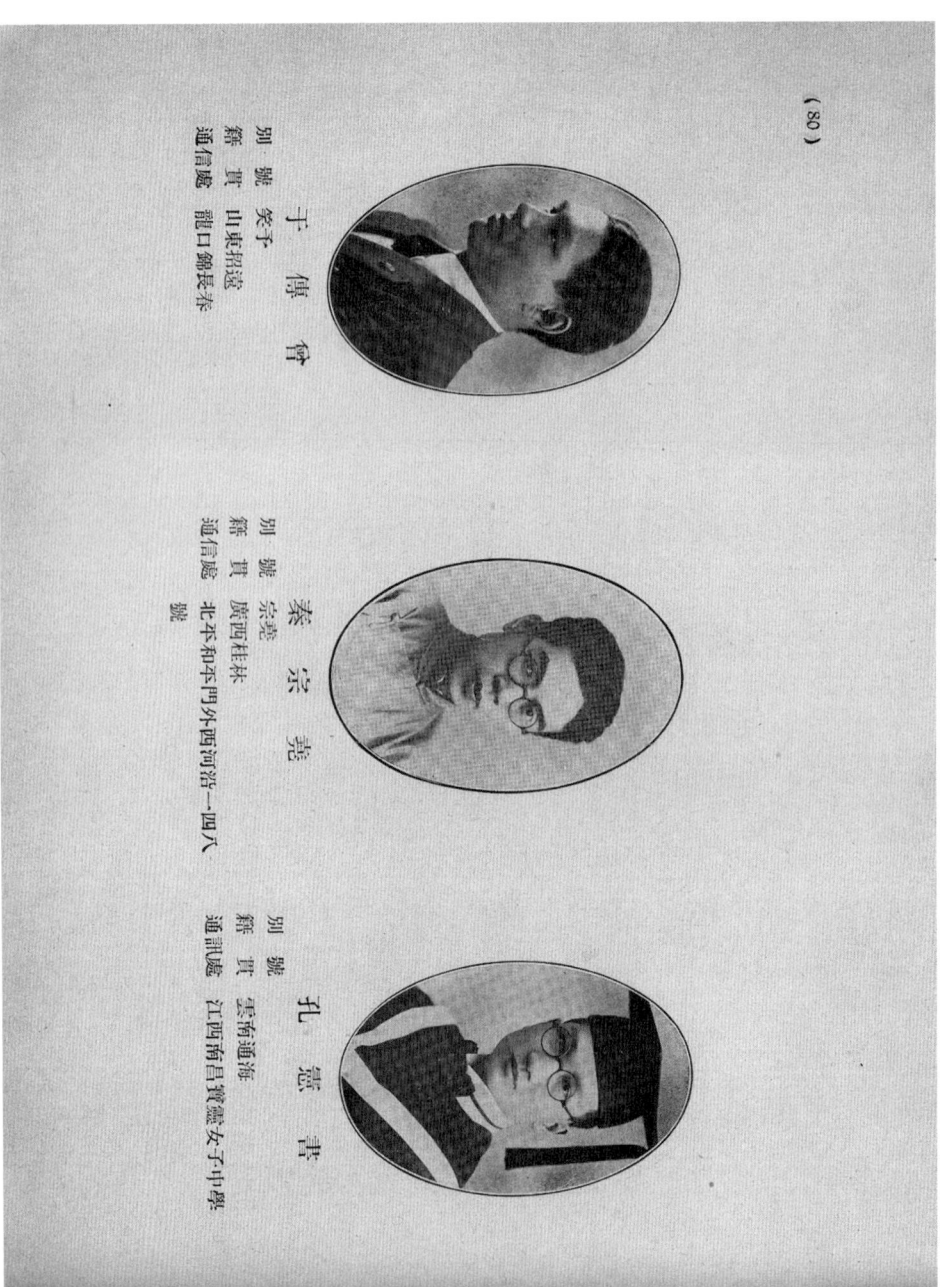

王　翔

別號　天羽
籍貫　安徽舒城
通信處　舒城北鄉皇城墩王宅

馬樹楨

別號　幹庭
籍貫　山東濰縣
通信處　濰縣北門大街南頭路西

李化棠

別號　仲剛
籍貫　山東招遠
通信處　招遠道頭鳳巢坡

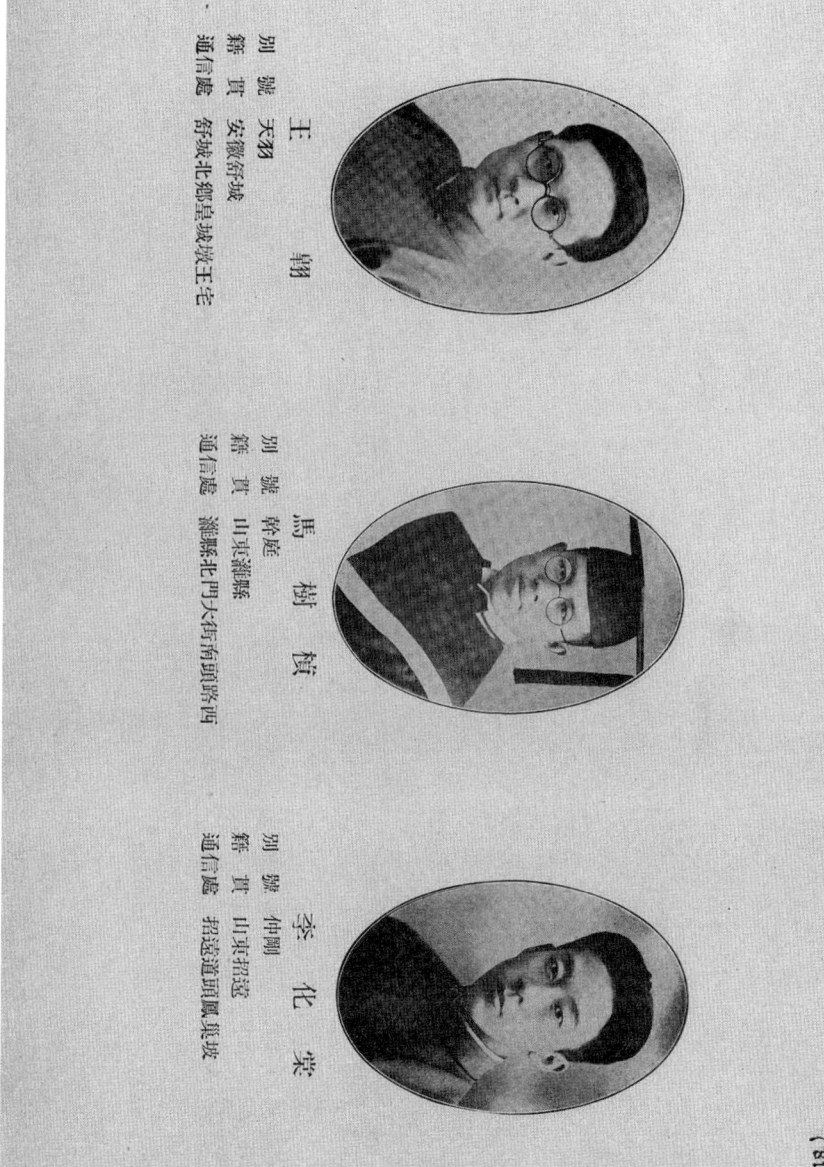

王植先

別號 雅軒

籍貫 河北曲陽

通信處 曲陽恒興泰

劉文炳

別號 叔蔚

籍貫 河北安國

通信處 安國南關東來順轉義德堂

王耕田

別號 農村

籍貫 山東曹縣

通信處 曹縣東關

李 旭 威

别 號

籍 貫 四川長壽

通信處 長壽書院

孫 德 先

别 號 荊楚

籍 貫 江蘇無錫

通信處 無錫堰橋

蕭 道 恕

别 號 忠盦

籍 貫 河南光山

通信處 光山新集

蕭　憲　廣

別　號　裕如

籍　貫　河北靈壽

通信處　靈壽東關天順成轉南橤

黃　訪　東

別　號　羅因

籍　貫　廣東惠陽

通信處　北平報子胡同十六號

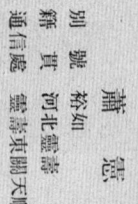

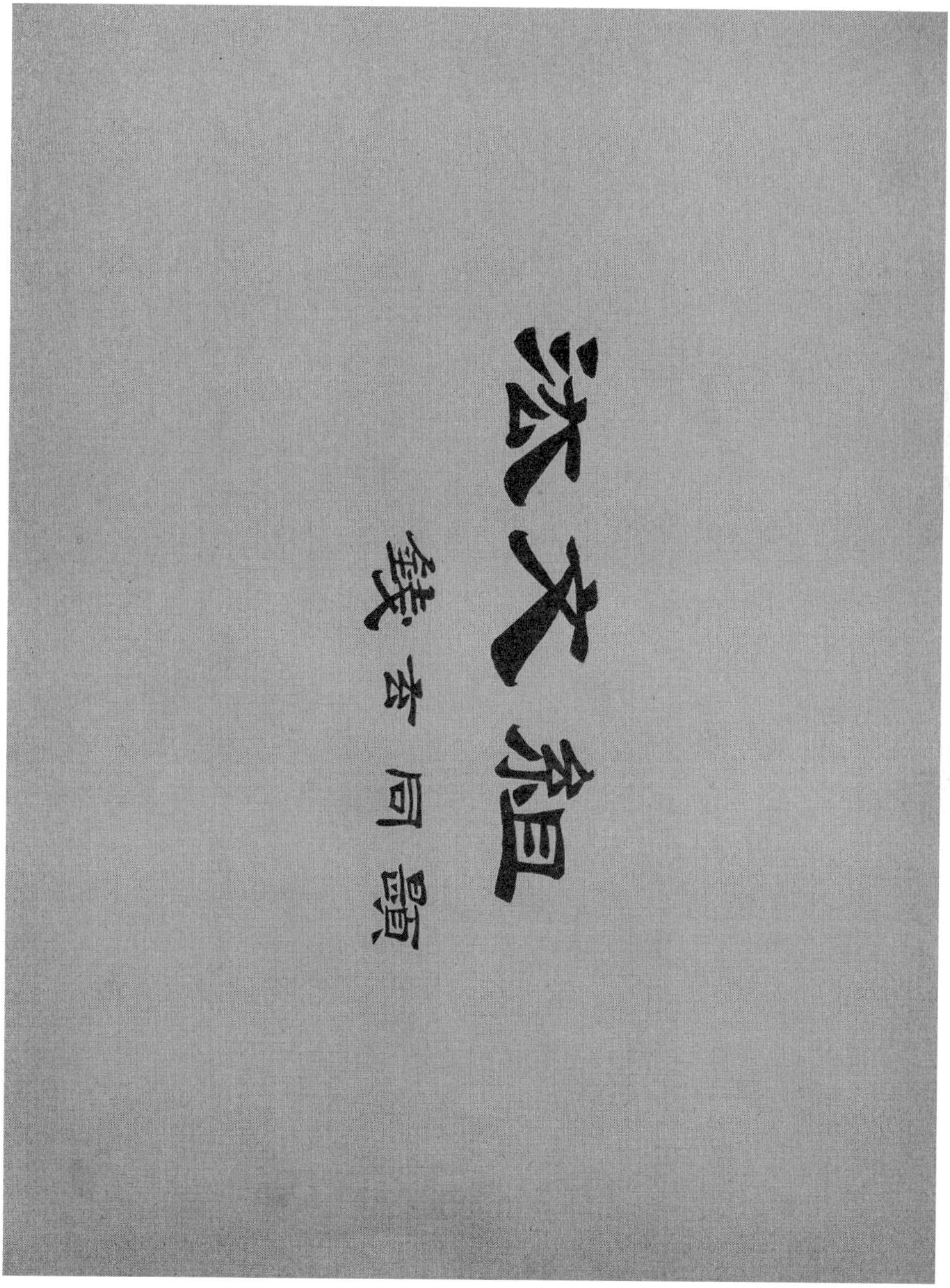
法文組
錢玄同題

張霙亞

別號　乃力

籍貫　河北武清

通信處　武清崔黃口同衆豐轉

劉崇德

別號

籍貫　河北臨榆

通信處　臨榆李姓安莊

指導系

錢玄同題

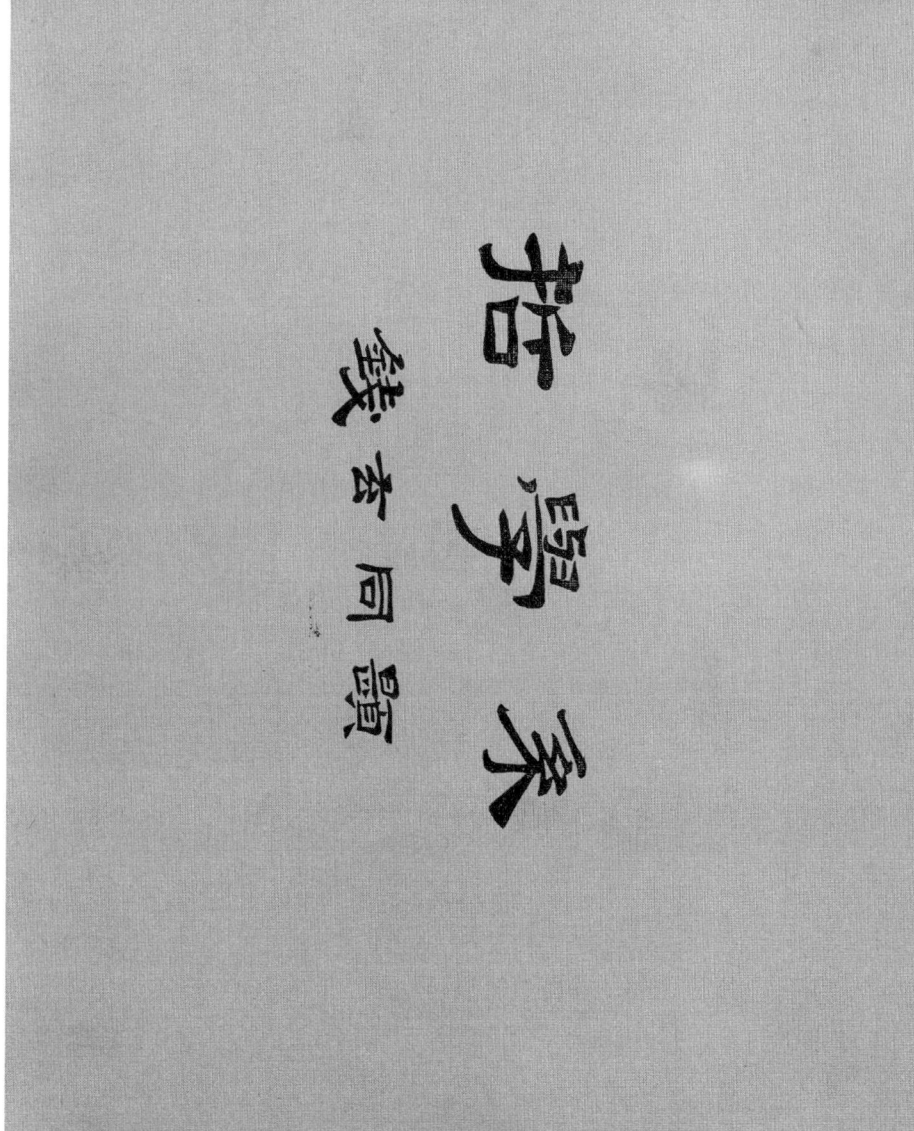

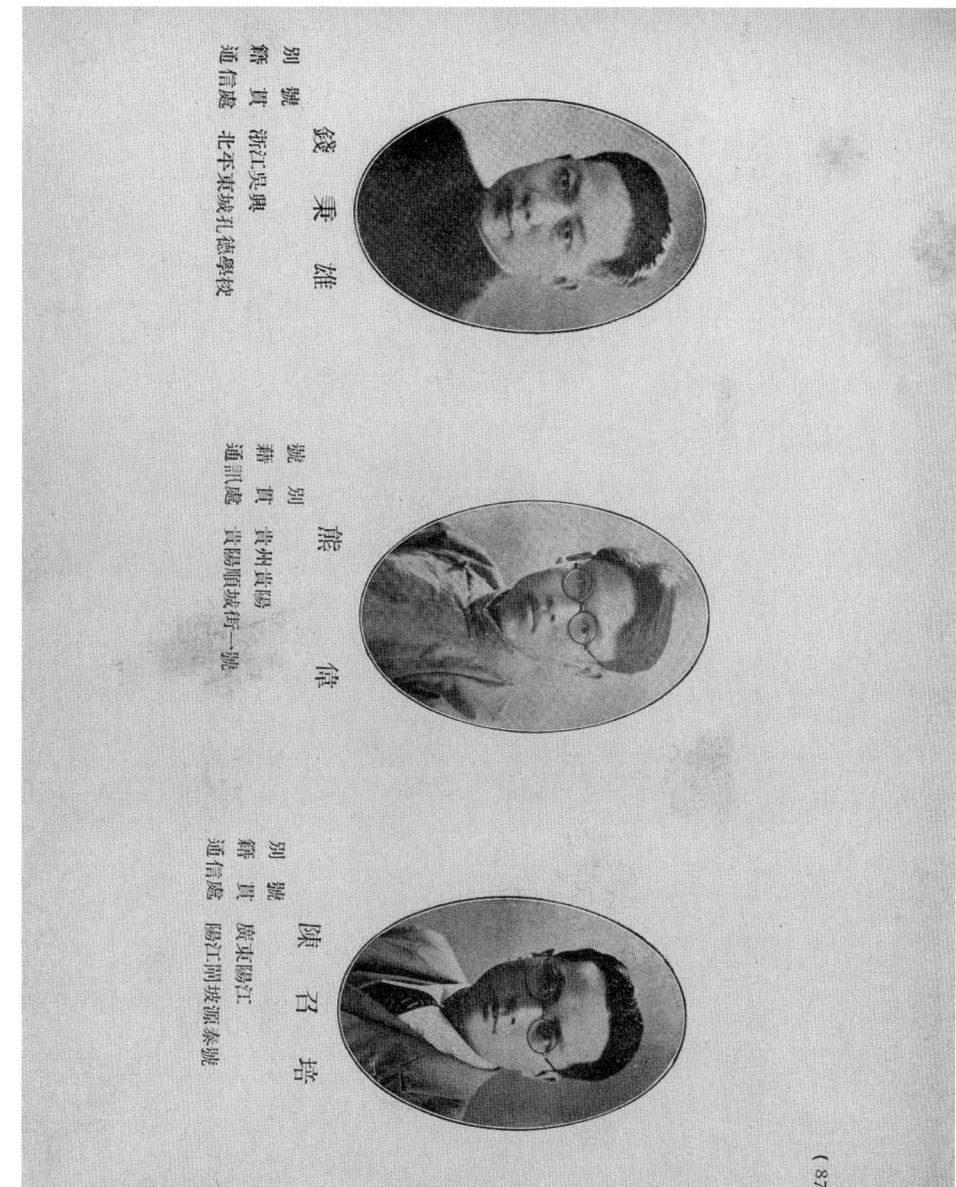

錢秉雄

別號

籍貫　浙江吳興

通信處　北平東城孔德學校

熊偉

號別

藉貫　貴州貴陽

通訊處　貴陽順城街一號

陳召培

別號

籍貫　廣東陽江

通信處　陽江閘坡源泰號

鄒　科　嵩

別　號　曉洲

籍　貫　湖南永綏

通信處　永綏小北門

鄧　　深

號　別　質青

貫　藉　遼寧瀋陽

通訊處　遼寧瀋陽北大橋交

劉　向　仁

別　號

籍　貫　福建永春縣

通信處　厦門永春縣湖洋

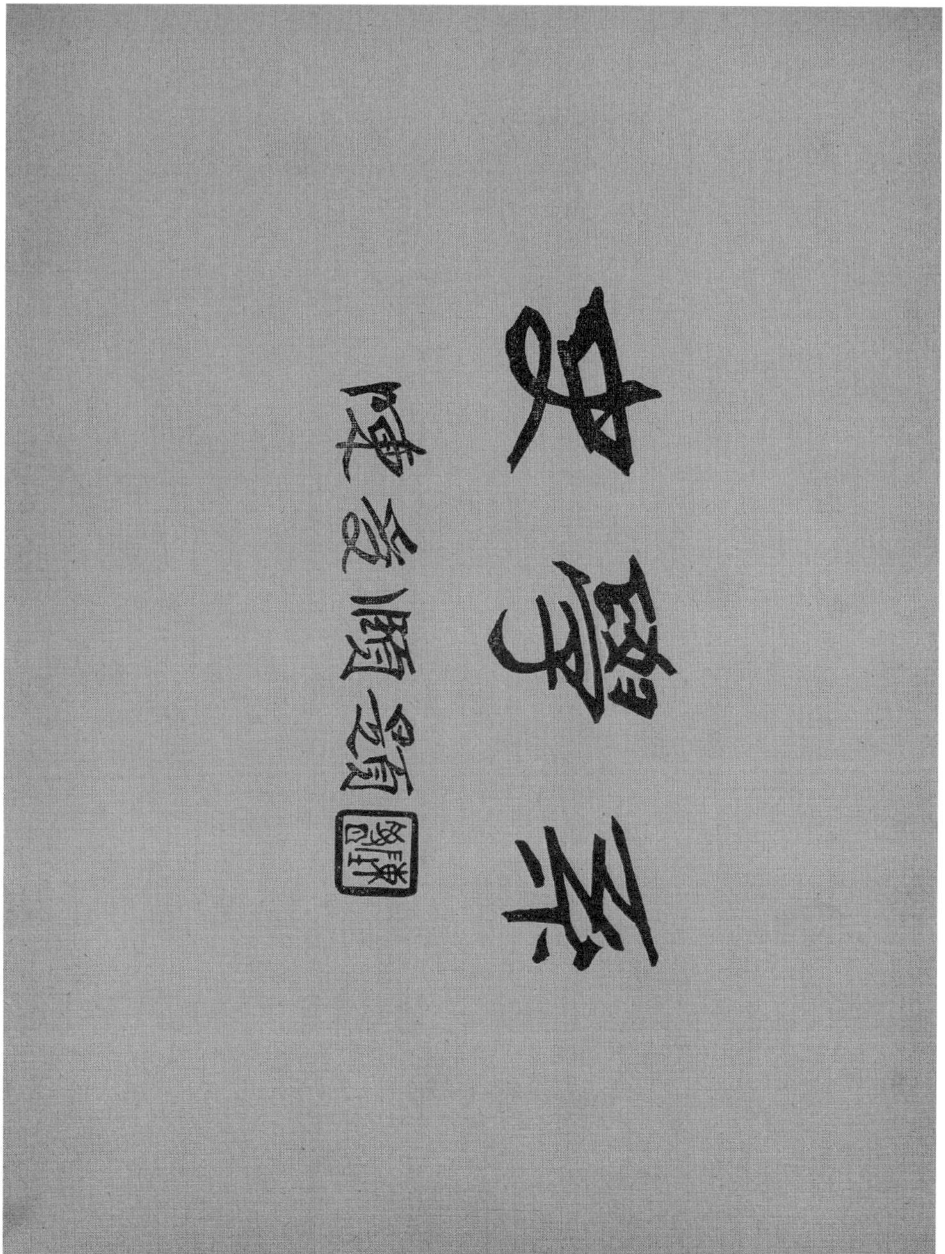
史學系
陳受頤題

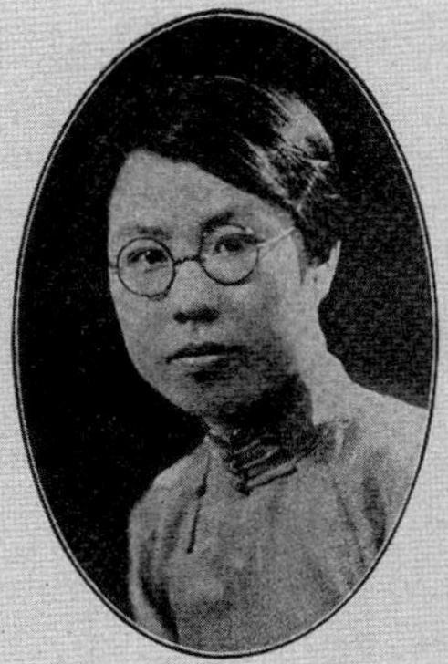

章駿儀

別號

籍貫 江西玉山

通信處 玉山城內大街章宅

焦蘊楠

別號 壽亭

籍貫 河北井徑

通信處 正太路岩峯車站郵轉

閔繁蔭

別號 棠村

籍貫 河北藁城

通訊處 藁城縣內

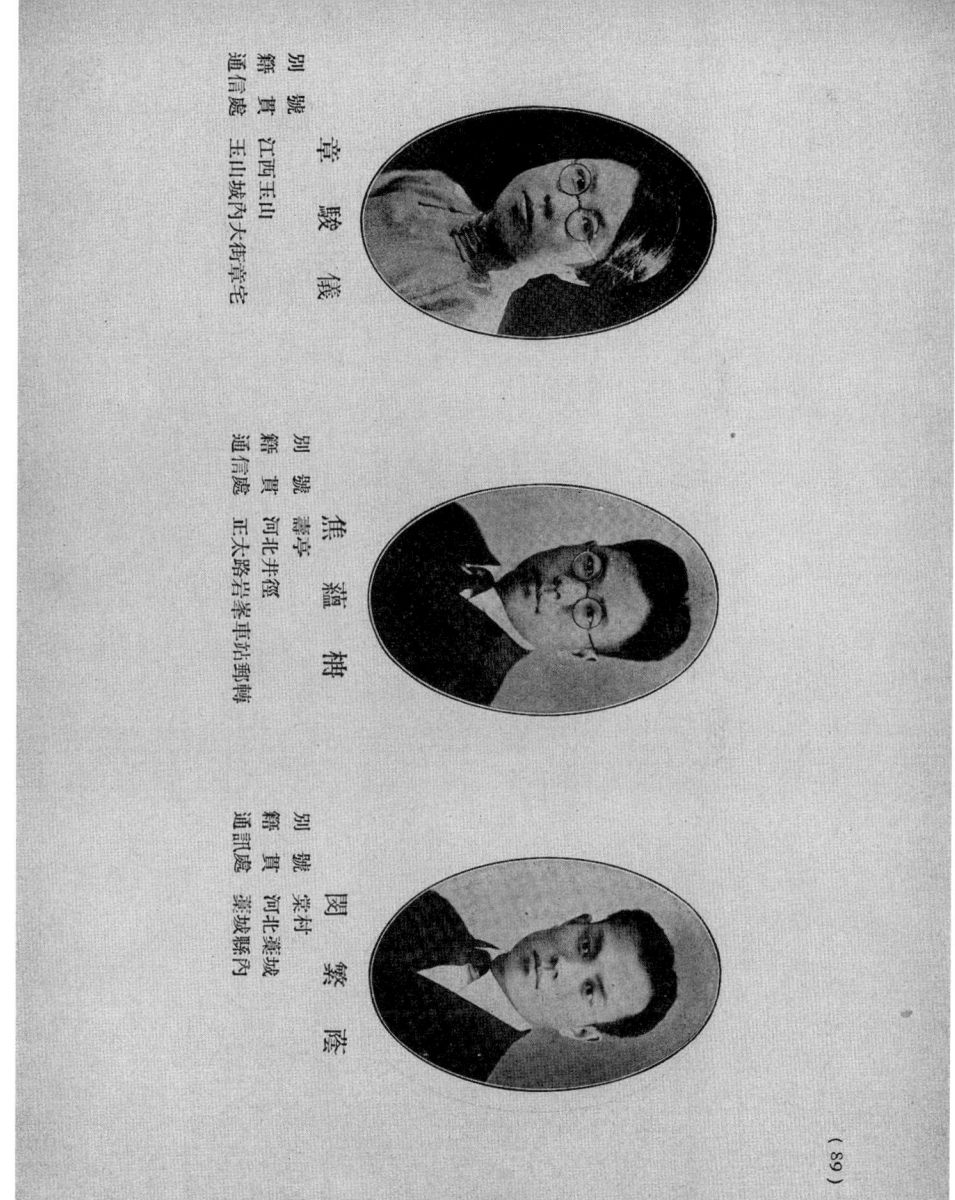

毛　邵　身

別　號　健予
籍　貫　河北滑縣
通信處　滑縣上官村第六小學

劉　荃　堂

別　號　心安
籍　貫　河南洪縣
通信處　洪縣醴記酒店

曹　樹　琚

別　號　佩生
籍　貫　江蘇銅山
通信處　徐州單家集

王　錫　祥

別　號　子和
籍　貫　河北靈縣
通信處　靈壽東關寶成棲

張　聯　元

別　號　廣卿
籍　貫　察哈爾懷安
通信處　平綏路孔永莊轉古衛

白　維　翰

別　號　建樞
籍　貫　河北宛平
通信處　李廣橋西口袋胡同八號

李樹新

別號 松伍

籍貫 吉林吉林

通信處 吉林城東岔路口福順益

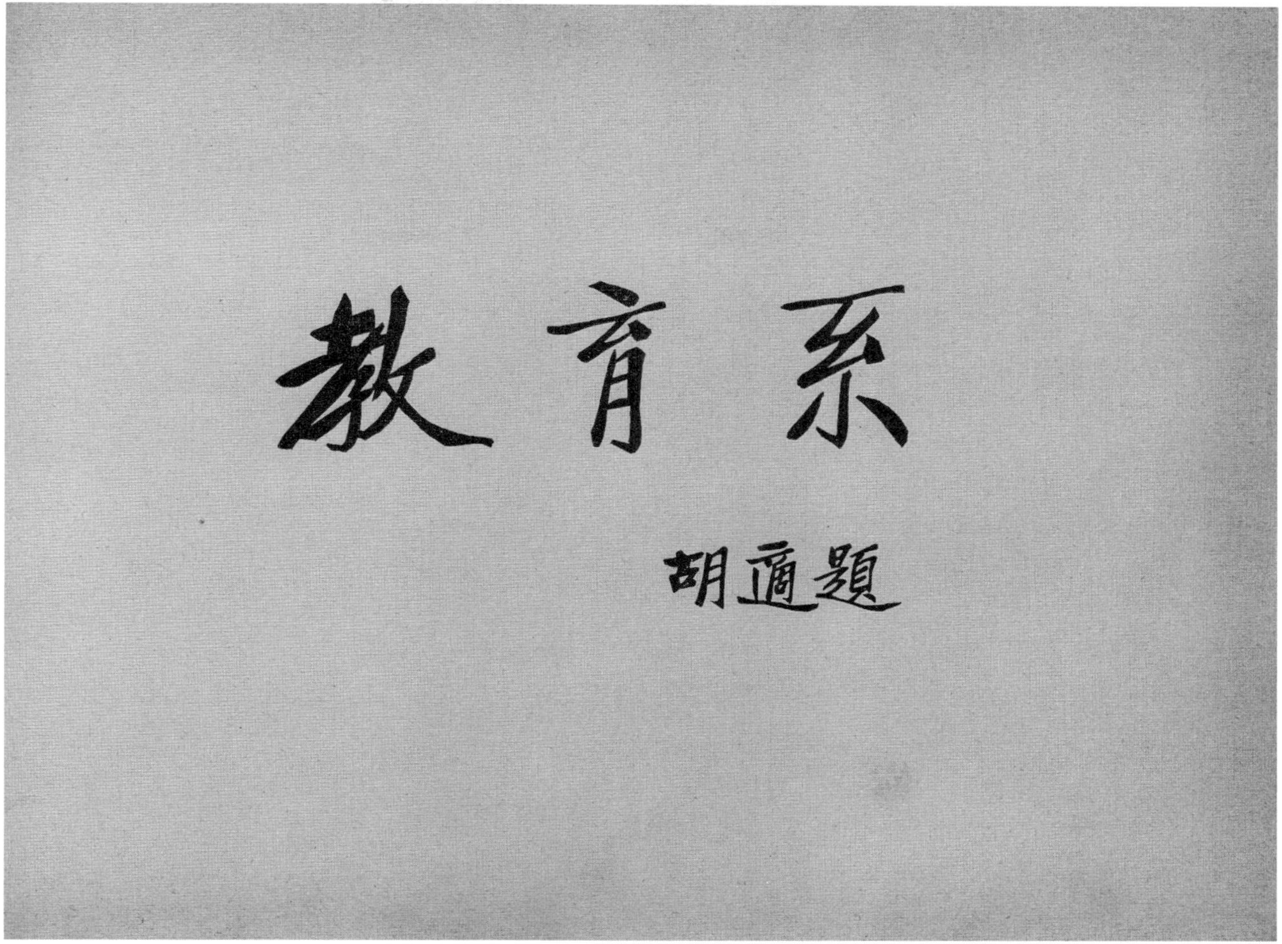
教育系
胡適題

李文瀾

別號

籍貫　河北欒城

通信處　欒城德順恒

余尊三

別號　珍杉

籍貫　四川涪陵

通信處　涪陵教育局

李紹孟

別號

籍貫　河北沙河

通信處　沙河贊善鎮

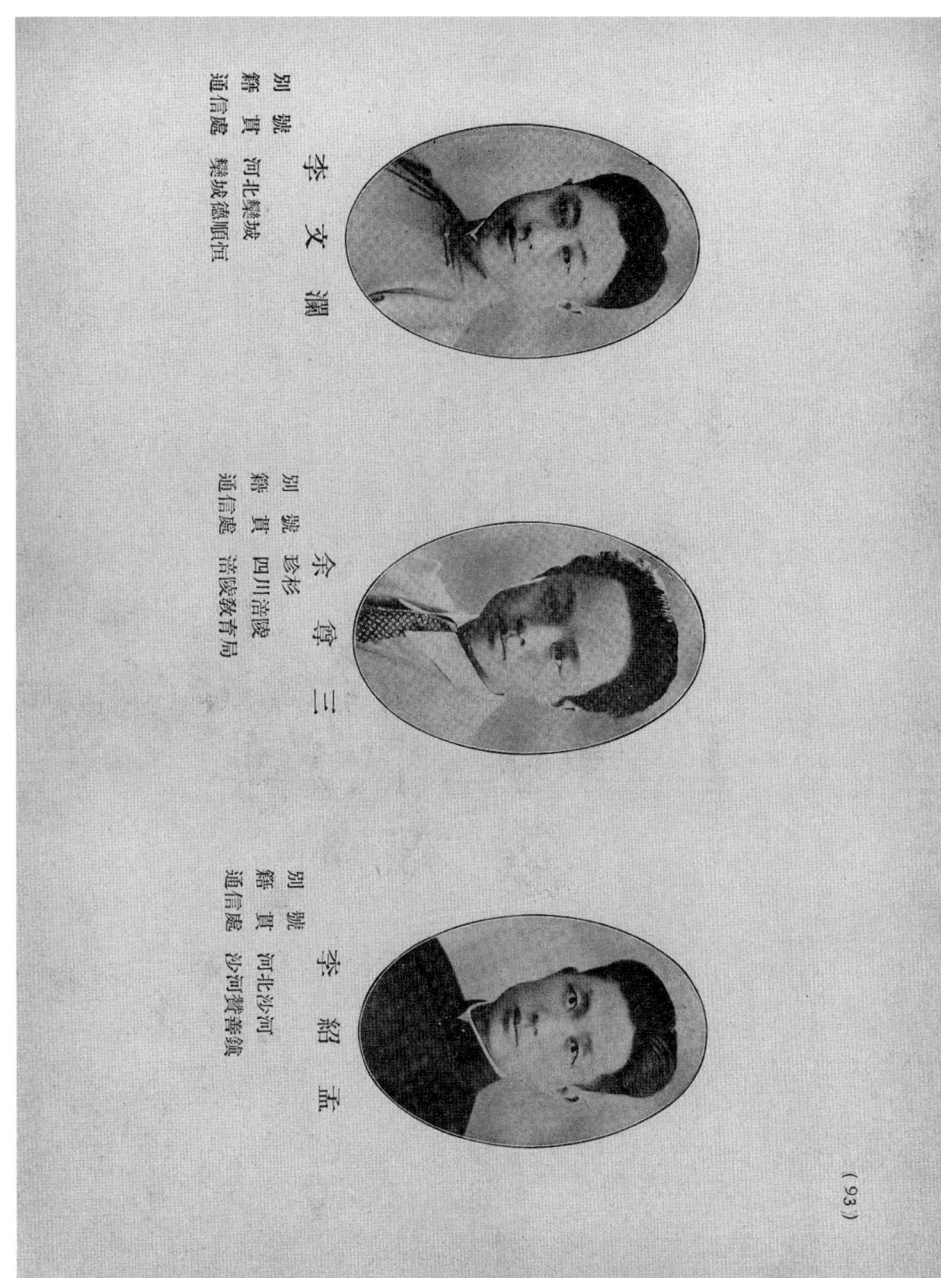

李鳳岐

別號 瑞周
籍貫 黑龍江江嫩
通信處 嫩江同發和

王培祚

別號 永胤
籍貫 山東棲霞
通信處 山東棲霞唐家泊同興泰

馮芾周

別號
籍貫 陝西臨潼
通信處 三原東關萬家巷四號

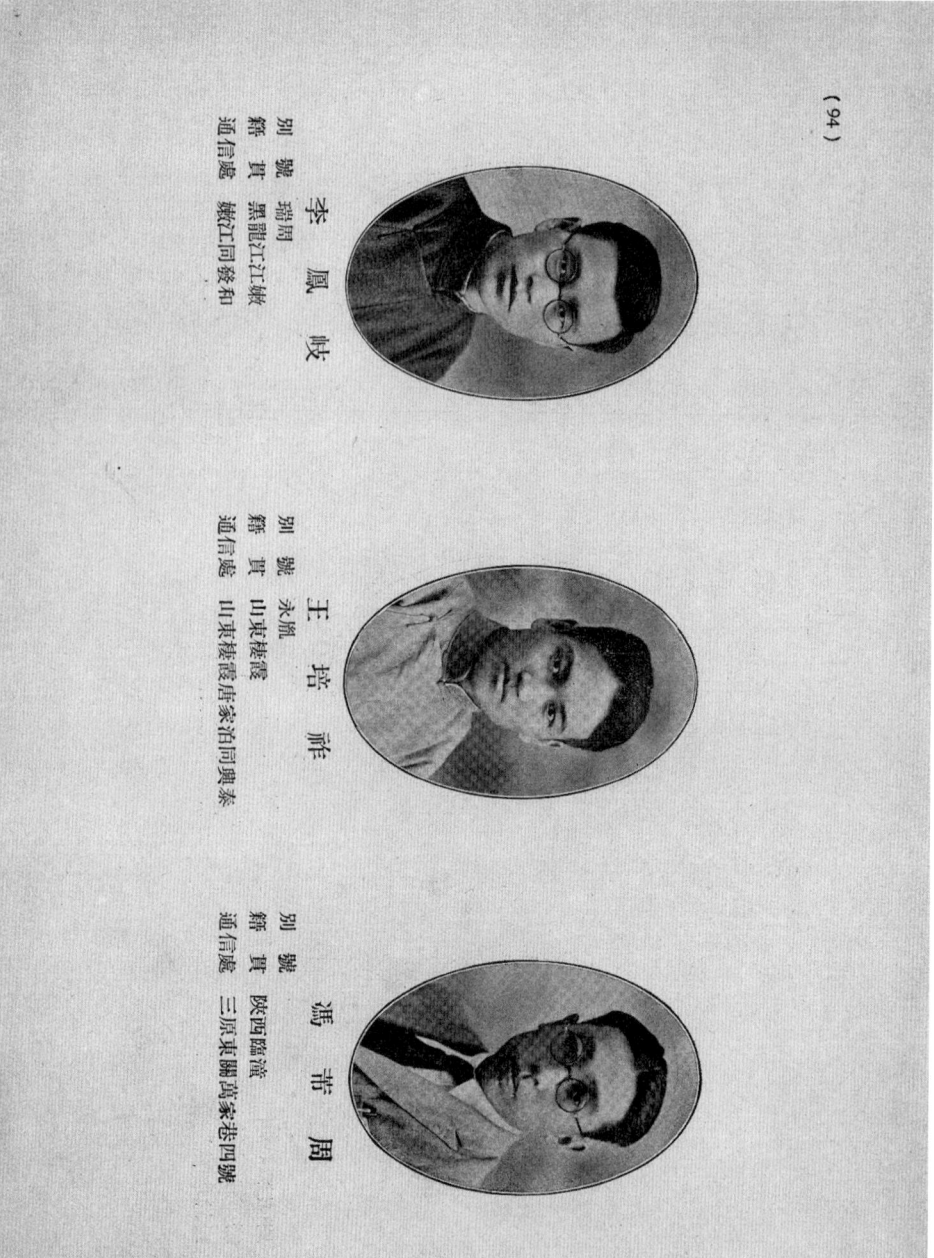

莫國康

別號

籍貫　廣東淸遠

通信處　同上

鄧炤

別號　慕湯

籍貫　察哈爾蔚縣

通信處　山西廣靈惠德貞大號

滕大春

別號

籍貫　河北通縣

通訊處　北平城南馬駒橋東堰上村

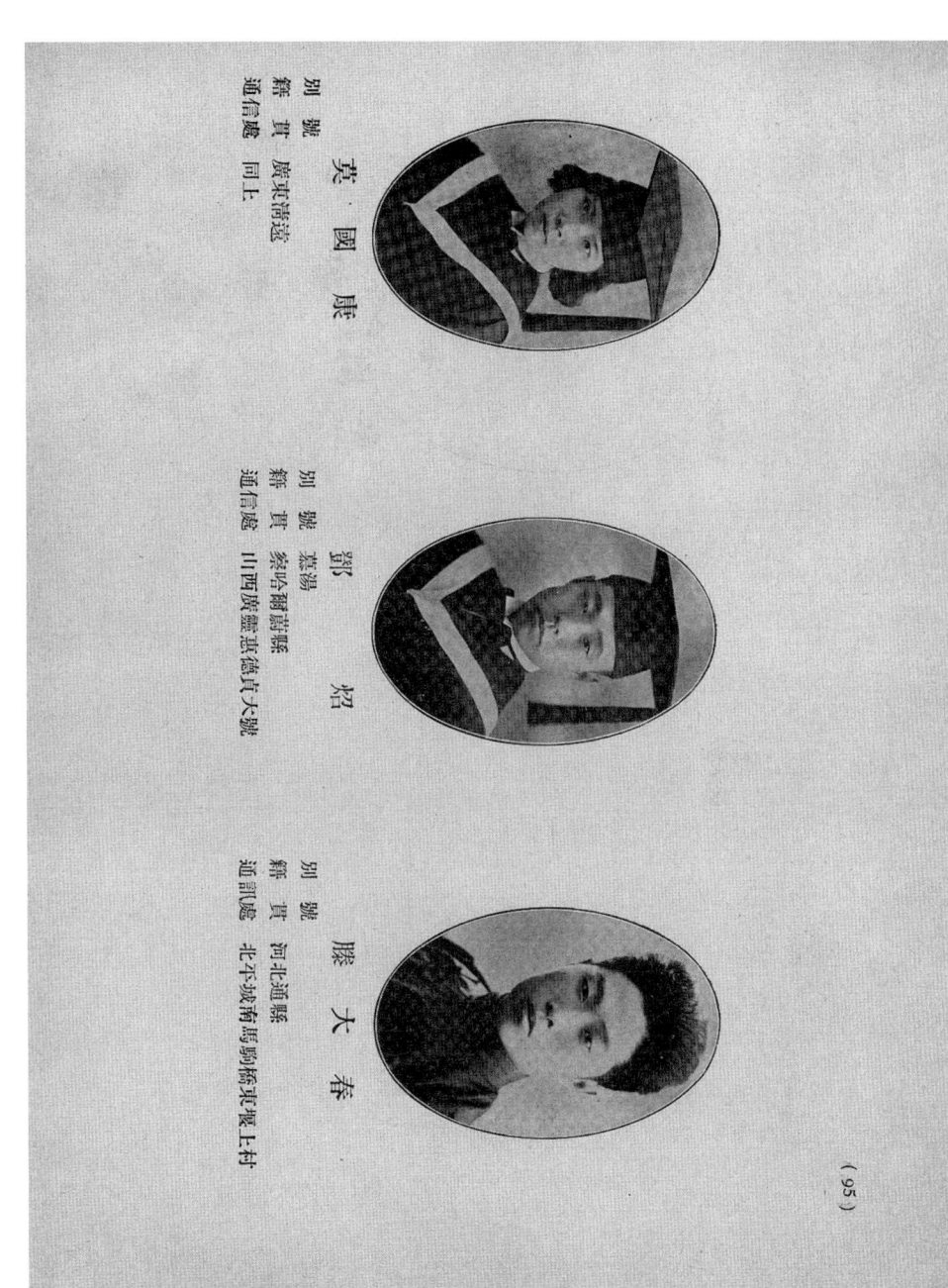

龔瑞霖

別號 雨宏

籍貫 吉林依蘭

通信處 依蘭教育局

葉藩

別號 屏之

籍貫 江西玉山

通信處 依蘭教育局

法學院

黄節題

法律系

疑古玄同題

王三權

別號

籍貫 安徽英山

通信處 前內法憲胡同九號

王元昌

別號 維銓

籍貫 山東益都

通信處 博興堤上

王秉鐄

別號 公振

籍貫 河平宛平

通信處 果子巷包頭章胡同九號

史家祺

別號　壽頤

籍貫　河南盧氏

通信處　盧氏內永順元轉

周聚瀛

別號

籍貫　河北趙縣

通信處　趙縣內大有恒轉

林志臯

別號

籍貫　廣東蕉嶺

通信處　南洋荷屬巨港芝琳林怡豐

紀　元

別號　伯良

籍貫　江西上饒

通信處　天津法租界三十一號路泰安里六號

夏竹林

別號　蔭清

籍貫　河北任邱

通信處　安新端村協盛號

陳巽廎

別號　巽廎

籍貫　江浙樂清

通信處　溫州樂清柳市鯉，

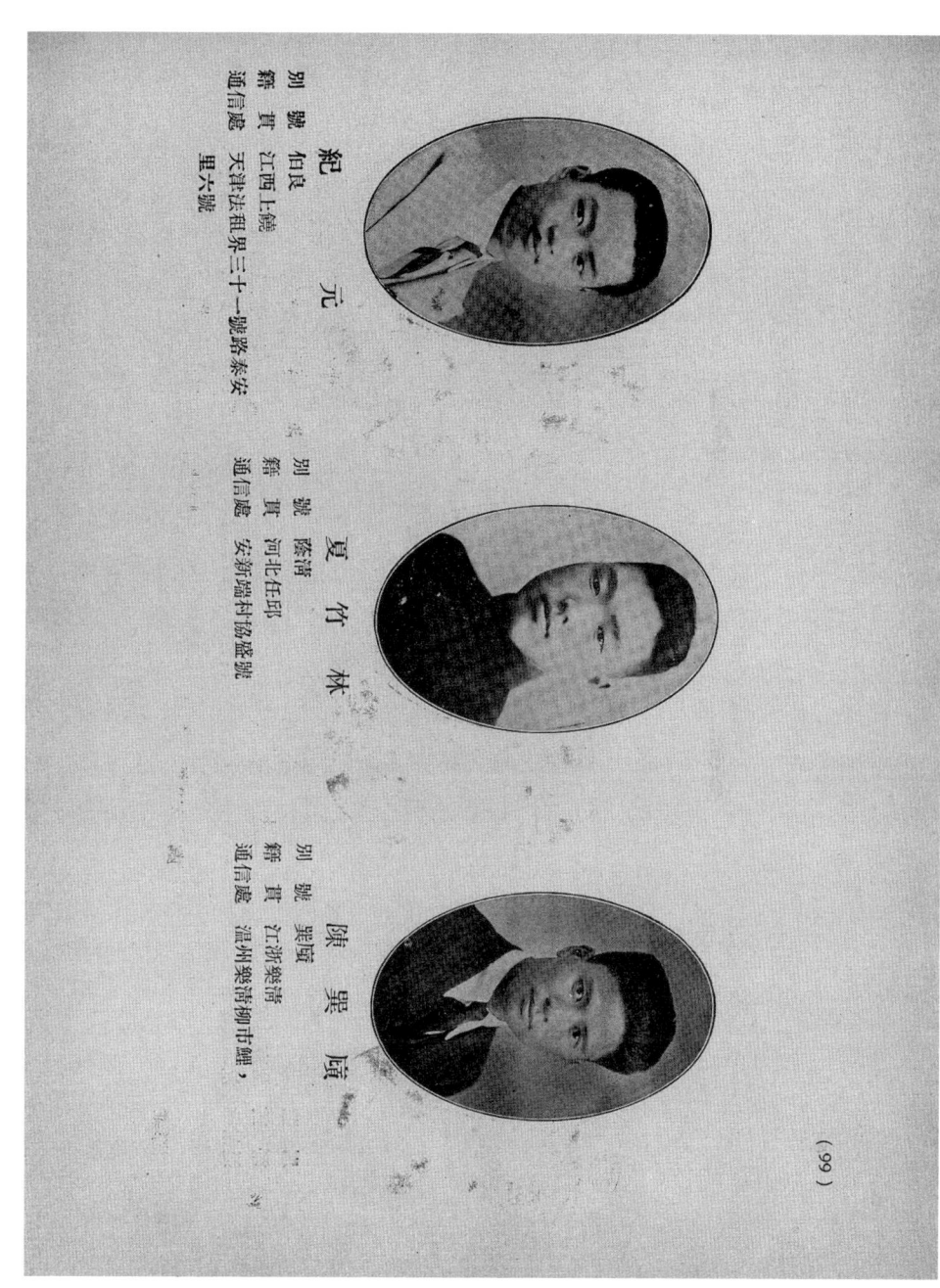

彭 啟 周

别 號

籍 貫 廣東興寧

通信處 汕頭興寧羅

葛 世 傑

别 號

籍 貫 河北順義

通信處 阜內福綏境五十二號

段 道 遜

别 號 知希

籍 貫 陝西華縣

通信處 本校三齋十五號

趙景森

別號 靜深
籍貫 河北安次
通信處 楊村站石各莊復聚成

劉紹武

別號
藉貫 吉林同賓
通訊處 吉林延壽教育局

韓克敷

別號 博孚
籍貫 河北任邱
通信處 天津馬廠粱召鎮

陸　天　民

號　別　季蕃

籍　貫　遼寧遼陽

通信處　瀋陽小東關大街二十號風宅

政治系

疑古玄同題

任發濤

別號 吉波

籍貫 四川巫山

通信處 巫山大昌任義興號

范覺民

別號 景堯

籍貫 黑龍江訥河

通訊處 訥河訥南鎮公升和

高祖傳

別號 通孫

籍貫 河北寧河

通信處 北寧路盧台

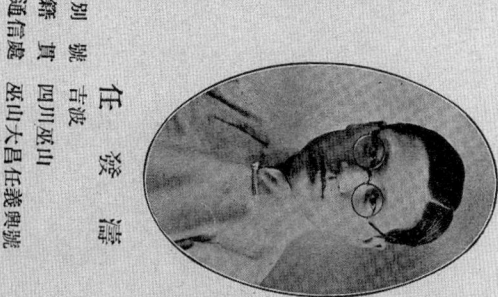

陳 洪 範

別 號

籍 貫 廣東文昌

通信處 瓊州海口泰安號轉

張 藝 林

別 號 伯求

籍 貫 湖南安化

通信處 安化馬嚮市轉白羊塘

張 光 勳

別 號 淑銘

籍 貫 河北肥鄉縣

通信處 肥鄉縣天台山

彭 樹 甲

別 號 冠羣

籍 貫 雲南建水

通信處 建水桂林街五十六號

葉 昂

別 號 雲峯

籍 貫 浙江松陽

通信處 松陽縣

張國藩

別號 勉之

籍貫 福建閩侯

通信處 北平內務部街三十八號

李紹恭

別號 黎丹

籍貫 吉林扶餘縣

通信處 大石作三十二號

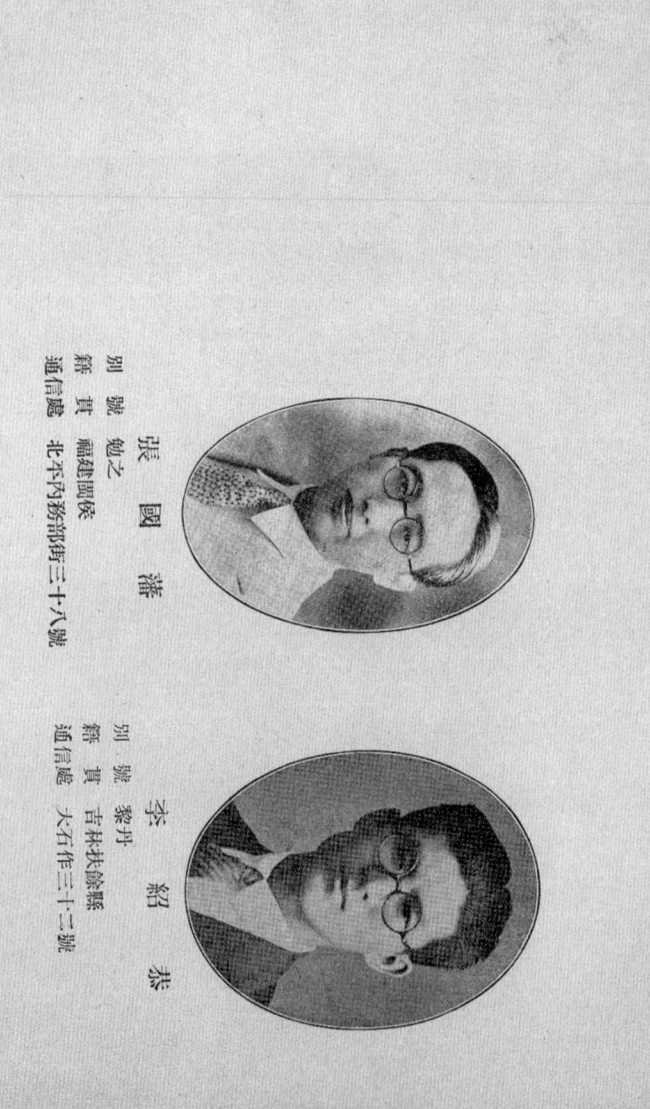

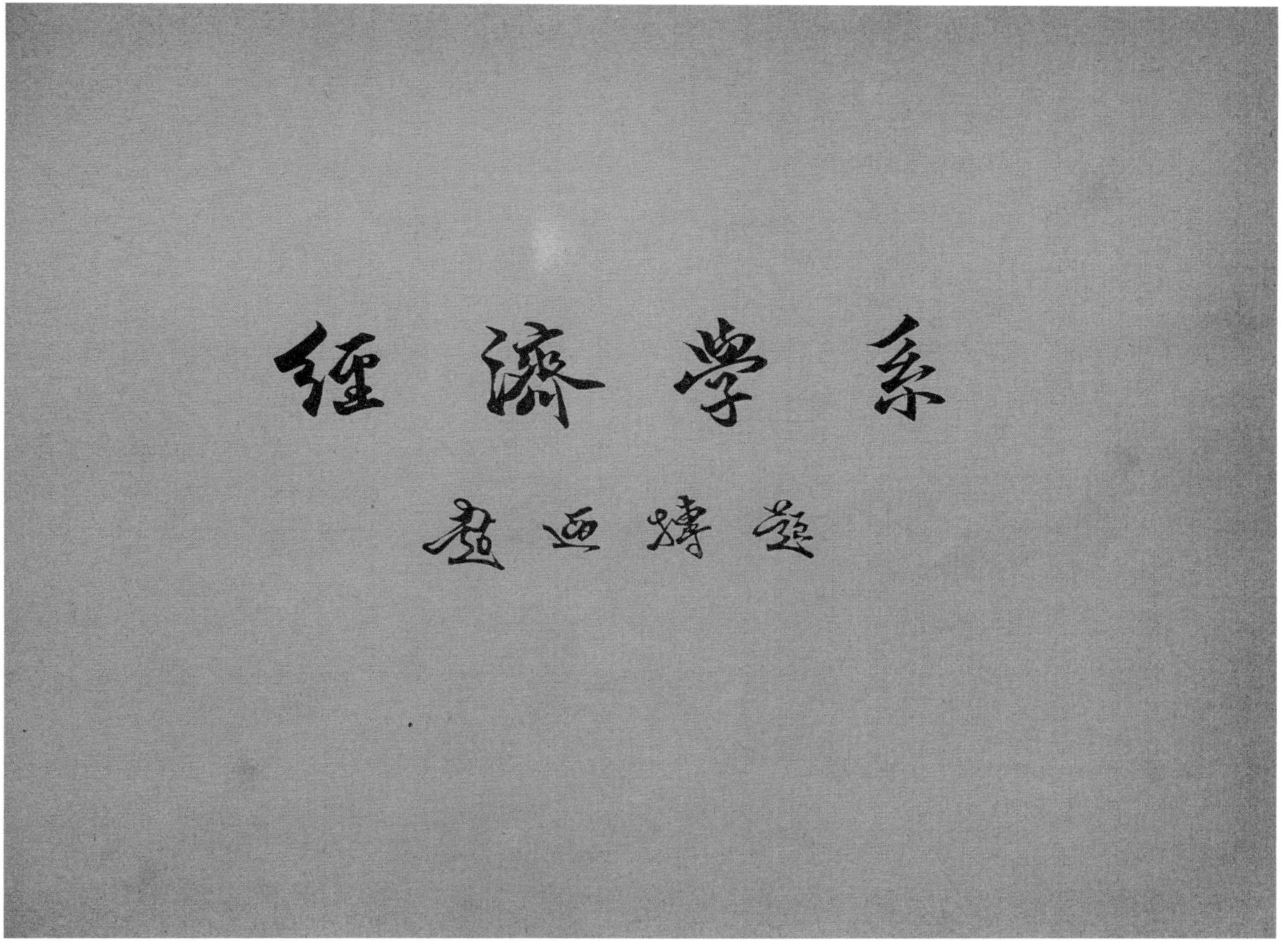
經濟學系
趙迺摶題

王嘉謨

別號

籍貫 四川雅安

通信處 雅安道前街

由毓森

別號 茂子

籍貫 山東福山

通信處 烟台北大街復合棧

李善豐

別號

籍貫 湖北孝感

通信處 湖北苑園東陽崗轉大李家灣

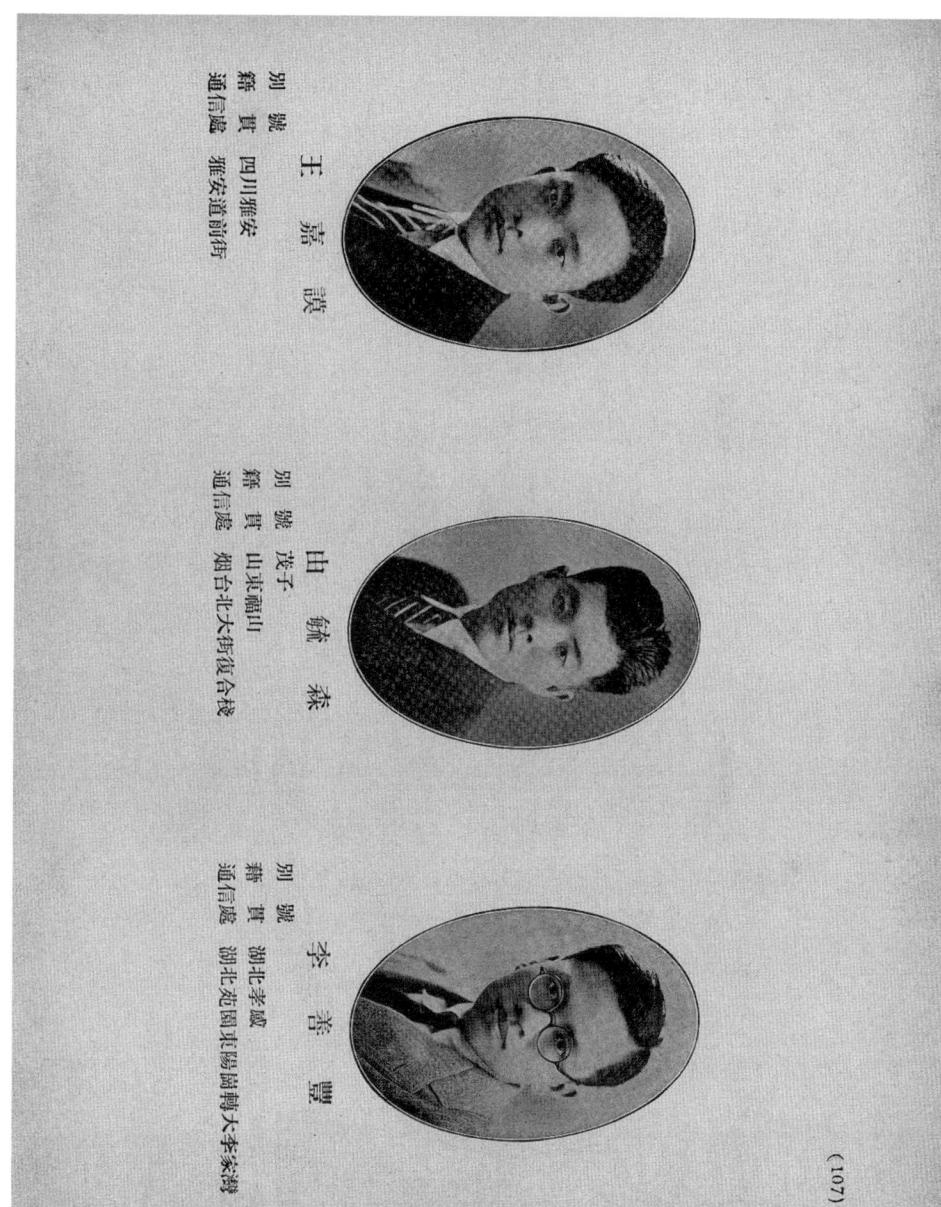

李 嘉 典

別 號

籍 貫 廣東汕頭

通信處 北大西齋

吳 宗 永

別 號 德修

籍 貫 四川隆昌

通信處 隆昌周興鄉

邵 之 榆

別 號

籍 貫 安徽績溪

通信處 前外琉璃廠老胡開文筆莊轉

杜子欽

別號

籍貫 四川江津

處信通 江津朱家沱四明場

孟尊德

別號 宣三

藉貫 河北唐行

通信處 行唐德祥成

徐志敬

別號 幹元

籍貫 山東萊陽

通信處 即墨金口轉洋郡

梁 錫 福

別 號 華祝

籍 貫 河北冀縣

通信處 棗强卷鎮轉灰塚

唐 玉 成

別 號 曼之

籍 貫 湖南溆浦

通信處 寶慶桃花坪轉龍潭鎮

馬 玉 麟

別 號 閣臣

籍 貫 陝西綏德

通信處 綏德義合鎮同德成

郝　綸

別號　亞綸

籍貫　四川榮縣

通信處　榮縣鎮紫場

陳玉均

別號

籍貫　四川樂山

通信處　樂山蘇溪場太盛店

陳其柯

別號　次斧

籍貫　湖南溆浦

通信處　溆浦豫泰長

陳　鎮　原

別　號　靜軒
籍　貫　湖南新化
通信處　新化白溪圳上

賈　維　椝

別　號　漁川
籍　貫　察哈爾蔚縣
通信處　蔚縣廣靈社台山

張　志　運

別　號
籍　貫　安徽歙縣
通信處　蕪湖西門鐵鎖巷二號

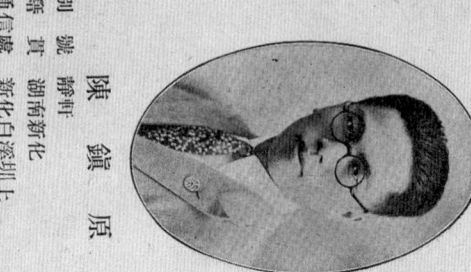

張硯田

別號 子書
籍貫 河北樂亭
通信處 樂亭龍王廟

傅慶隆

別號 盛軒
籍貫 山東惠民
通信處 惠民同文印刷社

趙陸生

別號 晉安
籍貫 山西五台
通信處 五台槐陰村

劉清泗

別號 道元
籍貫 山東曹縣
通信處 曹縣付堂街路東

劉景翔

別號 竹岩
籍貫 河北昌黎
通信處 昌黎梨園河劉宅

劉炳若

別號
籍貫 四川璧山
通信處 北平吉祥胡同三號

齊廣華

別號 光化
籍貫 河北隆平
通信處 隆平千戶營東街

盧承烈

別號 允揚
籍貫 河北涿縣
通信處 北平西單關才頭條五號

龐志傑

別號 之介
籍貫 陝西臨潼
通信處 西安東號巷六號

閻子桂

別號 子桂

藉貫 山東夏津

通信處 夏津東北劉堤

韓毅

別號 慨俠

籍貫 甘肅固原

通信處 固原城內後壕

杜士林

別號 斌清

籍貫 河北肅寧

通信處 肅寧窩北鎮蚨生長轉龍泉村

金鵬

別號 北溟

籍貫 河北宛平

通信處 平市絨線胡同一六二號

潘先桐

別號 卿雲

籍貫 廣東樂會

通信處 瓊崖長坡市永益昌

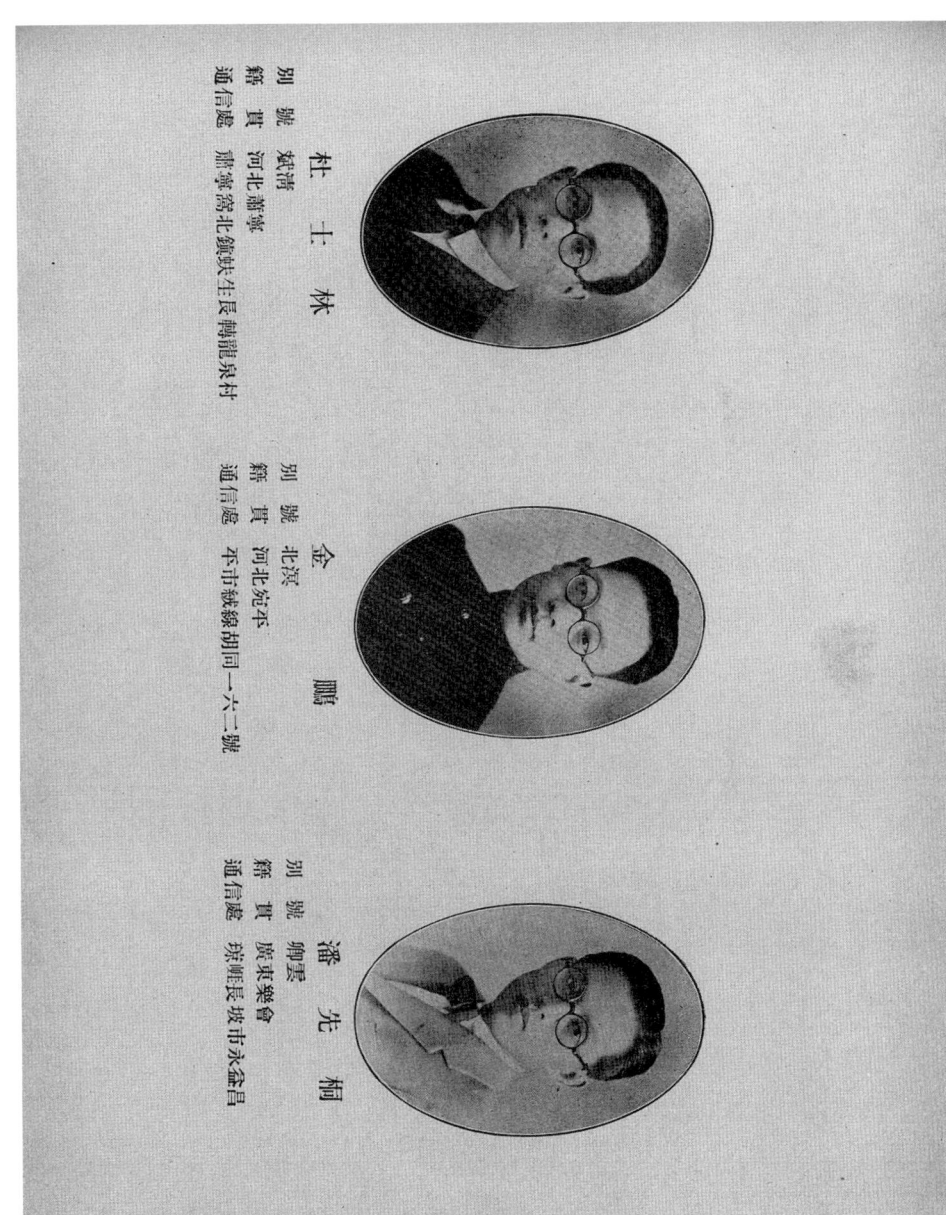

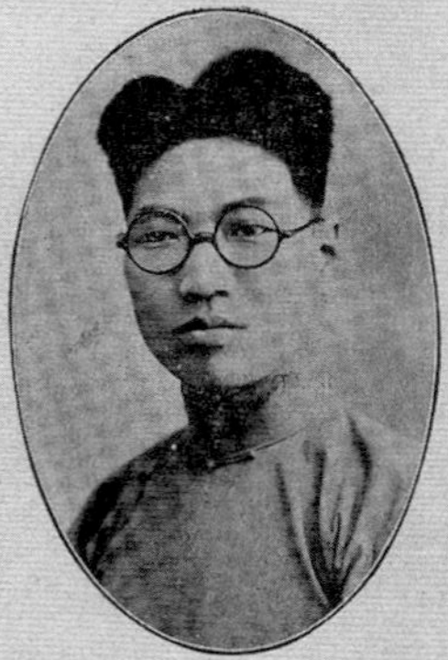

趙衛邦

別號 子凡

籍貫 河北深縣

通信處 深縣唐奉區趙禪院村

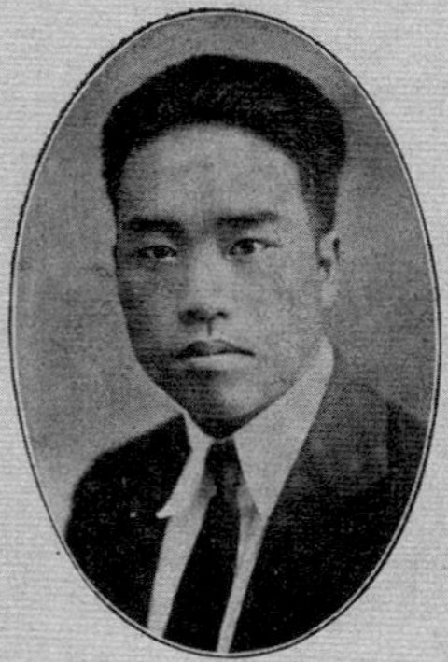

劉仁椿

別號 壽楠

籍貫 湖南湘鄉

通信處 南京柳葉街六十號

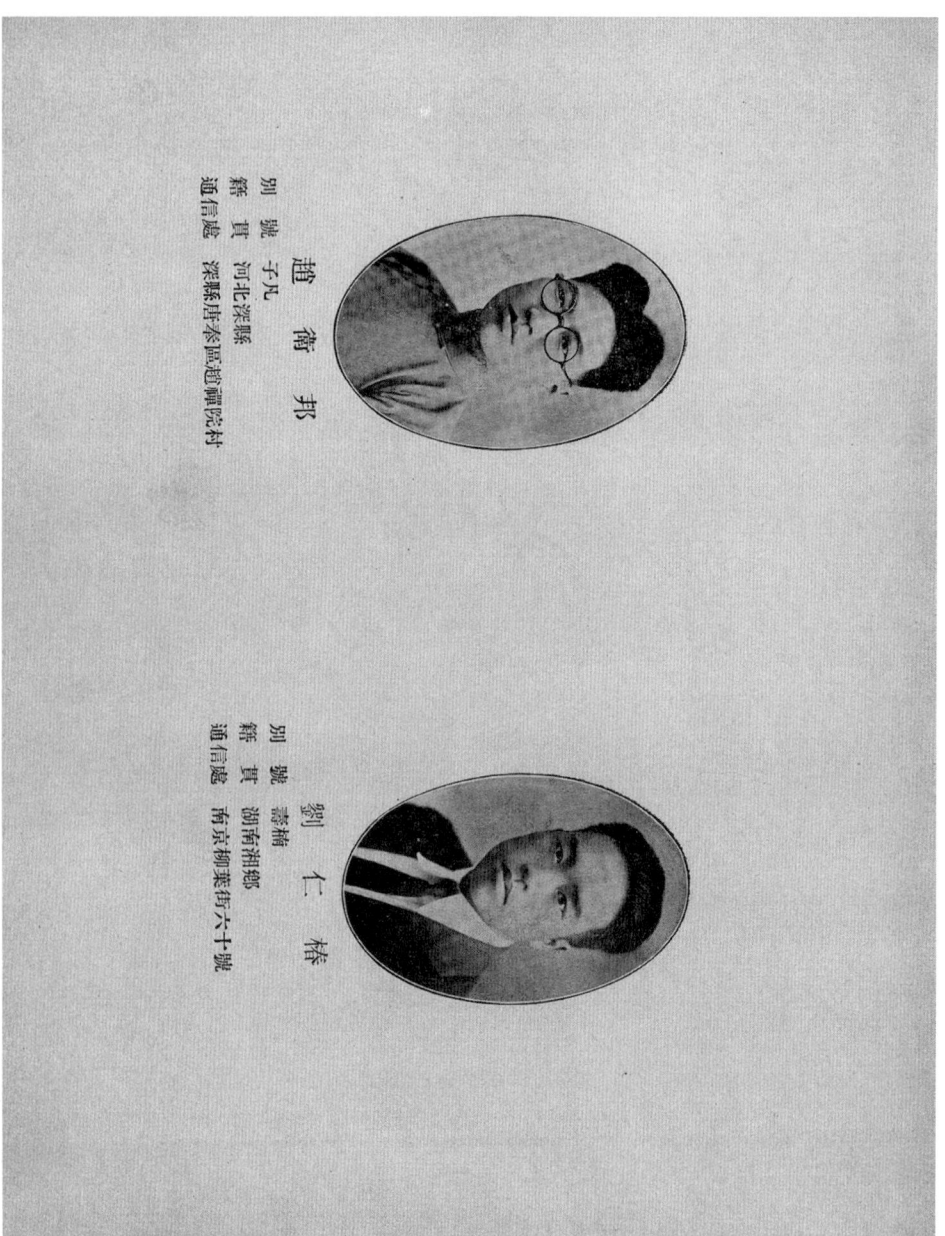

校舍
劉復

北大第二院及西齋全景

第一院大門

第二院大門

第三院大門

第一院紅樓一角

第一院紅樓

第二院大講堂

第二院大講堂之內部

第二院荷花池及西齋鄰景

第二院北樓

第三院內景之一

第三院內景之二

第三院宿舍

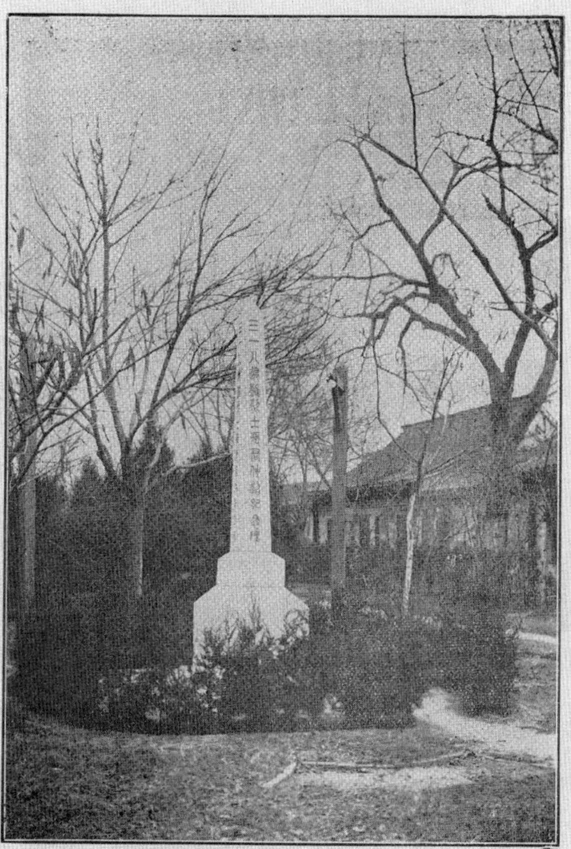

第三院三一八烈士碑

第一寄宿舍大門(西齋)

第二寄宿舍大門(東齋)

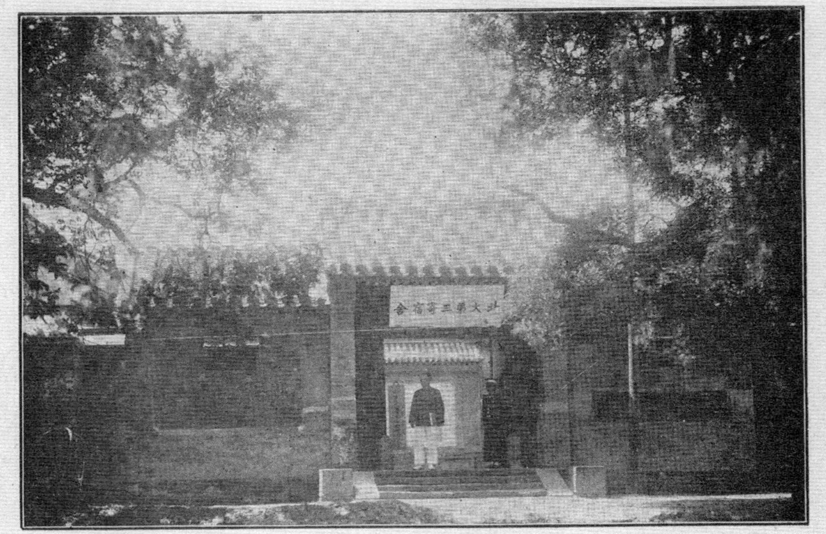

第三寄宿舍大門

第五寄宿舍大門

第五寄宿舍內部

第一院足球場

第四寄宿舍

圖書館大門

圖書館雜誌閱覽室

圖書館臨時閱覽室

圖書館編目課

圖書館出納課

國學研究所瓦礶陳列處

英文系閱覽室

技　擊　室

物理儀器貯藏室

物理實驗室

應用電學實驗室

物理實驗室

物理實驗室

煤氣廠內部

化學實驗室

化學實驗室

化學實驗室

化學藥品室

化學實驗室

化學實驗室

地質系冶金室

化學實驗室

地質系照像放大室

化學藥品貯藏室

無線電實驗室

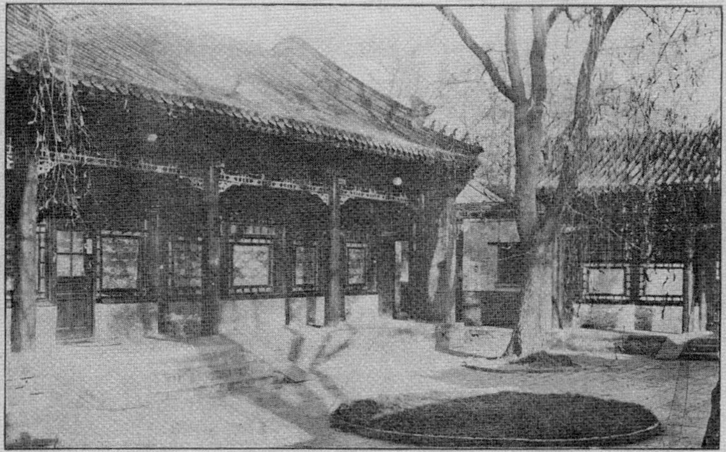

心理系實驗室

煤　氣　廠　外　觀

學生生活

馬衡題

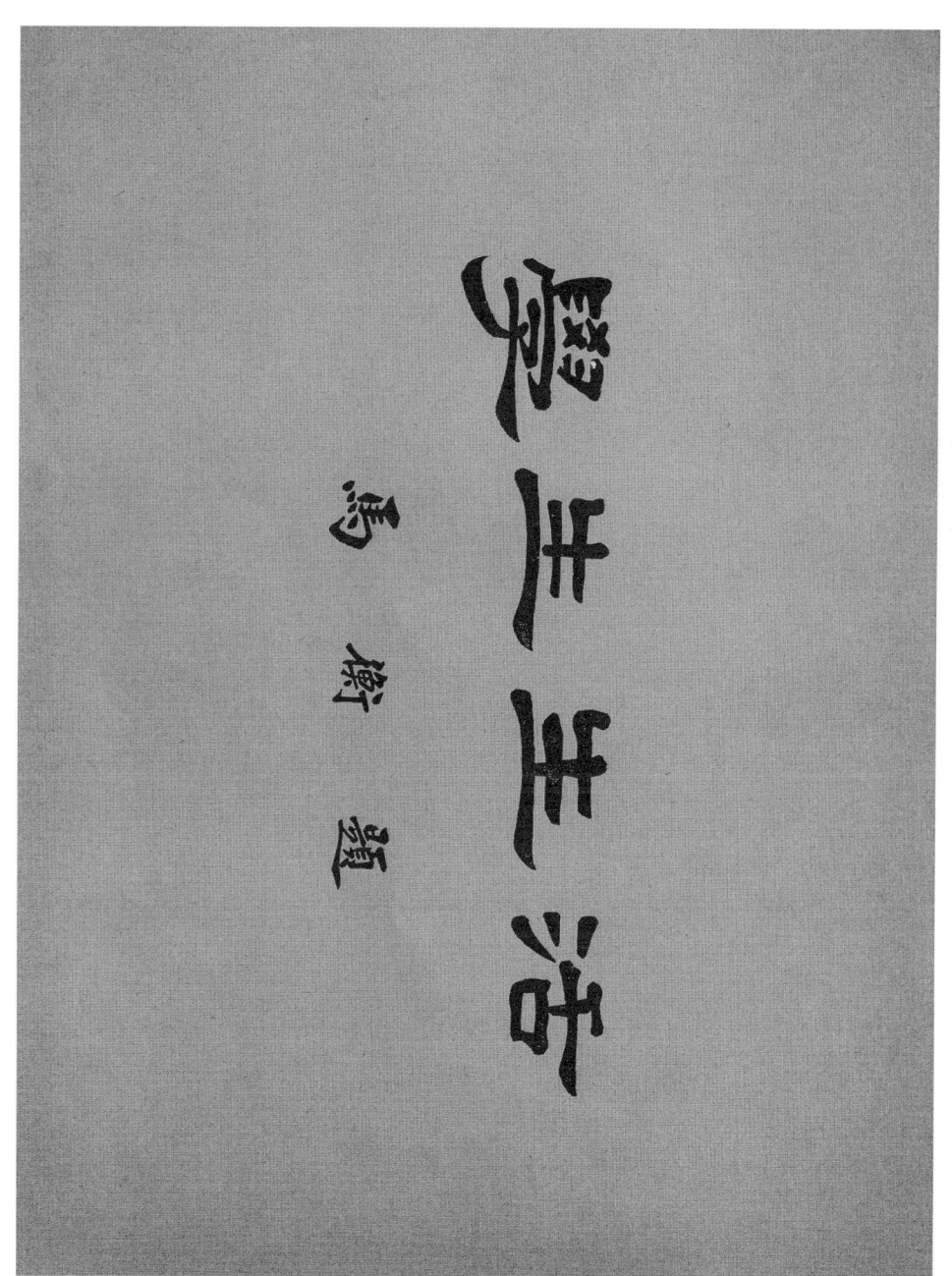

女生網球練習

男生網球練習

籃球練習

隊球練習

網球比賽

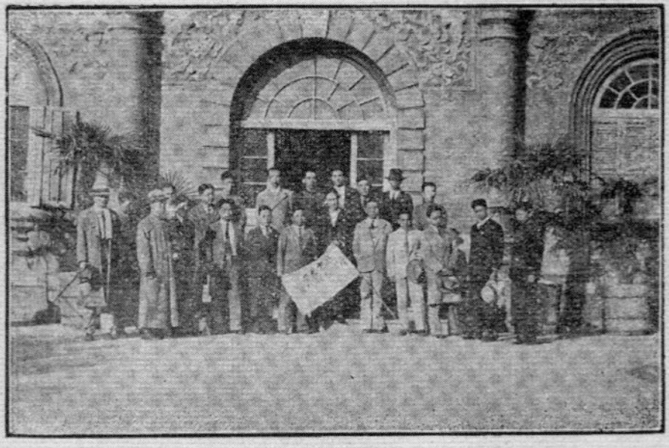

經濟系參觀團在津工學院合影

籃球比賽

經濟系參觀團與海圻軍艦諸長官合影

明陵之臥龍松

經濟系參觀團參觀青島海潮

經濟系參觀團參觀青島砲臺

經濟系參觀團參觀濟南府內之珍珠泉

經濟系參觀團參觀濟南趵突泉

旅行團登泰山眺望

春光明媚的北大河

園之一角

從這一點起，擴大，擴大，擴大到社會去

北大河冬景

學生軍
白雄遠題

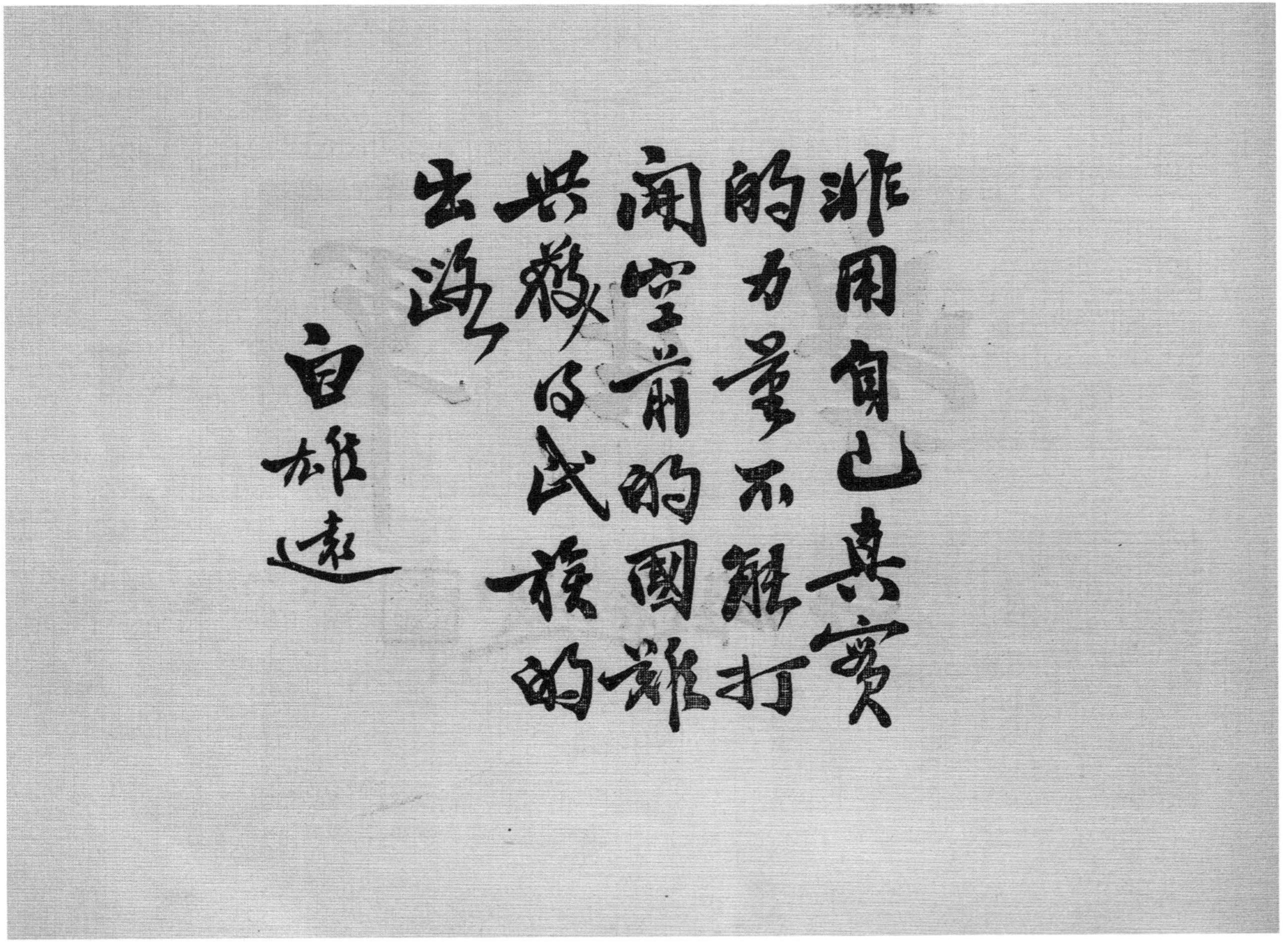
非用自己真實
的力量不能打
開空前的國難
出路
白雄遠

學生軍軍營

帶防毒面具跪射之一部

操練山砲

(150)

構築防禦陣地

白總指揮訓話

林中休息

散兵溝內演習步槍射擊

迫擊砲練習

大隊通過自造浮橋

平射砲練習

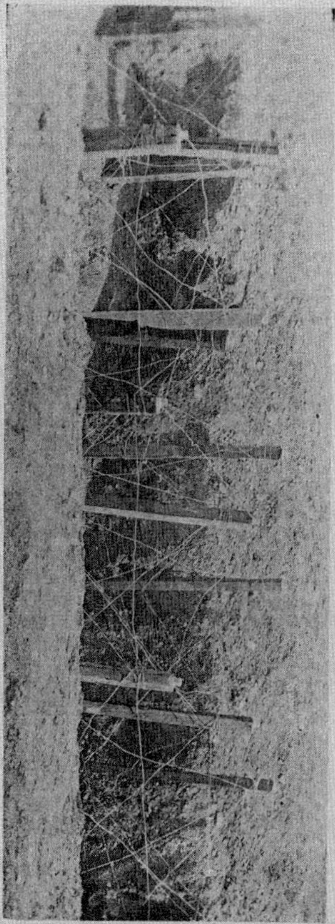

外壕電絲網

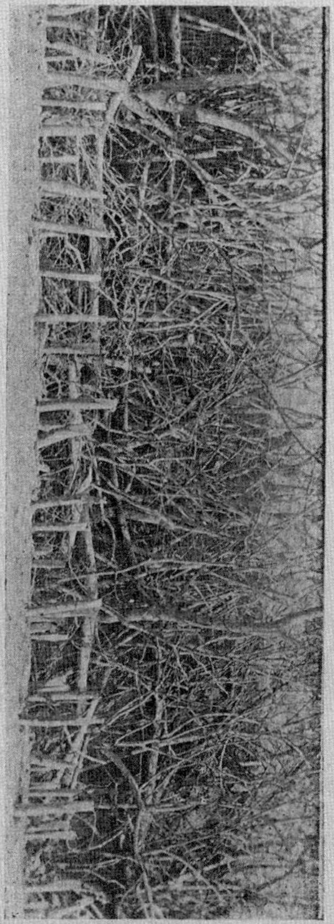

外壕鹿角柴

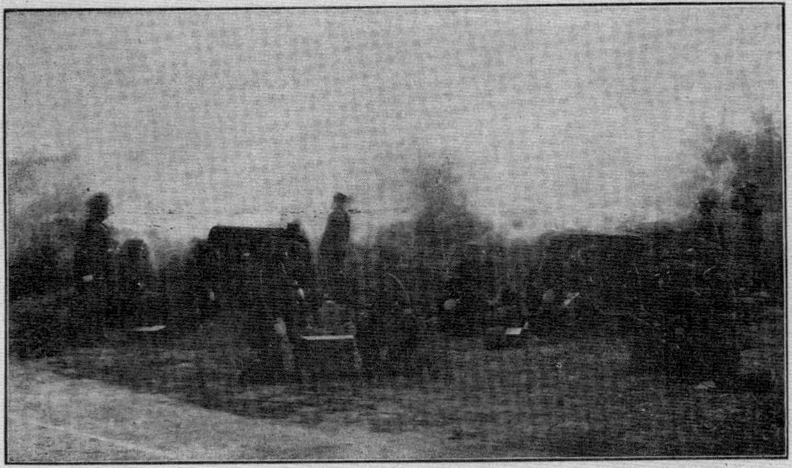

學生軍野外演習之一

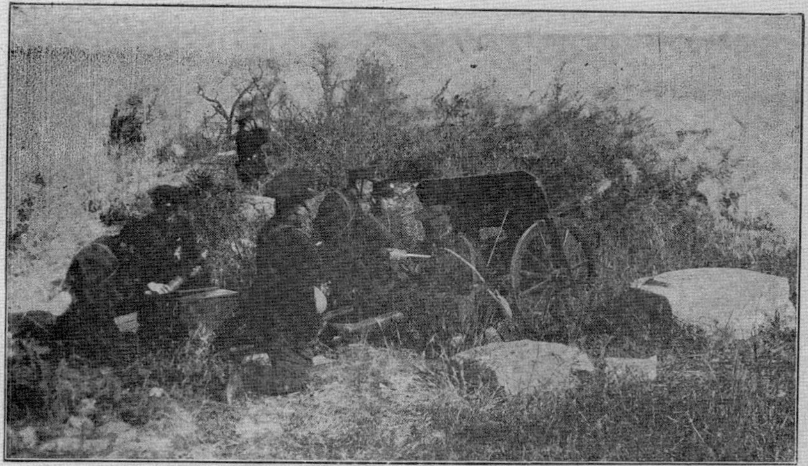

學生軍野外演習之二

女生實習打靶

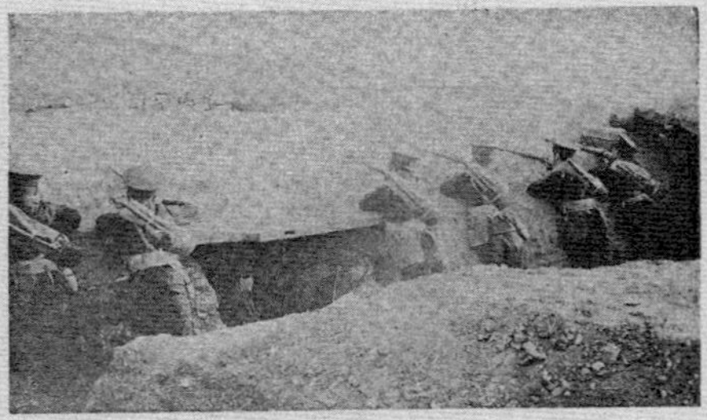

散兵溝內演習步槍射擊

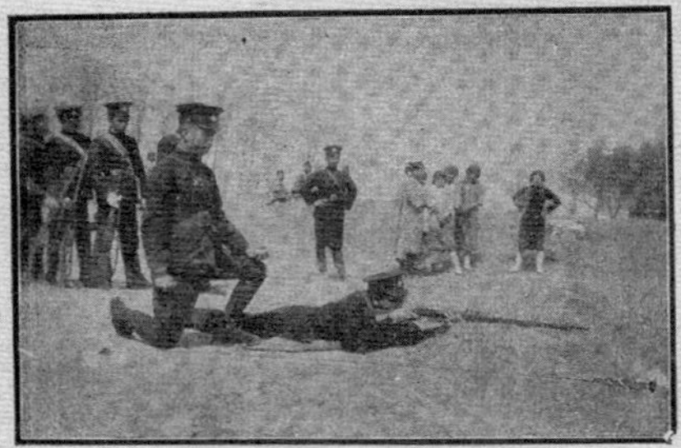

男生實習打靶

機關槍射擊演習

北大學生軍之過去及現在

軍事訓練部主任　白雄遠

本校自蔡先生到校以後見同學中拱背彎腰缺乏青年活潑之精神者甚多乃極力提倡體育謀根本救濟之策民國八年五月遂由雄遠建議招考新生時須先檢查體格繼本校採納即自是年暑假招生時實行此舉影響於全國青年對於體格上之注意者甚鉅十一年五月奉直戰起北京各界深以治安爲慮當時敎會紅十字會及中等以上各校多組織婦孺救濟會以防潰兵而維秩序斯時北大之校產亦陷於危險狀態中蔡先生乃提倡組織保衞團以警備本校一時同學加入願充團員者多至三百餘人由雄遠擔任總訓練定每日早六點爲訓練時間全體團員精神振奮興趣濃厚不一旬而奉直戰停北京安然無恙本校保衞團任務於是亦告終了當時全體團員雖僅經短時間之訓練但早已引起其尙武精神之勃發深覺智育體育應兼施併行不可重此而輕彼且强健之身體尤爲各種實業成功之基礎遂乘此機會請蔡先生改保衞團爲學生軍其實在同學未請求之先蔡先生早具此意可謂不謀而合矣蔡先生遂委託雄遠全權進行於是一方仍於每日清晨繼續訓練一方籌備一切進行事宜不一月而武裝齊全之學生軍遂告成立隊員之精神甚旺蔡先生乃於六月二十八日早六點偕蔣百里黃膺白諸軍事學家臨場檢閱由蔡先生頒發軍旗各隊員精神煥發步法槍法異常整齊純熟蔡先生與蔣黃諸先生咸謂創辦伊始有如此之進步一月之中儼若軍隊中一年之成績實出意料之外大爲激賞

秋後加入訓練者愈多乃從新編制爲三隊爲第一期以後定每年招一期每星期授術科三小時學科兩小時復遴選姿勢正確口令洪亮之隊員充任幹部蔡先生請蔣黃二先生擔任軍事學講師並公布學生軍學術大綱詳定各項規則又聘軍官三員爲本軍敎練至十三年六月舉行大檢閱蔣夢麟先生偕胡適之李四光丁燮林諸先生及外賓多人臨場檢閱此時隊員已久經鍛鍊嚴寒酷暑未嘗少憩不僅於制式戰鬥敎練動作純熟即嚴守紀律忍苦耐勞之習慣俱已養成體格亦日見强健儼若士兵之體魄軍官之氣槪效果大著

當時諸先生對此莫不極端贊揚秋後復將章程詳爲删改規定入軍前二年爲初級訓練以制式及戰鬥基本動作爲主第三年爲高級訓

練以教人之方指揮之法軍官之動作爲主初級二期畢業高級一年畢業又聘教練一員專授沙盤戰術演習每星期兩次每年春秋野外演習兩次並置備帳幕背包水壺飯袋軍刀子彈帶等軍器大備隊員之興趣益濃

在本軍創辦之初輿論即有謂北大提倡武化斯時成績顯著此論愈盛至十六年夏因故停止溯此五年之中受訓練之隊員計達一千餘名初級畢業者四期高級畢業者三期皆成績斐然且多有三年之中未嘗曠課一次者志趣堅定操行良好深堪嘉許蔡先生十四年六月問予雄遠書云學生軍若繼續推廣不於未成熟之時期中露鋒芒則一二十年後必爲吾國救亡之靈藥願久持之於此可見蔡先生對於學生軍之期望至大

十七年蔡先生任大學院院長時在全國教育代表大會中提出高中以上各大學應添加軍事訓練爲必修科全場一致通過誠以任重致遠之青年非予以嚴格之軍事訓練不足以鍛鍊身體養成紀律化與堅忍耐勞之精神而於讀書之補助生產之發達國勢之强盛民族之獨立更有莫大之關係焉十八年春本校復校成功同時恢復學生軍同學中願入軍受訓練者凡三百餘人遂編爲三隊因制服做成時已近考期祇由雄遠一度之檢閱訓話而已秋後始按訓練總監部與教育部規定之教育方案每星期術科兩小時學科一小時每人必修二年爲六個學分從事於根本上之嚴格訓練

本校三十一週年紀念全軍擔任糾察維持秩序分班巡査輪流警戒時値大雪紛飛狂風怒吼氣候嚴寒隊員於風雪凜冽之中而身着極單薄之服裝手持冰凉之鐵槍輪班守衛大門及二門者各任兩小時之久精神抖擻毫不稍露畏寒懼冷之狀且該次紀念會規模宏大若各隊員不具有熱誠與犧牲之精神到處維持恐會場秩序實難井然吾人可知此種顯着之效果誠非偶然者若無平日嚴格之訓練不克臻此也

十八年冬教務處布告軍事訓練爲三四年級必修科於是連同原有之隊員至是已不下六百餘名編爲四大隊並將其中成績較優堪深造者編爲幹部一隊與從前學生軍高級之程度相似且較爲嚴厲在十九年春本軍各隊迭次在黃寺靶場以實彈射擊並參觀駐平各軍

及美國使館之海軍陸戰隊五月初聯合女師大輔大中法等校在德勝門外黃寺附近作野外演習皆選幹部之精幹者任班排連長成績頗佳

至秋後將訓練大綱及各項細則擬妥由教務處公布施行凡軍訓成績不及格者不能畢業軍訓第一學年成績在八十分以上者獎給獎章第二學年在八十分以上者獎給獎狀在第一學年得有獎章者第二學年准入幹部隊二十年春訓練側重於技術方面除制式及戰鬥教練外於刺槍拳術及旗信號通信法手榴彈拋擲法等進步甚速五月初聯合農業大學輔仁大學女子師範大學合計一千二百餘名分編爲東西兩軍各編步兵一營機關槍一連迫擊礮平射礮各一排到阜成門外三里河附近作遭遇戰演習當時各使館武官及陸大教官學員等暨市民前往參觀者不下千餘人演習畢各武官及陸大教官多有講話語意甚爲讚仰至五月底蔣校長偕各系主任到操場檢閱共編爲三隊一隊連教隊一隊刺槍一隊手榴彈見各隊員精神之煥發動作之整齊紀律之嚴肅體力之强健刺槍之勇銳活潑手榴彈之投擲遠而準確蔣校長及各系主任僉以讀書之學生竟能訓練到如斯之成績頗加激賞蔣校長且謂在南方時亦常參加檢閱軍隊其正式軍隊之成績尚有不及如此良好者秋後九一八事件發生三四年級隊員每日天尙未明即已集合操場一二年級同學自動請求着短便服受訓練並加講沙盤戰術如關於行軍之序列攻擊防禦兵力之配備各種戰壕之構築凡操場不易實習黑板不能表示之處均用以表現之二十一年春教職員對日委員會提議構築各種工事以補助戰鬥遂於三月經第十二次校務會議提出議決通過推舉雄遠擔任實行自是月二十日起即添購工作器具就本校操場東北隅新購之空地經始構築散兵溝交通溝內壕外壕機關槍掩體掩蔽部展望孔蓋溝橫墻鹿柴電網地雷軍橋等經一二三四年級各隊員二十餘日之努力始克完成當工作時期內多值颶風而各隊員之奮勇精神絕不稍減甚至手已磨泡而工作竟不少歇直如敵人迫近勢須急切構築不可之狀是時本校教職員每日均有到工事場參觀構築者咸稱工程浩大隊員有耐勞之精神至工事完成後市立各校及東北學院廣東省立女子師範等校並世界日報導報正開通訊社記者均先後來校參觀視及各種工事之規模均多讚賞新聞記者尤爲驚訝謂以各部之工作本屬軍隊中之作業茲乃由學者亦克爲之是誠符眞正

軍事教育之本旨談論中尤形欽羡嗣復鑒於附屬步兵新武器之需要遂製備木質輕機關槍十二挺重機關槍四挺迫擊礮四門平射礮兩門及礮彈箱各插礮彈步槍彈等其式樣尺寸與眞武器同每日各隊分別操練未及匝月各種動作均已嫻熟秋後復添製山礮礮彈箱礮彈及站跪臥各種散兵學三角架階級架等幹部隊員對於礮之進入陣地放列學準變換陣地等動作最爲精熟

二十二年春以時局緊張各兵種連合野外之不易施行乃將沙盤擴大關于行軍駐軍作戰等在某時機表現某種狀態如兩軍之情況兵力配備攻防之方略各兵種協同之動作戰車之使用飛機之助戰均隨時隨地使隊員澈底明瞭戰場之情形每次演習頗感興趣北平市立第四中學河北省立第十七中學北方中學世界日報記者先後於沙盤演習時到場參觀均稱讚不已且謂如臨戰場然最近以時局倍形吃緊爲增加隊員防毒之技能起見遂由工業試驗所訂購防毒面具五份復由本校化學系講師吳屏先生自製防毒面具多份送給本軍以教隊員對於敵人毒瓦斯來襲之警戒警報處置等之演習隊員動作迅速具有沉着應戰之精神又本軍隊員胡美自製烟幕在軍訓時間設爲由敵人所放迫近我方陣地教以戰壕內之隊員應戰之演習及我方利用煙幕之掩蔽偸渡敵方橋梁之演習結果不祇隊員動作敏捷且饒實敵觀念並加氤氳密佈成績甚佳

查軍事教育現已彌漫全國溯其起源實以本校爲嚆矢迄今十有一載軍訓精神較昔尤形旺盛實以同學深知現代爲科學化之國防欲學術之於國家有所貢獻勢須有强健之身體以爲基礎然後始能研究高深之學術及增加各工作之效率且今後時勢所趨任作何種事業尤須具有軍事之常識深願本屆畢業同學離校後各本此種意旨勢力而推廣之務使舉國人民皆具軍事常識强健體格必能充實國力鞏固國防以發揚我民族獨立之精神消滅破壞世界公理之障礙進而爲羅斯福之後援隊共謀世界大同之眞正和平以增我北大無限之光榮也願與同學共勉之

中華民國二十二年六月三日於大北軍事訓練部

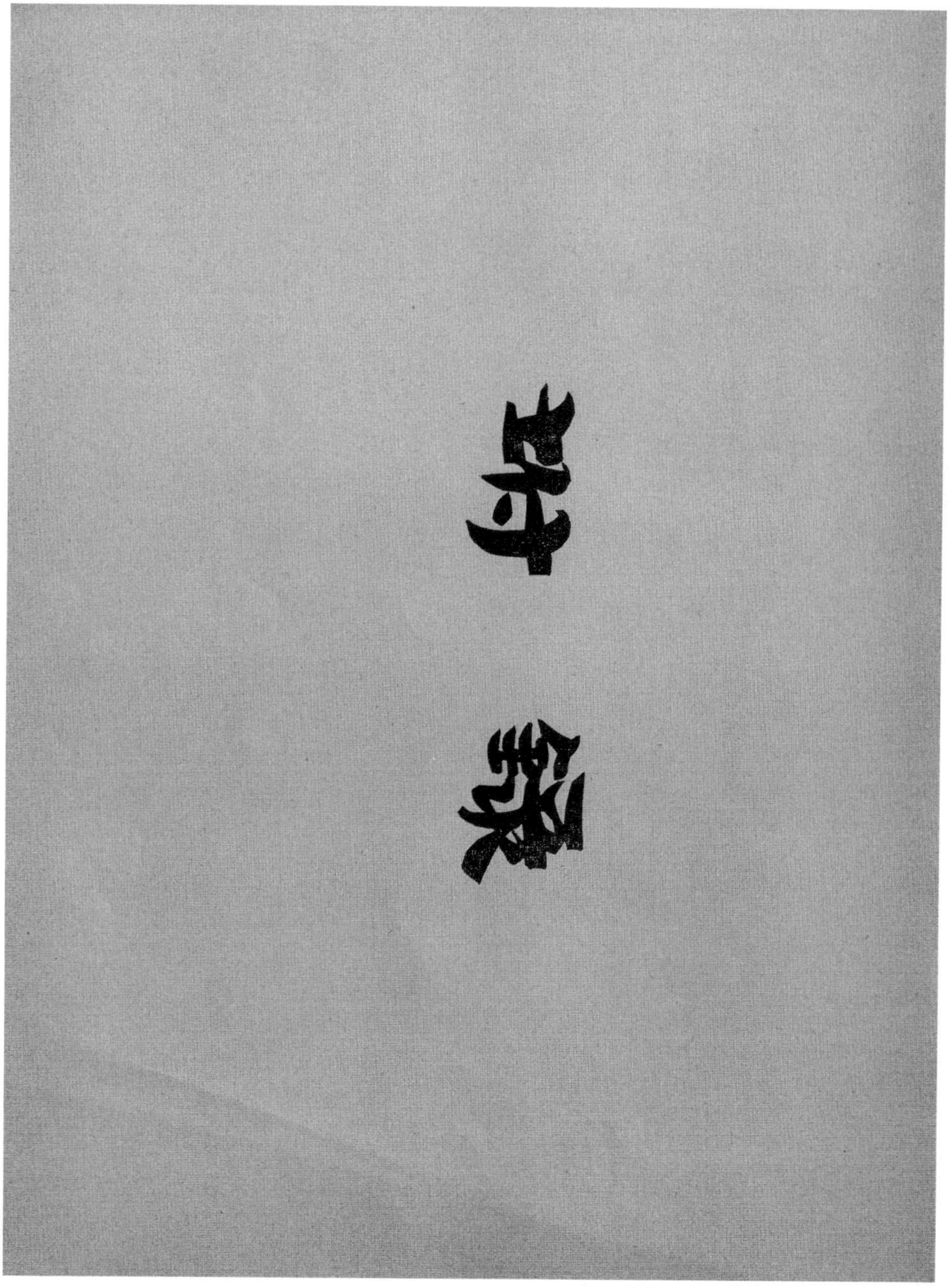

國立北京大學職員目錄

通訊錄

姓名	別字	籍貫	通訊處	電話	任務
恒泰	壽山	北平	東直門內新太倉褡褳坑三條三三	南 152	體育組技擊教師
梁平甫	錦漢	新會	宣外姚家井自新路一八		法律系講師
梁廷煜	光甫	大城	東四五條月牙胡同一八		庶務組營繕股事務員
梁宗岱			地內慈慧殿三號		外國語文學系講師
梁思永		新會	東城趙堂子胡同五	東 4553	史學系講師
梁榮秀					研究院繪圖員
江澤涵		旌德	景山東大街七		數學系教授
沈尹默		吳興	東城史家胡同三	東 1584	國文系名譽教授
沈文澔	仲莞	慈谿	東太平街三十三號	西 75	庶務組收發股事務員
沈青囊	濟世		沙灘漢花園八號梅宅	東 4064	化學系助教
沈啓无			南小街祿米倉二七		中國文學系講師

（2）

姓名	別字	籍貫	通訊處	電話	任務
沈兼士		吳興	東城什坊院十九	東 3436	國文系名譽教授
沈肅文		蕭山	西四前毛家灣五號	西 1819	庶務組主任
汪慧	琴芳	武進	後內碾兒胡同二二		庶務組書記
汪元起	彥沈	合肥	馬大人胡同十六		化學系助教
汪敬熙	緝齋	濟南	前鐵匠營二號	西 2737	心理系教授
汪滌陳			東城鐵獅子胡同二六		圖書館書記
洪國棟	松臣	湖北	地內三眼井三四		文牘組書記
洪濤生	Vincenz Hundhausen	德國	彰儀門外南炮子河二七		外國語文學系教授（德）
涂序瑄		南昌	東城南小街祿米倉二七	東 3823	外國語文學系講師（英）
湯用彤	錫予	黃梅	南池子緞庫前巷三		哲學系教授
温源甯		陸豐	南長街東河沿十五	南 2200	外國語文學系主任
温壽鏈	公頤	龍岩	宣外賈家胡同龍岩會館		哲學系助教
潘璧	純玉	通縣	新街口小五條十七		軍訓組書記

姓名	別字	籍貫	通訊處	電話	任務
潘寶泉	潔民	河北	本校售書處		出版組書記
潘家洵	介泉	吳縣	安定西大街二六		外國語文學系副教授(英)
唐蘭	玄厂		東城大羊宜賓胡同三二		中國文學系講師
唐濤	逸璧		同華公寓		註冊組書記
唐悅良			東城炒面胡同大烟袋胡同六		政治系講師
唐景和	春帆	閩侯	臟庫胡同三十五		儀器組主任
庚繼麟	趾崖	大興	隆福寺東廊下六		圖書舘編目股西文書記
方壯猷			西城石駙馬大街八十		史學系講師
施仁培			東四四條四七		數學系講師
章廷謙	矛塵	紹興	東不壓橋東胡同一七	東 1933	校長室秘書中國文學講師校志編纂處協纂
章鶴笙		崇明	二　齋	東 1298	庶務組管理股事務員
謝家榮			西城豐盛胡同甲二二	西 966	地質系教授
許之衡	守白	廣東	宣外上斜街五五	南 5525	國文系教授

（4）

姓名	別字	籍貫	通訊處	電話	任務
許贊堃	地山	龍溪	陟山門六號	東 2994	哲學系講師
許德珩	楚生	九江	東城遂安伯胡同一四		政治系教授
郭元義	西則	鎮平	黃化門司禮監甲六		物理系助教
郭東霖	雨倉	景星	西老胡同一		化學系助教
雍克昌		四川	東單東觀音寺福建司營三十		生物系教授
高振西	化白	汜水	西老胡同一	東 1364	地質系助教
高崇熙	仲明		西四受壁胡同八或清華大學	西 543	化學系講師
龍際雲	搏宵	萬載	大學夾道十一		物理系副教授
姜懋昌	伯謙	福山	磚兒胡同六十		註冊組書記
勞君展			東城遂安伯胡同十四		數學系講師
曾昭掄	叔偉	湘鄉	黃米胡同九	東 1498	化學系主任
昝延祓	夢萍	北平	東城中剪子巷九		教育系書記
鄭奠	石君	諸暨	中老胡同七		國文系教授

（5）

姓名	別字	籍貫	通訊處	電話	任務
鄭天挺	毅生	長樂	西城豐盛胡同後泥窪八	西 2536	校長室秘書國文系講師
鄭河先		閩侯	東城大方家胡同三十	東 888	衛生組主任
鄭壽麟			府右街饽饽房十二		哲學系講師
馮文炳			東老胡同十		中國文學系講師
馮祖荀	漢叔	杭州	小甜水井十	東 1161	數學系主任
顧邁亭	雅德	武進	碾兒胡同二二		註冊組事務員
顧頡剛		吳縣	燕京大學		史學系名譽講師
顧毓琇	一樵		清華大學工學院		物理系講師
雷德茂			輔仁大學轉		外國語文學系講師
于德馨	得心	昌平	後門外寬街九		圖書館編目股西文書記
武崇林	孟羣	鳳陽	宣內前王公廠十一		數學系講師
武修文	質忠	內黃	李廣橋西口袋胡同十三	東 141	軍訓組助教
王烈	霖之	蕭山	東四箭廠胡同一二	東 2951	秘書長地質系教授

（6）

姓名	別字	籍貫	通訊處	電話	任務
王晨	修仁	北平	光明殿小菜園五	東1318	外國語文學系講師
王化成		丹徒	西城邱祖胡同二五	西391	政治系講師
王丕拯		深澤	錦什坊街轆轤把四	西1899	數學系助教
王式齡	信如	河北	宣內法學院東夾道一		出版組書記
王守競			東河沿二十三	東252	物理系主任
王希光		天津	地內大石作一二		文牘組書記
王家駒	維白	丹徒	西城邱祖胡同二十五	西391	法律系講師
王國治	肇平	衢縣	沙灘新開路文華公廨		圖書館典書股書記
王榮春	耀東	嫩江	西城屯絹胡同棗林街八	西1291	體育組主任
王錫英	俊臣	宛平	地外鼓樓院二十		圖書館典書股事務員
王鳳振			——		生物系助教
王鴻逵		靜海	大學夾道九		圖書館典書股書記
秦瓚	續略	固始	西城闢才二條九號		經濟系教授

姓名	別字	籍貫	通訊處	電話	任務
戴文魁	華舫	大興	交道口二條三九		研究院書記
戴臣水		句容	新皮庫胡同十八	西 339	會計組事務員
戴明揚	荔生	隆昌	大學夾道十三		研究院助教
戴修瓚	君亮	常德	宣內太平湖槐抱椿樹菴四		法律系主任
戴藩瑨			漢花園八		生物系助教
戴錫祉	贊襄	河北	西老胡同一		化學系助教
敖士英	識因	清江	銀閘井兒胡同一		校志編纂處協纂
曹遺	孑民	義烏	太僕寺街背陰胡同二		出版組售書股事務員
李浦	靜波	磁縣	南鑼鼓巷沙井胡同一	東 4477	法律系講師
李皜	市晨	河南	嵩祝寺後身鐘鼓寺一九		圖書館典書股事務員
李濟	濟之		北城方磚廠二一		史學系講師
李四光	仲揆		景山東大街八		地質系主任
李正翰	綏坦	酆都	銀閘六		圖書館購置股助教

姓名	別字	籍貫	通訊處	電話	任務
李永年			北羅巷下窪子九		圖書舘編目股西文書記
李光忠	孝侗	貴陽	靈境宮三十		經濟系講師
李兆松		大興	地外北羅巷下窪子九		圖書舘編目股西文書記
李芳桂			大甜水井九		中國文學系講師
李金愷			——		政治系助教
李季谷	季谷	紹興	中老胡同二		史學系講師
李泰華			本司胡同二五		生物系助教
李建勛			宣外教場小六條二九		教育系講師
李麟玉	聖章	天津	東板橋火神廟七	東 4671	化學系名譽教授
李度容	度容	河北	南池子普渡寺前巷十一號		出版組售書股書記
李述禮	陶甄	化縣	興化寺街十七		外國語文學系講師
李夏雲		青神	漢花園八	東 4046	註冊組編誌股助教
李振鄉	永亮	新絳	沙灘二三		研究院助教

姓名	別字	籍貫	通訊處	電話	任務
李維鈞	宜平	大興	（二院）朝陽門外八里莊慈雲寺		文牘組事務員
李應兆			後內碾兒胡同四四		經濟系助教
李証剛	翊灼		南長街七一		哲學系講師
李懷亮	特成	湘鄉	錦什坊街大水車胡同三	西 1348	法律系講師
李續祖	曉宇	宛平	大學夾道十四	東 3498	助教理學院院長室辦事
李祖蔭	麇壽	祁陽	西郊成府喜羊胡同（燕京大學）		經濟系講師
林損	公鐸	瑞安	宣外教場四條二七		國文系教授
林曉	覺辰	象山	中老胡同二		物理系副教授
林卓 女	卓鳳	澄海	和平門外延壽寺街一百號	南 1131	圖書館主任室助教
林仁濤	幼安	石埭	崇外石虎胡同十一		圖書館登錄股書記
林可勝		吾貫	協和醫院（外交部街東口一號）		心理系名譽教師
杜元載	厝之		西安門酒醋局十	西 2214	教育系講師
查士鑑	氷如	海寧	箭桿胡同十二		會計組主任
麥列		英國			外國語文學系教授

（10）

姓名	別字	籍貫	通訊處	電話	任務
楊廉	四穆	安岳	東四後拐棒胡同五一	東 1323	教育系教授
楊瑞	輯五	北平	宣外西草廠二一		地質系繪圖員
楊運	友應	浙江	本校		出版組印刷股事務員
楊鐸	警吾	義烏	西城背陰胡同二	西 61	出版組主任地質系講師
楊堃夫人			交道口東大街七九		外國語文學系講師
楊宗翰	伯屏	鎮江	西城東養馬營四	西 1157	外國文學系講師
楊亮功		巢縣	大雅寶胡同二		教育系教授
楊宜春			後內碾兒胡同二五		助教經濟紀錄室辦事
楊震文	丙辰	南陽	馬圈胡同九	東 4283	外國文學系教授(德)
楊鍾健	克強	華縣	石老娘胡同十五		地質系講師
樊富民	惠遠	內黃	大學夾道煤汽廠	東 1364	化學系助教
樊際昌	逵羽	杭縣	大阮府胡同三十	東 2316	課業長註冊組主任心理學系主任
柏列偉			東城喜雀胡同甲四		外國語文學系講師
燕樹棠	召亭	定縣	後門內碾兒胡同十八	西 2863	法律系教授

姓名	別字	籍貫	通訊處	電話	任務
斯伯納		德國	本校數學系教授會轉		數學系教授
廿均道	仲陶	奉新	宣外菓子巷驢駒胡同三		出版組講義股事務員
胡適	適之	績溪	米糧庫四	東 2511	名譽教授文學院長兼教育系主任
胡欽	子安	寶慶	大雅寶胡同五五蕭宅	東 263	助教在課業長室辦事
胡玉齋		沙河	西安門內西安旅館		軍訓組助理
胡立猷	毅若	無錫	西城壽逾百胡同六		經濟系講師
胡先驌	步曾	新建	靜生生物調查所		名譽教授
胡伯素		攸縣	西老胡同一	東 1364	地質系助教
胡壯猷	愚若	無錫	西四南兵馬司小院胡同一	西 2265	化學系教授
胡葆珊	鐵海	邱縣	宣外米市胡同四九		圖書館典書股書記
胡謙芝			西安門內酒醋局九		政治系講師
胡濬濟	沇東	慈溪	東城小甜水井十	東 1161	數學系教授
袁家驊	嘉華	常熟	三眼井二七號		外國語文學系助教
賈裕民	彛賓	房山	西直門內南草廠小乘巷三二		軍訓組助理

（12）

姓名	別字	籍貫	通訊處	電話	任務
趙淞	雨秋	閩中	西城北溝沿揀果廠二		數學系副教授
趙人儁					經濟系講師
趙迺摶	廉澄	杭縣	西四兵馬司小院胡同一	西2265	經濟系主任
趙金科	子銘	河北	東老胡同十號		地質系助教
趙隆浩		奉新	府右街六		物理系助教
趙萬里	斐雲	海寧	東華門宗人府西夾道		史學系副教授
趙廣增	希古	安國	中老胡同十三		物理系助教
趙蔭棠	憩之		後局大院甲二十		中國文學系講師
趙增印	覲侯	北平	地內碾兒胡同二六		註冊組註冊員
趙學海			西安門酒醋局十		化學系教授
趙錫霈	雨山	大興	地內碾兒胡同二三		圖書館典書股書記
趙懷叙	秩夫	清苑	後內二眼井五		圖書館典書股書記
郝堺		大興	崇外葱店前街甲三十		研究院練習生
韓湘玫女			霞公府康家胡同三		外國語文學系教授

姓名	別字	籍貫	通訊處	電話	任務
馬裕藻	幼漁	鄞縣	西板橋甲二	東 1571	中國文學衡主任
馬叙倫	夷初	杭縣	和平門內松樹胡同西口甲三四	東 1571	哲學教授
馬衡	叔平	鄞縣	小雅寶胡同四八	東 5759	中國文學系教授
黃節	晦聞	順德	東城大羊宜賓胡同二四	東 1363	中國文學系教授
黃子卿	碧帆	梅縣	清華大學		物理系講師
黃式英女	淑瓊	鑫陵	西城小將坊胡同二		圖書館典書股書記
黃紀廷	孟正	都昌	西城背陰胡同七		圖書館事務員
黃國聰	少楡	中山	東單新開路小土地廟六		外國語文學系副教授（英）
黃偉惠女		中山	東單新開路小土地廟六		外國語文學系講師（法）
黃承燮	鶴軒	大興	西長安街官馬司二五		文牘組週刊室書記
黃輔臣		江都	中老胡同一四		註册組書記
賴義輝			崔府夾道二四		史學系助教
聶涪			歐美同學會		史學系講師
夏振清	澤民	固安	二院號房轉		庶務組器物股事務員

(14)

姓名	別字	籍貫	通訊處	電話	任務
盛成	成中	儀徵	西城錦什坊街油簍胡同一		外國語文學系講師(法)
盛鐸	伯宣	宛平	南長街苦水井一		庶務組管理股事務員
盛鈺	寶彝	紹興	南長街苦水井一		註冊組書記
盛國樂女	潤隱	嘉興	宣內未英胡同五		圖書館編目股書記
石坦安	Von Don Steinen	德國	西城後王公廠十五		外國語文學系講師(德)
石呈象	煉之	黃梅	沙灘十六		文牘組書記
郁泰然		江陰	東廠胡同西口外皇城根六四		研究院事務員
丁文江	在君		東城芳嘉園三五	東 2789	地質系教師
丁道衡	仲良	織金	沙灘二一		地質系助教
丁壽田		浙江	石駙馬大街二八		數學系助教
艾克	Dr S E. Ecke	德國	西城大翔鳳胡同二一		外國語文學系講師(德)
艾和薰			新開路東方公寓		助教法學院院長室辦事
卓宜來			王駙馬胡同四		經濟系講師
范文瀾	仲儒	紹興	後門慈慧殿南月芽胡同十一		國文系講師

姓名	別字	籍貫	通訊處	電話	任務
英千里		北平	西城宣阜大街二	西1384	研究院（譯員）外國語文學系講師
普拉葛	A. W. Grabau	美國	西城豆芽菜胡同五	西1761	地質系教授
董作賓	彥堂		北海歷史研究所		史學系講師
董時進		墊江	石駙馬大街四二	西488	經濟系講師
萬恩霖	紫沛	儀徵	火藥局三條六號		庶務組器物股書記
葉麐	石蓀	古宋	清華大學	東3900 西2100	心理系講師
葉增榮	暢九	仁壽	東華門內北河沿四四	東638	助教在庶務組管理股辦事
葉崇智	公超	番禺	北長街教育會夾道甲二清華北院十一	南463	外國文學系講師
葉審之			中老胡同二八		教育系助教
蒯淑平女		合肥	西褄褙胡同一二		外國文學教授
蔡樂生			芳嘉園心理研究所		教育系講師
蔣廷黻		湖南	清華大學北院十六		史學系講師
蔣夢麟	孟鄰	餘洮	西四前毛家灣五	西1819	校長
蔣經邦	宇全	江陰	東城南河沿一六	東735	研究院助教

姓名	別字	籍貫	通訊處	電話	任務
蕭恩承		永新	東城大雅寶胡同五五	東 263	教育系教授
薛念祖	子維	永春	參政胡同六		註冊組事務員
薛德成			中老胡同一二		經濟系講師
薛本棟		閩侯	東單三條十五或清華大學	東 3900	物理系教授
薛維廉	Sacklowr R. Willuln	德國	德國兵營一		外國文學系講師(德)
盧于道		鄞縣	芳嘉園一號		生物系講師
盧郁文		河北	西城京畿道官房胡同四		經濟系講師（法）
盧逮曾		萊蕪	北河沿四五		校長室秘書在文學院院長室辦事
盧愛知		邵陽	棉花胡同一七		外國語文學系講師(日)
盧遇庚	丙坦	宛平	銀閘二七		圖書館典書股書記
吳屏	伯藩	廣濟	西城府右街石板房二條五	西 333	化學系講師
吳銳	叔侯	桐城	沙灘新開路七號	東 920	物理系教授
吳正華			齊內南小街六一		法律系講師
吳印川	旭朝	鎮江	鐘鼓寺十三		庶務組器物股書記

姓名	別字	籍貫	通訊處	電話	任務
吳有訓	正之	江西	清華大學		物理系講師
吳永淇			大甜水井甲六		研究院練習生
吳長春			靜生生物調查所		生物系助教
吳定良					經濟系教授
吳承仕	絸齋	安徽	宣內油房胡同二		中國文學系講師
吳俊升		如臯	清華同學會		教育系教授
吳憲祖	象斌	臨城	米市大街北京公寓		化學系助教
吳鴻志			北平圖書館職員宿舍		圖書館編目股西文編纂
崔銘琪			外交部街大同中學		數學系助教
羅文	鷁野	贛縣	西珠市口贛寧會館	南 4710	文牘組事務員
羅昌	文仲	寶安	東四十一條何家口二		外國語文學系講師
羅庸	膺中	江都	闈城古籍堂	東 3793	中國文學系教授
羅常培	心田		東城新開路三四		中國文學系講師
羅振福	蒔康	萍鄉	亮果廠曉教胡同九		化學系助教兼儀器組事務

姓名	別字	籍貫	通訊處	電話	任務
婁學熙			西四帥胡同四	西 1266	經濟系講師
關徵婉女		南海	南池子官豆腐房二	東 2499	圖書館事務員
余遜	讓之	常德	大石作七號		史學系助教
余上沅		江陵	陟山門大街六(景山東街八)	東 2914	中國文學系講師
余棨昌	戟門	紹興	西四前毛家灣三	西 109	法律系講師
余嘉錫	季豫	常德	大石作七號		中國文學系講師
余肇池	舞池	雲夢	西四武王侯胡同五一	西 2030	經濟學講師
余錫嘏	又孫	沿陵	後門內納福胡同二七	東 1174	校誌編纂處助理
俞平伯		德清	東城老君堂七九	東 2609	中國文學系講師
俞崇智	益之	婺源	宣外大街二零七		助教在儀器組辦事
俞蔚芬	谷仙	富陽	報子街		出版組售書股事務員
樊富民	惠遠	內黃	大學夾道煤汽廠	東 1364	化學系助教
樊際昌	逵羽	杭縣	大阮府胡同三十	東 2316	課業長註冊組主任心理系主任
翁文灝	詠霓		六部口新平路一		地質系名譽教授

姓名	別字	籍貫	通訊處	電話	任務
金希賢	滿淑	大興	朝內豆瓣胡同六二		註冊組事務員
金恒孚		北平	東直門羊管胡同安南營七		註冊組書記
錢穆	賓四	無錫	北河沿二道橋二		史學系副教授
錢玄同	疑古	吳興	孔德學校	東2460	國文系名譽教授
錢稻孫		吳興	受壁胡同九	西411	中國文學系外國語文學系講師
鍾作猷		騎流	騎河樓十一		外國語文學系講師(英)
鋼和泰	Baron A. Ven Steel-Holstein	奧國	東交民巷奧使館		中國文學系名譽效授
饒毓琇			研究所理化部		物理系講師
鐸爾孟			新鮮胡同二四		外國語文學系講師
嵇文甫		汲縣	北池子三五		哲學系講師
穆永利	厚平	大興	舊鼓樓大街北藥王廟一七		文牘組繕校室書記
朱洪	彙臣	海鹽	定府大街松樹街八		文牘組主任兼校長室秘書在秘書處辦事
朱瑛			府右街餑餑房		圖書館助理
朱汝華	君實	太倉	錫拉胡同青年會		化學系助教

（20）

姓名	別字	籍貫	通訊處	電話	任務
朱廷僾	汝明	大興	地內恭儉胡同十七		出版組講義股書記
朱希祖	逷先	海鹽	德勝門內草廠大坑二一	西2098	史學系名譽教授
朱家健	叔琦	吳縣	東安門內北河沿四七		外國語文學系講師（法）
朱鉅琅	佩鏘	浙江	臘庫乙二七		出版組事務員
毛準	子水	江山	東城箭桿白胡同十		圖書館館長史學系教授
秉志	農山		靜生生物調查所		生物系名譽教授
程衡	斯予	堯山	北池子大街六三	南4822	哲學系講師
程樹德	郁庭	閩侯	東太平街六	西218	法律系講師
程緒頤	漢宸	通縣	地安門內蠟庫三八		出版組講義股書記
黎錦熙			機織衞淹通胡同四		中國文學系講師
魏建功		如臯	朝陽門大街八三	東1532	中國文學系副教授
何以莊	松坡	宛平	什錦花園八		體育組書記
何永佶	尹及	廣東	清華同學會		政治系教授
何作霖	雨民	蠡縣	缸瓦市二道棚欄甲五		地質系講師

姓名	別字	籍貫	通訊處	電話	任務
何基鴻	海秋	藁城	北長街前宅胡同七	南 1999	法律系教授
何德森			北新橋方家胡同青炭二十		化學系助教
倫明			宣外東斜街東莞會館		史學系講師
侯印卿		天津	南池子扁担胡同三		研究院照相員
傅振倫	維本	新河	沙灘皇城根二八	東 1299	研究院助教
傅斯年	孟真	聊城	前鐵匠營二號		史學系名譽教授
傅葆琛	毅生		後外興化寺街三		教育系講師
傅種孫	仲嘉	高安	西河沿一八六	南 181	數學系講師
傅仲濤			海甸成府新胡同三		外國語文學系講師
岳增瑜	瑾懷	平順	馬圈胡同十一	東 1988	心理系助教
白桂亮	朗齋	盧龍	府右街十六		庶務組訓練股事務員
白眉初			西城同回營三	西 960	史學系講師
白雄遠	錦濤	密雲	府右街姐姐房二	西 632	軍訓組主任
白錫全	子福	北平	西城官園九		會計組書記

姓名	別字	籍貫	通訊處	電話	任務
邱椿	大年	寧都	西城石駙馬大街五	西1856	教育系講師
邱昌渭	毅吾	沅州	南小街方巾巷四七	南4169	政治系主任
徐中舒			北海靜心齋		史學系講師
徐光熙		平湖	西四兵馬司山門胡同七	西857	地質系講師
徐炳昶	旭生	唐河	西皇城根十二	西1496	哲學系名譽教授
徐祖正	耀辰	崑山	東城南小街祿米倉甲二六	東3823	外國文學系教授(日)
徐御良		長山	後門臟庫		庶務組收發股書記
徐輔德	佐良	崑山	後門內太平街十六		政治系講師
劉復	半農	江陰	大阮府胡同十六	東295	校志編纂處主纂 中國文學系教授
劉素女			東單二條五		外國語文學系講師
劉文典	叔雅	合肥	西城孟福祿舘三	西64	中國文學系講師
劉心銓			社會調查所		經濟系講師
劉廷芳		永嘉	海甸燕大南園五一		教育系講師
劉志敭	抱愿	武進	西城錦什坊街扁担胡同四		法律系教授

姓名	別字	籍貫	通訊處	電話	任務
劉吳卓生女		永嘉	海甸燕大南園五一		教育系講師
劉秀峰		獻縣	本校		會計組書記
劉雲翔			宣外棒樹胡同下三條十一		體育指導員
劉崇熙			西觀音寺三三		生物系講師
劉國材					生物系練習生
劉鉅錕	仲讀	新化	後門三眼井三四		註冊組事務員
劉殿陞	恩綬	衡水	西華門西皇城根一三		體育組國技導師
劉樹杞	楚青	湖北	東城乾麵胡同東石槽七	東 905	理學院院長化學系教授
包尹輔		吳興	嵩祝寺後身一		庶務組雜務股事務員
周彬	樞元	紹興	後內三眼井五		圖書館典書股書記
周豐	禹川	固安	馬圈胡同十三		註冊組事務員
周白吾		固安	馬圈胡同十三		註冊組事務員
周先庚		全椒	清華大學		心理系講師
周作人	啓明	紹興	新街口公用庫八道灣十一	西 2826	外國語文學系教授(H)

姓名	別字	籍貫	通訊處	電話	任務
周作仁	濯生	淮安	黃化門內錐把胡同四	東1535	經濟系教授
周同慶					物理系教授
周叔迦		秋浦	和平門中街三九		哲學系講師
周炳琳	枚蓀	黃岩	東城東總布胡同五	東 740	法學院院長經濟系教授
周振禹	詩孱	鎮江	景山西小石作十	東1369	化學系講師
周培源		宜興	清華大學	東3900	物理系講師
周殿福		武清	崇外法華寺街二三		研究院練習生
狄博女		Lini Diebolt			
		德國	東城西石槽胡同二		外國語文學系講師(德)
魯子惠		開封	寬街小蘇州胡同甲五		心理系助教
鮑鑑清			東城大紗帽胡同五		生物系講師
牟振飛	正飛	黃岩	周家大院二	南 127	化學系助教
桑毓英			中老胡同八		政治系助教
翟寶清			和平門內新簾子胡同四十		圖書館書記

姓名	別字	籍貫	通訊處	電話	任務
尹柏年					軍訓組軍事學講師
尹彥岑		順義	新街口小六條甲五		軍訓組助理
屠木蘭女			東隸稽胡同豆腐巷一七		外國語文學系講師
張頤	真如	永寧	西城豐盛胡同二十	西 114	哲學系主任
張允亮	庾樓	豐潤	東四六條三八	東 4499	圖書館編目股中文編纂員
張友燿	仲直	鄂城	西城東斜街三	西 210	外國語文學系講師（日）
張世康	守仁	昌平	後門水簸箕甲一		圖書館典書股書記
張仲桂	一山	吳橋	中老胡同十九		物理讀助教
張守正	莊伯		東城大佛寺東街七		法律系講師
張佩瑚	稷臣	江都	匯文學校	東 1818	物理系講師
張宜興	叔範	浙江	東城外交部街四六	東 4482	會計組事務員
張松年	申府	獻縣	清華南院九（二龍路三二）		哲學系講師
張明示	民石	內江	中老胡同二八		物理系助教
張映南		江陵	後內油漆作胡同十二		政治系講師

（26）

姓名	別字	籍貫	通訊處	電話	任務
張景鉞			清華同學會		生物系主任
張季鄭女	大理		大石作一		圖書館編目股書記
張忠紱	子纓	武昌	南池子燈龍庫七	東1265	政治系教授
張炳午	秉武	文安	宣外南橫街西口六六		庶務組雜務股書記
張星烺	亮塵	泗陽	後門外方磚廠二二	東2895	史學系講師
張春霖	震東	開封	靜生生物調查所		生物學系講師
張奚若		朝邑	朝陽門大街三八〇	東4562	政治系講師
張崇年	墉泉	獻縣	十八半截南半壁街十六		物理系助教
張道政	希平	壽縣	四老胡同一		化學系助教
張煜之	旭齋	萊陽	三院		體育組導師
張馥君女	大興		前內大四眼井八		庶務組管理股事務員
姚士鰲					史學系教授
賀麟	自昭	西堂	三眼井橫柵欄一		哲學系副教授
邵可侶	J. Reclus				

姓名	別字	籍貫	通訊處	電話	任務
		法國	小石作七號		外國語文學系教授（法）
孟森	心史	武進	馬圈胡同三		史學系教授
孫大雨			東城南小街一三三		外國語文學系教授
孫國華	筱孟	濰縣	清華大學	東 3900	心理學系講師
孫瑞麟	公生	崇明	箭廠胡同十二	東 2951	校長室秘書
孫雲鑄	鐵仙	高郵	小石作十號	西 2867 17	地質系教授
孫鼎烜	君夔	崇明	宣外北半截胡同三七		文牘組事務員在秘書處辦事
繆金源		東臺	班大人胡同六號	東 4343	中國文學系講師
陳垣	援菴	廣東	西城豐盛胡同一八	西 352	中國文學系名譽教授
陳同燮			石駙馬大街亞洲公廣		史學系副教授
陳式金	愼之	歷城	馬圈胡同一三	東 3843	出版組售書股事務員
陳伯早			西皇城根二十二		外國語文學系講師（法）
陳君哲		浙江	黃化門大街司禮監一		中國文學系講師
陳沈櫻			小雅寶胡同四八	東 5759	註冊組事務員

(28)

姓名	別字	籍貫	通訊處	電話	任務
陳益仁	受慈	定縣	火藥局二條六		庶務組收發股書記
陳受頤		番禺	後門外炒豆胡同二		史學系主任
陳清祿	荷之	深澤	西老胡同一	東1364	數學系助教
陳啓修	惺儂	中江	前局後身一		經濟系教授
陳鑄	雲屏		東總布胡同十五		心理系教授
陳瑾昆	克生	常德	東四演樂胡同二	東3860	法律系講師
陳德芳	明泉	河北	宣外白紙坊西大院七八		出版組工務股助理
陶希聖		黃岡	西城學院胡同一	西2835	政治系教授
陶履恭	孟和	天津	安內北新橋小三條一五	東 56	政治系名譽教授
陸式衡	稚鄰	紹興	西城太僕寺街七五		圖書館典書股書記
陸宗達	穎民	慈溪	宣外前青廠二七		中國文學系助教

本屆畢業同學未刊像片者題名錄

姓名	別字	籍貫	通訊處
王鏡清		河北無極	無極北虎村
李克明		河北井陘	井陘橫口
李紹墉	黎丹	吉林扶餘	扶餘長壽嶺鎮裕和興
吳尚惠			
王龍興		廣東瓊山	瓊州海口中山街王恆發號
葛崇壇			
史家祺	壽頤	河南盧氏	盧氏內永順元綫
宋治盛		吉汪雙城	雙城南大街路東宋宅
蔣思彤		遼寧北鎮	里山西正安堡
劉鴻業		吉汪雙城	雙城東北隅福田胡同三十二號
劉雨新		黑龍江大賚	大賚玉豐瑞
孫天民		吉林珠河	珠河縣稅局對面孫宅
許瀛甲	登如	山西隋晉	太原新南里東街十四號

姓名	別字	籍貫	通訊處
梁繼武	冰洪	山西崞縣	崞縣宏道鎮天錫元轉
古栢年		陝西咸陽	吉安所在巷甲七號
李玉堂	翰宸	河北定興	定興石象村
段振綱	季倫	河北安平	安平長屯
張書堂	芸華	吉林磐石	磐石耕讀堂
牛佩章		遼寧	瀋陽城內紅墻子東胡同
牟宗三		山東棲霞	棲霞蛇窩泊壽山堂
王浩			
劉普義			
秦位鏞	金聲	河北行唐	行唐鈺信恆交
耿憲璋	維周	河北寧晉	寧晉裕成泗芝蘭轉北齊莊
羅逢讓	玉階	河北靈春	行唐西街隆成和轉岔頭鐘德
姚樹崢	述隱	河北沙河	平漢褡褳鎮車站轉

各省本屆畢業人數與歷年畢業總數表

		河北	山東	吉林	四川	廣東	河南	湖南	浙江	陝西	安徽	江蘇	遼寧	山西	黑龍江	察哈爾	江西	福建	廣西	貴州	雲南	綏遠	甘肅	湖北	熱河	新疆	台灣	蒙古	朝鮮	不明	總計
本屆畢業人數	理學院	九	四	二	二	三	四	〇	四	〇	二	一	〇	二	〇	〇	〇	一	一	〇	〇	〇	〇	一	〇	〇	〇	〇	〇	〇	三六
	文學院	三十	十二	六	四	四	五	三	二	四	一	三	三	一	一	三	二		一	二	二	〇	〇		〇	〇	〇	〇	〇	〇	八八
	法學院	十七	六	五	六	四	一	五	二	三	二	〇	一	一	二		一	一	〇	〇	〇	一	一	一	〇	〇	〇	〇	〇	〇	六十
	共計	五十六	二十二	十三	十二	十一	十	八	八	七	五	四	四	四	三	三	三	二	二	二	二	一	一	二	〇	〇	〇	〇	〇	〇	一八四
歷年畢業人數		一〇八〇	三七三	六十	三二四	五〇〇	三一四	二六一	五七九	九九	二九四	四七五	三二二	一八四	二一	八	二二三	一四三	七七	六十	四三	九	二五	二四三	九〇	一	三	一	一	四三	五七三八

本屆畢業同學年齡比較表

系別 人數 年歲	數學系	物理系	化學系	地質系	生物系	心理系	國文系	史學系	英文系	法文系	德文系	日文系	哲學系	教育系	法律系	政治系	經濟系	合計
21	1																	1
22																		
23	2						1	1	1				1		2			8
24	3	3	1				2		5				2	1	2			19
25	1	4				1	5	1	5				1	2	7	2	11	39
26	1		2	2		1	6	5					1	3	2	4	2	29
27	1	2	3	1		1	3	3	2				1	5	2	2	7	33
28	1	1					4	2	4	1			1	2	2	1	8	25
29				1	1		5	1					1	1	1	3	2	16
30			1				1		2					2	2	2		10
31					1		1		1						2	1	1	7
32									1								1	2
平均	24.5	26.4	26.7	27	30	26	26.8	26.4	26.5	28			25.7	27	26.4	27.6	26.9	26.7

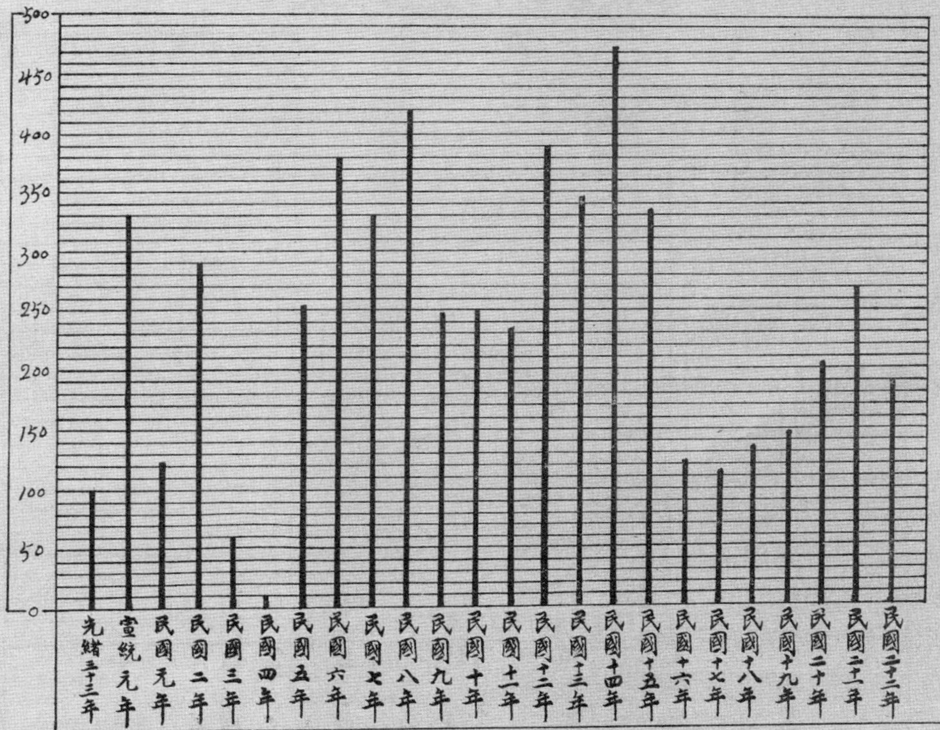

本校歷年畢業人數統計表　　已畢業者共(5746人)

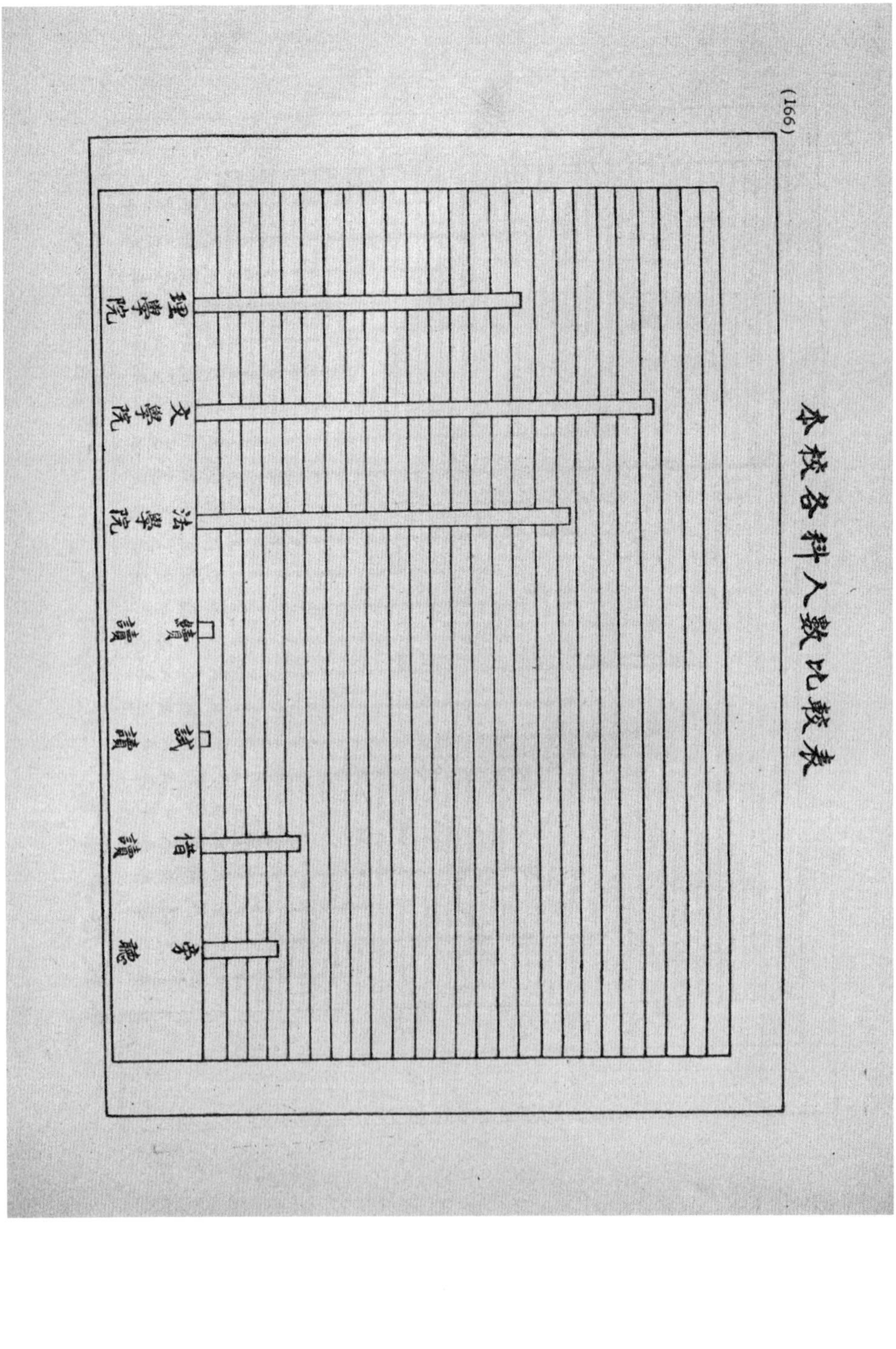
(166)
本校各科人數比較表
理學院
文學院
法學院
轉讀
試讀
借讀
旁聽

國立北京大學組織大綱

第一條　本大學根據中華民國教育宗旨及其施行方針以(一)研究高深學術(二)養成專門人才(三)陶融健全品格爲職志

第二條　本大學設理文法三學院

第三條　本大學理學院設左例各學系

一　數學系

二　物理學系

三　化學系

四　地質學系

五　生物學系

六　心理學系

第四條　本大學文學院設左列各學系

一　哲學系

二　教育學系

三　中國文學系

四　外國語文學系

五　史學系

第五條　本大學法學院設左列各學系

一　法律學系

二　政治學系

三　經濟學系

第六條　本大學設研究院其組織另定之

第七條　本大學置校長一人綜理校務由國民政府任命之校長辦公室置秘書若干人由校長聘任之

第八條　本大學各學院各置院長一人商承校長綜理各院院務由校長就教授中聘任之

第九條　本大學各學系各置主任一人商承院長主持各系教學實施之計劃由院長商請校長就本系教授中聘任之

第十條　本大學各學系置教授副教授助教若干人由各院院長商請校長聘任之遇必要時得聘請講師

第十一條　本大學設課業處置課業長一人商承校長並商同各院院長綜理學生課業事宜由校長就教授中聘任之

課業處設左列各組

一　註冊組

二　軍事訓練組

三　體育組

課業處各組設主任一人註冊組主任由課業長兼任軍事訓練組及體育組主任由校長聘任之註冊組置事務員若干人軍事訓練組及體育組置導師及助理員若干人均由校長聘任之

第十二條　本大學設秘書處置秘書長一人商承校長處理全校事務上行政事宜並監督所轄各機關由校長就教授中聘任之

秘書處分設左列各組

一　庶務組

二　出版組

三　文牘組

四　會計組

五　儀器組

六　衛生組

秘書處各組置主任一人事務員若干人均由校長聘任之

第十三條　本大學設圖書館置館長一人商承校長處理本館事務由校長就教授中聘任之並置事務員若干人均由校長聘任之

第十四條　本大學設校務會議以校長秘書長課業長圖書館長各院院長各學系主任及全體教授副教授所選出之代表若干人組織之校長爲主席

第十五條　校務會議決議左列事項

一　大學預算

二　學院學系之設立及廢止

三　大學內部各類規程

四　校務改進事項

五　校長交議事令

第十六條　本大學設行政會議以校長院長秘書長課業長組織之校長爲主席其職權如左

一　編造全校預算案

二 擬定學院學系之設立及廢止案

三 計劃全校事務及教務改進督促事項

四 擬具其他建議於校務會議之方案

第十七條 本大學設左列各委員會

一 考試委員會

二 圖書委員會

三 儀器委員會

四 財務委員會

五 出版委員會

六 學生事業委員會

前項各委員會之主席及委員由校長就教授中指定提交校務會議決定之

第十八條 本大學設教務會議以校長各學院院長各學系主任及課業長組織之由校長爲主席課業長爲秘書

教務會議之職權如左

一 審定全校課程

二 計劃教務改良事項

三 決議學生試驗事項

四 決議學生訓育事項

五 審定畢業生成績

六 決議校長交議之事項

七 建議提出校務會議之事項

第十九條 本大學各學院設院務會議以院長系主任組織之院長爲主席計劃本院教學事項審議本院一切教務進行事宜

第二十條 本大學各系設系務會議以系主任教授副教授組織之系主任爲主席計劃本系教學事項

第二十一條 本大學設事務會議以秘書長及所轄各組主任組織之秘書長爲主席其審議事項如左

一 關於事務之進行及改良事項

二 關於秘書處與本校其他各機關聯絡事項

三 關於秘書處各組間聯絡事項

四 建議提出校務會議之事項

第二十二條 本大學學則及各種會議並各種機關之規程另

定之

第二十三條　本組織大綱未規定者適用大學組織法之規定

第二十四條　本組織大綱經校務會議議決後由校長公布施行

第二十五條　本組織大綱之修訂以校長或校務會議會員五人以上之提議經校務會議決議後由校長公布之

附本校名稱沿革表

年度	名稱	主持	者	備考
1898－1911（即光緒二十四年至民國紀元前一年）	京師大學堂	管學大臣	孫家鼐 許景澄 張百熙	1. 1900年（即光緒二十六年）義和團事變，管學大臣許景澄因極諫清廷勿信該團被殺，本校因此停辦二年。 2. 自1904年（即光緒三十年）始復成獨立機關
		京師大學堂總監督	張亨嘉 曹廣權 李家駒 朱益藩 劉廷琛 柯邵忞 勞乃宣 劉經繹	

年度	名稱	主持者		備考
1912—1927（即民國元年至民國十六年）	國立北京大學	校長	嚴　復 馬　良 何燏時 胡仁源 蔡元培	蔡先生於民國五年來校，中間曾由蔣夢麟代理兩次，余文燦陳大齊各代理一次
1927—1928（民國十六年至民國十七年）	國立京師大學校文科理科法科	文科學長 理科學長 法科學長	胡仁源 江　瀚 秦　汾 林修竹	第三院歸併法政大學稱京大法科
1928—1929（即民國十七年至民國十八年）	國立北平大學北大學院	院長	陳大齊	
1929—————— （即民國十八年）——	國立北京大學	校長	蔡元培 蔣夢麟	1.代理校長陳大齊 2.蔣校長於十九年十二月到校

編　　後

當同學錄籌編之日,正日本進攻平津之時。前線我軍節節後退,敵軍則步步進迫。密順倉懷竟告不守,灤亦相繼失陷,乃至通州失守,北平立危,以致人心惶惶,咸感驚駭,尤以敵機來平偵察,備示威嚇,市民生命危似覆卵。畏亂避難者散而之四方,學校同學亦紛紛離平。同人等以受同學之付託,及學校職教員之贊助,不敢辜負所期,放棄此項工作。乃不計工拙,祇希早日編成,惟以才力棉薄,取材不易,以致影響編輯甚大,此同人等所抱憾於諸同學及師長者也。茲將編輯困難原因摘要錄下——

(一) 關於搜集材料之困難:

1.教授及同學多數離平,照片銅版難以搜集。

2.負責人少,以致搜集材料異常困難,結果難以按照原定計劃逐步實現。

3.各學系主任及教授率多離平,以致贈言減少,而題字又不得不多用舊版。

(二) 編輯之困難:

1.銅版送來參差不齊,以致排列次序難臻一致。

2.銅版有不署名者,亦有署別號者,以致檢查不易,難免不有遺漏之處。

3.未交銅版之職教員及同學,因其不在平亦不詳其通訊處,難免不有遺漏,故將其姓名填補於後,

總之,以上各點皆為編輯之障礙。因之,結果未臻完善。然當此風雨飄搖之際,而能完成此項工作,亦覺無愧於本心也 未周之處,尚希諸師長及同學等諒之!

編者 鄧深 李樹新 仝啓

同學錄委員攝影

THE UNIVERSITY PRESS
PEIPING, CHINA